S. FISCHER

INGVILD RICHARDSEN

»Leidenschaftliche Herzen, feurige Seelen«

Wie Frauen die Welt veränderten

S. FISCHER

Erschienen bei S. FISCHER

© 2019 S. Fischer Verlag GmbH,
Hedderichstr. 114, D-60596 Frankfurt am Main

Satz: Dörlemann Satz, Lemförde
Druck und Bindung: CPI books GmbH, Leck
Printed in Germany
ISBN 978-3-10-397457-7

Inhalt

»Modern sein heißt für die Frau ein eigenes Gesetz in der Brust tragen, dessen Erfüllung ihr vielleicht nicht banales Glück, gewiß aber das Glück der Erdenkinder gewährt: die Persönlichkeit.«

Carry Brachvogel

1.

»Und plötzlich wußte ich,
wozu ich auf der Welt war«

– Gabriele Reuter –

Anfang 1891 betritt die knapp zweiunddreißigjährige Gabriele Reuter das beliebte Ausflugslokal *Isarlust* in München, das auf der Praterinsel inmitten der Isar liegt. Hier wird sie endlich die vielen Leute aus der Kunstwelt sehen, von denen so viel die Rede war, hier trifft sich heute die Münchner Moderne. Lange Tafeln, schäumende Bierseidel, einige bekannte Gesichter, mittendrin das Löwenhaupt von Michael Georg Conrad, der Hauptperson des Anlasses. Allerhand merkwürdige Gestalten, am Nebentisch »interessierten mich ein paar Frauengestalten in männlich geschnittener Kleidung mit schönen ausdrucksvollen Jünglingsköpfen: die Frauenrechtlerin Anita Augsburg und Sophia Goudstikker, die temperamentvolle Besitzerin des Ateliers Elvira für künstlerisches Lichtbild«.

Gabriele Reuter setzt sich an einen großen Tisch mit einer »bunt zusammengewürfelten Gesellschaft junger Leute«, neben ihr ein Apothekertöchterlein aus Boblingen, das unruhig umherschaut. »Ach, mir ischt so angst, ob's meinen Eltern recht ist, daß ich hierhergegangen bin! Das ischt alles arg sonderbar!« Ja, warum sie denn überhaupt hierhergekommen sei?

»Ja – wissens – ich möchte doch als 'en Doktor heiraten – weil meine Schwester einen Apotheker hat.« Und warum sucht sie den ausgerechnet hier? »Hier gäb's so viel Doktoren!«

Inzwischen steht Michael Georg Conrad auf dem Podium – goldene Lockenmähne, wehender Bart – und brüllt das Programm für eine neue Gesellschaft in den Saal, eine Oppositionsbewegung, neue Zeiten werden ausgerufen. Das Publikum tobt und dröhnt. »Ein kleiner, kohlschwarzer Jude mir gegenüber geriet in einen Paroxismus der Begeisterung, indem er wild mit seinem Bierseidel auf den Tisch haute und dazu schrie: ›Das Germanische an der Sache begeistert mich so! Das Germanische soll leben!‹ Das Apothekerstöchterlein faßte hilfesuchend nach meiner Hand. ›Ich möcht' heim! Meinen Eltern wär's nit recht, wenn sie mich hier sehen täten!‹«

Es folgt eine Rede nach der anderen, die Stimmung spitzt sich zu, wird hitzig, kampflustiger. Applaus, Pfiffe, Gelächter und Pfuirufe wechseln sich ab. »Nun kam Gumppenberg und deklamierte vom Podium herunter eine Reihe von parodistischen Versen, höhnisch bittere Angriffe auf alle anerkannten Münchener Größen in Wissenschaft, Kunst und Literatur. Da brach der Sturm los. Ein Lärm ohnegleichen tobte durch den Saal. Die beiden schönen weiblichen Jünglingsköpfe hinter mir zischten wie die Klapperschlangen. Bierseidel wurden durch die Lüfte geschwungen, Stuhlbeine dienten als Waffen im Kampf der Geister. Und die Apothekerstochter aus Boblingen krampfte sich an meinen Arm und jammerte weinend: ›Wenn das meine Eltern wüssten! Ach, wenn mich nur kein Herr aus Boblingen hier sieht!‹ In diesem wilden Aufruhr erklärte Conrad die Gründung der Gesellschaft für modernes Leben als vollendet.«[1]

Staunend und voller Belustigung wohnt Gabriele Reuter der Gründungssitzung der *Gesellschaft für modernes Leben* bei, die vereinsrechtlich schon im Dezember des Vorjahres einge-tragen wurde.[2] Diese Gesellschaft trat unverhohlen für einen neuen Menschen und eine neue Sittlichkeit ein, in der Satzung hält sie als ihren Zweck fest: »Pflege und Verbreitung moder-nen schöpferischen Geistes auf allen Gebieten: Soziales Leben, Kunst, Literatur und Wissenschaft.«[3] Ihr Gründer, der Schrift-steller Michael Georg Conrad (1846–1927), begeistert sich für Émile Zola und den Naturalismus – er wird auch »der Zola Münchens« genannt. Conrad ist es, der aus einer »Stadt der al-ten Herren«, die München bis dahin war, »einen Standort von ›Stürmern und Drängern‹ machte«, wie es der Schriftsteller René Prévot rückblickend beschreibt.[4]

Die beiden Frauen mit den schönen Jünglingsköpfen, die sich in temperamentvoller Anteilnahme am Geschehen be-teiligen, sind Anita Augspurg, 32 Jahre alt, und Sophia Goud-stikker, 25 Jahre alt. Erst vor vier Jahren sind sie nach Mün-chen gezogen und haben hier das Fotoatelier *Elvira* eröffnet, das sich längst einen Namen gemacht hat. Vor über einem Jahr haben beide Frauen angefangen, sich in der organisierten Frauenbewegung zu engagieren. Zu dem Kreis der Schrift-steller um Michael Georg Conrad stehen sie bereits in engem Kontakt, denn der sieht die Frau nicht nur »als einen Kultur-faktor ersten Ranges an«, sondern seine Gesellschaft will auch über ideologische Verfehlungen und gesellschaftliche Miss-stände aufklären, auch die »Frauenfrage« betreffend.[5]

Und Gabriele Reuter lässt sich mitreißen, sie fiebert mit und lässt sich anstecken von der Aufbruchsstimmung. Sie will schreiben, aber was? Über das Elend des Proletariats?

Da kennt sie sich nicht aus. Flammende Reden halten? Das kann sie nicht. »Und plötzlich wußte ich, wozu ich auf der Welt war –: zu künden, was Mädchen und Frauen schweigend litten.« Ihr Thema soll das Mädchen in der bürgerlichen Familie sein, die stereotype Erziehung zur Unterwürfigkeit – »die stumme Tragik des Alltags wollte ich künden – sie, an der Tausende von blühenden Geschöpfen zugrunde gingen, ohne noch von einem Poeten verherrlicht worden zu sein.«[6] In nur fünf Jahren wird sie ein Buch veröffentlichen, das zu einem der größten Bestseller der Zeit werden, das von heute auf morgen zum Kultbuch der Frauenbewegung avancieren wird: *Aus guter Familie.*

Ein halbes Jahr zuvor, im Herbst 1890, traf Gabriele Reuter, aus Weimar kommend, in München ein. Sie wollte sich aus der familiären Situation befreien, der ständigen Beobachtung von Tanten und Onkel entfliehen. Sie hatte die Enge satt gehabt und entschloss sich zum Boheme- und Wanderleben. Leider ließ sich auch die Mutter von dem Aufbruch anstecken und begleitete die Tochter, zumal zu wenig Geld vorhanden war, um getrennt zu leben. »Mir kam's auch auf die innere Befreiung an. Die konnte ich mir neben der stillen Mutter schon erringen«, dazu hatte sich Gabriele entschlossen. Doch wohin soll's gehen? »München ist immer das Ziel der ›Befreiten‹. Es war auch das unsere.«[7]

Sie fanden Quartier, ernährten sich kläglich und amüsierten sich jeden Tag über die schräge Gesellschaft. Museen, Oktoberfest – das ganze Programm. Bei ihrem ersten Aufenthalt macht Gabriele Reuter gleich einige Bekanntschaften. Darunter als eine der ersten die Münchner Schriftstellerin Emma Merk. Sie lädt Gabriele zunächst zu ihrem »Jour« ein, in dem

Abb. 1: Gabriele Reuter, München 1896

es so richtig »münchnerisch« zugeht. Hier lernt Gabriele
Reuter rasch weitere Freunde und Bekannte Emma Merks
kennen, darunter den Dichter und Volkswirtschaftler Max
Haushofer, seine Tochter Marie und die Romanschriftstellerin
Carry Brachvogel.

Emma Merk, die aus einer alten Münchner Künstler- und
Bürgerfamilie stammt, ist damals 36 Jahre alt. Sie, die in Mün-
chens Künstlerkreisen und in den Künstlerkolonien auf der
Fraueninsel und in Brannenburg groß geworden ist, kennt
Gott und die Welt. Seit sie zwanzig ist, veröffentlicht sie No-
vellen und Romane, in denen sie die Beziehungen zwischen

Mann und Frau schildert und ihren Lesern immer wieder auch das alte München vor Augen führt. Sie ist unverheiratet, kinderlos, hat einige Beziehungen hinter sich, aber seit vier Jahren ein mehr oder weniger festes Verhältnis mit dem vierzehn Jahre älteren Max Haushofer, dem Vater dreier Kinder, Witwer, dem bekannten Dichter und in ganz Deutschland berühmten Professor für Volkswirtschaft. Auch er stammt aus einer bekannten Künstlerfamilie. Sein Vater ist der Landschaftsmaler Maximilian Haushofer, der auf der Fraueninsel im Chiemsee um 1840 eine Künstlerkolonie gegründet hat, die gerade in voller Blüte steht und die man damals in ganz Europa kennt, wie die überlieferten Künstlerchroniken noch heute zeigen. Immer wieder halten sich Emma Merk, Max Haushofer und seine achtzehnjährige Tochter auf der Insel auf, um sich zu erholen, aber auch um zu schreiben. Die junge Marie Haushofer hat ein eigenes Atelier in der Wohnung ihres Vaters, arbeitet als Malerin, porträtiert, kopiert aber auch Gemälde aus der Alten Pinakothek, um damit Geld zu verdienen. Doch sie dichtet und schauspielert auch etwas und begleitet ihren Vater oftmals auf seinen Vortragsreisen im ganzen deutschen Reich. Carry Brachvogel, ehemals Karoline Hellmann, stammt aus einer wohlhabenden jüdischen Kaufmannsfamilie des Münchner Großbürgertums, ist damals 26 Jahre und seit drei Jahren mit Wolfgang Brachvogel verheiratet, einem katholischen Münchner Schriftsteller, der Redakteur der *Münchner Neuesten Nachrichten* ist. Mit ihm hat sie zwei kleine Kinder, einen Sohn und eine Tochter. Auch sie schreibt, veröffentlicht immer mal wieder Erzählungen und Feuilletons in Zeitungen und Zeitschriften. Bereits mit neunzehn Jahren hat sie einen Entwurf für einen Roman verfasst, in dem sie die

Gleichheit von Mann und Frau in der Ehe eingefordert hat. Außerdem liebt Carry Brachvogel das Theater über alles.

Emma Merk nimmt Gabriele Reuter unter ihre Fittiche, zieht sie weiter in die Künstlerkreise hinein, ins angesagte Café *Isarlust*, wo sich die Schriftstellerszene trifft. Hier lernt Gabriele Reuter literarische Größen wie Amélie Godin oder Willhelmine von Hillern kennen, die Verfasserin der *Geyer-Wally*, und hier hört sie zum ersten Mal von den französischen Naturalisten. Sie liest den ganzen Zola, liest Maupassant und Flauberts *Madame Bovary* »und sonst noch vieles, das ich vor meiner Mutter sorgsam verbarg«.[8]

Ins Café *Isarlust* führt sie auch ihre Neugier, als Michael Georg Conrad seinen berühmten Auftritt hat – das wollte sie sich doch nicht entgehen lassen. Und tatsächlich, es ist, als hätte sie einen historischen Moment miterlebt, als wäre mit der Gründung der *Gesellschaft für modernes Leben* eine Schallmauer durchbrochen und die Tür zur Moderne aufgestoßen worden.

Als Gabriele Reuter 1890 in München eintrifft, kommt sie in eine Stadt, die gerade den Aufbruch in die Moderne begonnen hat. »München leuchtete.« Mit diesem Eingangssatz hat Thomas Mann in seiner Novelle *Gladius Dei* das München dieser Jahre beschrieben, die besondere Atmosphäre und Energie, die damals über München lag. In den 1890er Jahren ist München die Stadt der Superlative, die Stadt der Stars, die Stadt kometenhafter Karrieren. Berühmte Zeitschriften wie der *Simplicissimus* oder die *Jugend* werden hier gegründet, hier wird der deutsche Jugendstil geboren. In keiner anderen Stadt gibt es so viele Skandale wie in München, hier toben die Kämpfe um die Moderne am intensivsten. Gleichsam stellvertretend für Deutschland findet hier die Befreiung von den engen Sitten und Gebräuchen des Wilhelminischen Kaiserreiches statt. Von hier aus wird provoziert, erfolgen die meisten Angriffe. Nicht nur durch literarische, künstlerische und architektonische Werke, sondern auch durch die neuen Lebensentwürfe, die in diesem Jahrzehnt in München gelebt und zur Schau gestellt werden. Völlig neue Rollen als Mann und Frau werden ausgetestet, neue Formen des Zusammenlebens ausprobiert, neue Formen der Sexualität und Erotik gelebt. In diesem Jahrzehnt werden hier in nahezu jeder Hinsicht die Fenster zur Moderne aufgestoßen. Tatsächlich findet in München der Aufbruch zum neuen Menschen statt. Und dies auch in Hinsicht auf die Frau und die Frauenbewegung.

Am Ende des 19. Jahrhunderts ist München nicht nur zur zweiten Metropole des Reichs aufgestiegen, sondern auch zu einer der bedeutendsten Kunstmetropolen Europas geworden. Und bisher so gut wie unbekannt: 1899 steht die Stadt auch als das Flaggschiff der modernen Frauenbewegung da, als ein Leuchtturm der deutschen Emanzipation, als eine Stadt moderner, emanzipierter Frauen, die viel Ähnlichkeit mit heutigen modernen Frauen aufweisen. In den 1890er Jahren entwickelt sich hier eine Frauenbewegung, die es im ganzen deutschen Reich sonst nirgendwo gibt: einzigartig, ungewöhnlich und heute völlig vergessen.

Die moderne Frauenbewegung, die zuerst von Leipzig ausging und seit 1865 agiert, erlebt in Deutschland in den 1890er Jahren generell einen großen Aufschwung. Dies betrifft sowohl die bürgerlichen Frauenvereine als auch die Frauenorganisationen innerhalb der Sozialdemokratie. In diesen Jahren kommt es aber auch zur endgültigen Spaltung der beiden

Richtungen und zur weiteren Ausdifferenzierung der bürgerlichen Bewegung in einen gemäßigten und radikalen Flügel. In München kommt vor allem die bürgerliche Frauenbewegung zu großer Entfaltung, und zwar, dies ist eine Besonderheit und deutliches Alleinstellungsmerkmal, in enger Verbindung mit der Kunst- und Literaturszene sowie im Verbund mit einigen progressiven Männern.

Es ist ein ungeschriebenes Kapitel der deutschen Frauenbewegung, das erstmals in diesem Buch zusammenhängend erzählt wird. »Starke Temperamente, künstlerische Naturen, warme leidenschaftliche Herzen, feurige Seelen – eine lebendige bewegte Aufbruchsstimmung voll Kraft, Humor, Geist und Geschmack. Eine temperamentvolle Emanzipation voll Herzensanteil, ein tapferes und zugleich frohes Erschaffen neuer Lebensformen.« So charakterisiert Gertrud Bäumer, eine der führenden Gestalten der bürgerlichen Frauenbewegung in Deutschland, 1933 rückblickend den Münchner Kreis in den 1890er Jahren.[9]

2.

Rückblende: Wie alles anfing

– Anita Augspurg und Sophia Goudstikker –

Anita Augspurg und Sophia Goudstikker –
Träume von einem Leben als Künstlerin

Blicken wir ein paar Jahre zurück, ins Jahr 1886, als zwei junge
Frauen aus Dresden in die bayerische Residenzstadt ziehen:
Anita Augspurg und Sophia Goudstikker. Sie beziehen ge-
meinsam eine Wohnung und lassen sich den Winter über in
einem der besten fotografischen Ateliers der Stadt ausbilden.
Was hat es damit auf sich?

Anita Augspurg wird am 22. September 1857 in Verden an
der Aller (Niedersachsen) als jüngstes von fünf Kindern des
Hannoveraner Obergerichtanwaltes Wilhelm Augspurg und
seiner Ehefrau Auguste Langenbeck geboren.[10] Sie stammt aus
dem wohlhabenden und liberalen Bildungsbürgertum, seit
Generationen sind die Vorfahren ihrer Eltern Juristen, Theo-
logen und Mediziner. Anita Augspurg gilt als ein phantasiebe-
gabtes, verträumtes und ausgesprochen intelligentes Kind. Sie
beschäftigt sich lieber allein als mit Spiel- und Altersgenossen
und entwickelt früh eine große Liebe zur Natur und zu den
phantastischen Welten in Büchern. Bereits mit vier Jahren
kann sie schreiben und lesen, was sie ihrer älteren Schwester
Auguste zu verdanken hat. Tatsächlich erlernen alle Kinder

der Familie Augspurg Berufe, auch die beiden älteren Schwestern, was damals keineswegs selbstverständlich ist. Schwester Auguste ist Lehrerin, führt später sogar ein Lehrinstitut in Kassel, Schwester Amalie ist Malerin. Von früher Kindheit an ist Anitas Lesepensum exzessiv. Sie liest viele Märchen, versenkt sich gern in Ritter- und Heldengeschichten und identifiziert sich vor allem mit den männlichen Helden in ihren Abenteuerbüchern. Im Zuge dessen entwickelt sie gegenüber ihrer Umwelt nicht nur einen starken Gerechtigkeitssinn, sondern auch eine sehr aufmerksame und kritische Haltung.

1864 wird Anita Augspurg in die 1839 gegründete *Pensions- und Unterrichtsanstalt für Töchter* in Verden eingeschult und entdeckt gegen Ende der Schulzeit das Theater, was in ihr den Wunsch weckt, Schauspielerin zu werden. Mit sechzehn schließt sie die Schule ab, und das fünfjährige Martyrium beginnt: Das »Höhere-Tochter-Spielen«, »ein Drohnen-Dasein ohne sinnvolle Betätigung«.[11] Es ist das übliche Drama der Bürger- und Adelstöchter jener Zeit. Der Tag vergeht mit etwas Beteiligung an der Hausarbeit, mit ein bisschen Sticken, Stricken, etwas Musizieren und schöngeistiger Lektüre. »Höhere-Tochter«-Sein heißt damals auch, verbannt zu sein »in die Enge des Hauses, um allen Familienmitgliedern zu dienen, allen Ausbeutungsobjekt für nichtige Dinge zu sein«. Zweck ist die Vorbereitung auf einen passenden Ehemann, in der Hoffnung, eine möglichst gute Partie zu machen und gut versorgt zu sein. »Höhere-Tochter«-Sein bedeutet auch, in die »Gesellschaft« eingeführt zu werden, Bälle zu besuchen und nach geeigneten Männern Ausschau halten.

Eine Heirat zieht Anita Augspurg zu keinem Augenblick in Erwägung, den Beruf der Hausfrau lehnt sie ab. Sie flüchtet sich in eine Doppelexistenz – »das äußerliche Leben vollzog sich völlig getrennt vom innerlichen«[12] – und unternimmt im Geheimen schriftstellerische Versuche. Als sie einundzwanzig und damit volljährig wird, geht sie nach Berlin – endlich in die große Stadt! – und lässt sich zur Lehrerin ausbilden. Sie wohnt bei zwei Musiklehrerinnen in Pension, die ihre Theaterleidenschaft unterstützen und mit Freikarten Konzert- und Theaterbesuche ermöglichen. Nach der Staatsprüfung für das Lehramt an höheren Mädchenschulen strebt Anita Augspurg das Turnlehrerinnenexamen an – alles, aber bloß nicht zurück nach Hause! Nebenbei nimmt sie längst Schauspielunterricht bei der bekannten Sängerin und Hofschauspielerin Johanna Frieb-Blumenauer. Anita Augspurg bringt gute Voraussetzungen mit: eine große Kenntnis der dramatischen Literatur, ein ausdrucksstarkes Gesicht und eine herausragend schöne, dunkle Stimme.

Als sie 1880 das Turnlehrerinnenexamen besteht, ist sie zweiundzwanzig Jahre alt und kann über ein großmütterliches Legat verfügen, das sie finanziell unabhängig macht. 1881 beendet sie im Geheimen ihre Ausbildung zur Schauspielerin und sucht nach Engagements. Sie wird an der Meininger Hofbühne engagiert und geht mit der Truppe auf Tournee. Es folgen Engagements an den Theatern in Riga und Amsterdam, am Altenburger Hoftheater und in Dresden. 1885 kehrt sie dem Theater den Rücken. Angeblich zwingt sie der Tod der Mutter 1884, sich nach einer neuen wirtschaftlichen Grundlage umzuschauen – vermutlich hat die Mutter ihrer Tochter bis dahin finanziell unterstützt –, doch das ist nicht der einzige Grund. Schon länger trägt sich Anita Augspurg mit dem Gedanken, selbst am Wandel der Dinge in Staat und Ge-

Abb. 2: Anita Augspurg, Foto von R. Dürkoop,
Hamburg

sellschaft mitzuwirken, anstatt immer nur bereits abgelebte
Ereignisse der Geschichte auf der Bühne darzustellen. Ihre
drei Wünsche – künstlerischer Ausdruck, Selbständigkeit und
gehobener Lebensstandard – scheinen unvereinbar zu sein.
Als Anita Augspurg die Bühne verlässt, ist sie achtundzwan-
zig Jahre alt, mittlerweile war für sie offensichtlich geworden,
»mit welchen Schranken und Sperrgittern die Lebenschancen
für das weibliche Geschlecht umhegt waren«.[13] Anita Augspurg fing an, sich mit der Frauenfrage zu beschäftigen.

Vorübergehend wohnt sie bei ihrer Schwester Amalie in

Dresden, wo ihr Sophia Goudstikker entgegentritt. »Diese war ein gescheites, künstlerisch begabtes und geschäftstüchtiges Mädchen.«[14] Sophia Goudstikker war Schülerin an der Malschule von Anitas Schwester und hat mit ihren einundzwanzig Jahren ein völlig anderes Leben hinter sich.

Tatsächlich wissen wir nicht viel über die Kindheit und Jugend von Sophia Goudstikker, denn anders als bei Anita Augspurg sind von ihr keine autobiographischen Zeugnisse überliefert. Einiges lässt sich trotzdem rekonstruieren.[15] Geboren wird Sophia Goudstikker am 15. Januar 1865 in Rotterdam.[16] Sie entstammt einer jüdischen Kaufmanns- und Handwerkerfamilie aus Holland, der Name »Goudstikker« geht auf ihren Großvater zurück, der 1812 diesen Namen angenommen hat, weil er mutmaßlich dem Beruf der Goldstickerei nachgegangen ist. Sein Sohn, Salomon Elias Goudstikker, Sophias Vater, wurde 1826 geboren, war als Kaufmann tätig sowie als Kunst- und Antiquitätenhändler. 1849 heiratete er die neunzehnjährige Kaufmannstochter Grietje Klisser. Das Paar bekommt insgesamt zehn Kinder, Sophia Goudstikker ist die Nummer sieben. Nach ihrer Geburt zieht die Familie nach Deutschland, zuerst nach Hamburg, später nach Dresden, wo Salomon Elias Goudstikker am 4. September 1879 in die israelitische Religionsgemeinde aufgenommen wird. In einer Annonce, die am 17. September 1879 im *Dresdner Anzeiger* abgedruckt ist, macht er Werbung für seine Verkaufsausstellung holländischer Gemälde.[17]

1886 verlässt Sophias Vater Dresden, sein Weg führt über Hamburg nach Paris und Amsterdam, wo er ein Jahr später stirbt. Weder seine Frau noch seine Töchter sind ihm gefolgt, wahrscheinlich war sein Weggang aus Dresden auch das Finale eines nicht mehr glücklichen Ehe- und Familienlebens. Die damals einundzwanzigjährige Sophia Goudstikker entschließt sich zu einer Ausbildung als Malerin. Da den Frauen der Zutritt zu den staatlichen Kunstakademien nicht erlaubt war, tritt sie in die von Amalie Augspurg geleitete private Malschule in Dresden ein. Diese Malschulen galten in erster Linie dem Zeitvertreib »höherer Töchter« und waren weit verbreitet. Für Sophia Goudstikker, die sich vermutlich seit frühester Kindheit in Kreisen der Kunst und des Kunsthandels bewegt hat und deren »Schönheitssinn« später gelobt wird, war die Ausbildung allerdings ein wirkliches Anliegen. Als sie 1924 stirbt, wird es über sie heißen: »Vor allen Dingen war Sophia Goudstikker eine Künstlernatur durch und durch, ganz gleichgültig, ob sie als ausübende Künstlerin tätig geworden ist oder nicht. Wenn es je einen Menschen gab, dem Schönheit Lebensodem war, dann ist sie es.«[18]

Im Umfeld der Malschule von Amalie Augspurg macht Sophia Goudstikker viele neue Bekanntschaften, darunter auch die der Schwester ihrer Kunstlehrerin: Anita Augspurg. Sie stellen schnell fest, dass sie gemeinsame Interessen und auch ähnliche Vorstellungen vom Leben haben. Wie Anita ist auch Sophia damals auf der Suche nach künstlerischer und finanzieller Eigenständigkeit. Eine Ehe kommt auch für sie nicht in Frage.

Die beiden jungen Frauen, die bald große Zuneigung zueinander empfinden, fassen gemeinsam einen Plan. Sie wollen zusammen leben und auch ihren Lebensunterhalt gemeinsam verdienen, hier entsteht die Idee, gemeinsam ein Fotostudio zu gründen. Die Fotografie war in den 1880er Jahren ein re-

Abb. 3: Sophia Goudstikker

lativ neuer, ein junger Beruf, der viele Menschen anzog, die nach neuen Herausforderungen suchten. Gegenüber Frauen gab es im fotografischen Gewerbe daher auch keine traditionellen Schranken und zumindest offiziell keine Restriktionen, zumal es noch keine festgelegten Ausbildungsvorschriften gab. Die handwerklichen Voraussetzungen waren relativ schnell erlernbar. Der Beruf hatte auch den Vorteil, dass er beträchtlichen Freiraum für eine ungebundene private Lebensgestaltung bot, für die Erprobung von weiblichen Lebensformen außerhalb der Ehe, ohne patriarchalisch bestimmte Rollenfixierung.[19] Schnell beschließen die beiden Frauen, gemeinsam nach München zu gehen, um dort die Technik der Fotografie zu erlernen.

Ab nach München

»Von allen Großstädten erschien München als die geistig freieste, wenigstens vorurteilsfreieste Stadt; sie war schön gelegen, künstlerisch von höchster Bedeutung, und es bestanden manche Beziehungen zu ausgezeichneten Persönlichkeiten dort, zu Theater- und Malerkreisen.«[20] Tatsächlich genoss München damals den Ruf, eine der ersten Kunstmetropolen Europas zu sein, was mit der jahrzehntelangen Kulturpolitik der bayerischen Residenzstadt zu tun hat, die vor allem unter der Regentschaft des kunst- und baufreudigen Königs Ludwig I. (1786–1868) einsetzte. Der galt als glühender Verehrer des antiken Griechenland und holte bekannte Künstler, Maler und Architekten in die Stadt, um aus der dörflichen Residenz eine repräsentative Metropole zu gestalten. Er war es, der die seinen Namen tragende Ludwigstraße mit Universität und Ludwigskirche errichten ließ, die Feldherrnhalle, das Siegestor, die Staatsbibliothek, den Königsplatz mit Glyptothek, Propyläen und Antikensammlung, die Alte Pinakothek, die Ruhmeshalle und die Bavaria-Statue auf der Theresienwiese,[21] so dass München schließlich als »Isar-Athen« bezeichnet wurde. Dieser Name, wird Carry Brachvogel später festhalten, »lud schwere Verpflichtung auf, aber München hat diese Verpflichtung voll erfüllt. Seit Ludwigs Tagen bis heute schritt es in Farbe eingehüllt, wie über eine von tausend Regenbögen überglänzte *Via triumphalis* der Kunst dahin. Kunst war dieser Stadt eingeboren«.[22] Ludwigs Sohn, Max II. (1811–1864), holte später auch die Philosophen, Gelehrten und Dichter nach München und leitete damit eine akademische und intellektuelle Tradition ein. Die vielen Künstler und Schriftsteller, die damals nach München kamen, zogen alle in ein klar definierbares Viertel, einen spezifischen Raum, so dass durch diese kreative Dichte ein außergewöhnliches und produktives Soziotop entstand, das bis heute einzigartig ist. Nahezu alle begaben sich in die Maxvorstadt oder ins unmittelbar angrenzende Schwabing, das frühere Dorf, das erst 1890 eingemeindet wurde. Im 19. Jahrhundert von Max II. als repräsentatives Viertel planmäßig angelegt, hatte sich die Maxvorstadt seit der zweiten Jahrhunderthälfte zum politischen, künstlerischen und kulturellen Zentrum Münchens entwickelt. Das Viertel bildete ein rechtwinkliges Raster zur Seite der schnurgeraden Ludwigstraße zwischen dem Odeonsplatz am Ausgang der Altstadt und dem Siegestor, hier befanden sich der Universitätsbereich, die großen Museen und Sammlungen, die Kunstakademie, die Musikhochschule und die Prachtbauten am Königsplatz. In der Maxvorstadt und in Schwabing lebten um 1900 die bekanntesten Künstler, Schriftsteller und Frauenrechtlerinnen, hier bewegten sie sich in den unterschiedlichsten literarischen, künstlerischen und lebensreformerischen Kreisen, wohnten oft nur wenige Straßenzüge voneinander entfernt.[23]

»Ab nach München!« hieß es allerorts, man war davon überzeugt, dass der Aufbruch zum »neuen Menschen«, der Aufbruch in die »Moderne« nur hier erfolgen konnte. Hier

gab es »kein Oben und Unten wie im klassen- und standesbe-
wußten Norden, sondern mehr ein lässiges, gefälliges Neben-
einander, augenzudrückendes Gehen- und Gewährenlassen,
nur mit gelegentlichen Intervallen durch Berserkerausbrüche
des in allem Phlegma angeborenen bajuwarischen Jähzorns.
Mannigfaltigkeit, Farbigkeit, Sinnenfreude und nicht zuletzt
Komik, wo das Auge verweilte«,[24] schreibt der ebenfalls zu-
gezogene Max Halbe. Er war überzeugt, »daß es eben nur
München gebe, wenn man zur Kunst wolle, dies eine München und keine andere Stadt neben ihm«.[25] Diesem Ruf folg-
ten viele, und durch den stetigen Zuzug entstand ein kreatives
und fruchtbares Gemisch von Alteingesessenen und Fremden.

Für Anita Augspurg und Sophia Goudstikker jedenfalls
sollte München zur neuen Heimat werden. Hier lassen sich
»die Eierschalen des konventionellen Lebens« abstreifen, hier
lassen sich, anders als im Norden, Individualität und Ideen
der Freiheit entwickeln.[26] Als sie nach München kommen,
hat seit dem 10. Juni 1886 Prinz Luitpold die Regentschaft in
Bayern inne, sein Neffe König Ludwig II. ertrinkt drei Tage
später im Starnberger See. Außerdem: Gabriel von Seidl, der
bekannte Architekt, beginnt gerade, den Franziskaner-Keller
zu bauen, Richard Strauss ist Opernkapellmeister geworden,
und im Gärtnerplatztheater wird die Erstaufführung des *Zi-
geunerbaron* von Johann Strauß gegeben. Die *Münchner Bank*
wird gegründet, und in den *Münchner Neuesten Nachrichten*
erscheint erstmals eine eigene Sportrubrik. Ein weiteres Debüt: Erstmals wird eine eigene Oktoberfestzeitung gedruckt.
Und: In diesem Jahr werden auf dem Oktoberfest, das es bereits seit 1810 gibt, 5800 Hektoliter Bier ausgeschenkt.[27]

Als Anita Augspurg und Sophia Goudstikker im November ankommen, mieten sie sich bei Bekannten[28] ein und gehen von dort aus auf Wohnungssuche, was sich nicht einfach gestaltet, die Wohnungen waren oft schlicht, wie Max Halbe berichtet: »die meisten von ihnen [befanden] sich in einem Zustand altväterlicher Ursprünglichkeit, ohne Badezimmer, ohne Nebenräume und sonstiger Bequemlichkeiten«.[29] Während des Winters lassen sich die beiden Frauen in einem der besten fotografischen Ateliers in Technik und Betrieb ausbilden. Bereits ein halbes Jahr später beglücken sie München mit einem neuen Fotoatelier, die Geldmittel hierfür hat Anita Augspurg aufgebracht.[30] Am 13. Juli 1887 steht in den *Münchner Neuesten Nachrichten* die folgende Anzeige:

Neu eröffnet Atelier Elvira.
Photographische Anstalt
von Anita Augspurg und Sophia Goudstikker.
München, v.d. Tannstrasse 15 parterre.
Aufnahmen täglich von 8–6 Uhr.
Specialität: Kinderaufnahmen.

Das Atelier befindet sich im Erdgeschoss des Gebäudes, in dem die beiden Frauen mittlerweile auch wohnen. Der Standort ist klug gewählt, er hat für das Atelier zahlreiche Vorzüge. Im Gegensatz zur Innenstadt und dem Bahnhofsviertel, wo damals die meisten übrigen Fotoateliers ihren Sitz haben, liegt das Atelier *Elvira* in einem gehobenen Wohnviertel, nämlich zwischen Bayerischer Staatsbibliothek, Englischem Garten und Residenz, in der sogenannten Schönfeldvorstadt, die damals Bestandteil der bereits erwähnten Maxvorstadt ist.[31] Nach Osten hin liegt das Atelier *Elvira* nur wenige Meter vom Englischen Garten entfernt, schräg gegenüber dem Prinz-Carl-Palais. Seit 1875 hat hier auch die k. u. k. österreichisch-ungarische Gesandtschaft ihren Sitz, was dem Viertel einen aristokratischen Akzent verleiht. Nach Süden hin liegt das Atelier in nächster Nähe zu Residenz und Innenstadt, so dass es für potentielle Kunden von dort auf kurzem Weg erreichbar ist. In der näheren Umgebung gibt es urige Wirtschaften und Tante-Emma-Läden für den Alltagsbedarf. In diesem Viertel wohnt damals eine bunte Mischung von Menschen, die aus den verschiedensten gesellschaftlichen Schichten stammen: Aristokraten und vermögende Bürger, Staatsbeamte, aber auch Handwerksmeister und Kaufleute, Künstler und Schriftsteller.

Zwei Fotografinnen im Männerberuf

Elvira ist damals ein Modename. Auch eine bayerische Prinzessin, die Tochter des Prinzen Adalbert, hieß so, Ateliers mit Namen Elvira gibt es damals auch schon in Köln, Nürnberg, Regensburg und Wien. Weibliche Ateliersbesitzerinnen wählten damals häufig klangvolle Frauennamen für ihre Geschäfte, und anscheinend wurde auch der Name Elvira als ein solcher empfunden.[32]

In München erregt damals das frischeröffnete Atelier *Elvira*, insbesondere die »Neuigkeit der weiblichen Leitung und Ausübung der Photographie«, großes Aufsehen. Der Frauenanteil unter den Atelierfotografen ist in diesen Jahren noch minimal. In München gibt es nur noch ein zweites Atelier, das von einer Frau geleitet wird. Dies allerdings ist eine Witwe, die den Betrieb ihres Mannes übernommen hat.

Tatsächlich gab es damals viele Vorurteile, die eine Unternehmensgründung von Frauen begleiteten. Frauen galten als weniger qualifiziert, Unternehmertum entsprach nicht der weiblichen Natur. Berufstätige Frauen galten entweder als sitzengebliebene »höhere Töchter«, die, aus welchen Gründen auch immer, keinen Mann an Land ziehen konnten. Man interpretierte ihre Tätigkeit aber auch als Zeichen finanzieller Schwäche ihrer Familie.

Mit solchen Vorurteilen und solcher Geringschätzung waren mit Sicherheit auch Anita Augspurg und Sophia Goudstikker konfontriert. Von Anfang an kontern sie allerdings mit einer klugen Strategie und benutzten ihre Weiblichkeit in mehrerlei Hinsicht als Werbemittel und Aushängeschild: Ihre Spezialität sind Kinderaufnahmen, für die sie als Frauen besonders prädestiniert scheinen. Mit einem Schlag konnte man damit nicht nur viele Frauen und Mütter als Kundschaft gewinnen, sondern diese auch langfristig an sich binden, zumal sie als Frauen auch über eine Kompetenz in Sachen adäquater Kleidung und Mode verfügen. Sicher spekulieren Anita Augspurg und Sophia Goudstikker auch darauf, dass ein »Frauenatelier« mit seinem besonderen Flair auch auf die Männerwelt einen gewissen Reiz ausüben würde.

Doch um was für Frauen es sich bei den beiden Fotografinnen handelt, musste sich rasch herumgesprochen haben. Weder hielten sich Anita Augspurg und Sophia Goudstikker mit ihrer Ablehnung überlieferter bürgerlicher Frauenrollen zurück, noch verschleierten sie, dass sie in gleichgeschlechtlicher Partnerschaft lebten. Im Gegenteil, sie trugen ihre Gesinnungen in aller Öffentlichkeit zur Schau: Anita Augspurg und Sophia Goudstikker tragen ihr Haar jetzt nämlich kurz. »Tituskopf« nennt sich das damals. Nach und nach kaufen sie einen Hund, Pferde und Fahrräder. Sie machen die Fahrradprüfung und reiten im Herrensitz auf ihren Pferden durch den Englischen Garten. Außerdem tragen sie merkwürdige Reformkleidung, Radlerhosen und lange fließende Gewänder aus Samt oder auch seltsam männlich geschnittene Kleidung. Optisch und von ihrem Verhalten her verkörpern sie einen völlig neuen Typ Frau. Das Selbstbewusstsein, mit dem die beiden Neu-Münchnerinnen von Anfang an nicht nur als unverheiratete Geschäftsfrauen auftreten, sondern auch die Art, wie sie sich sofort hinwegsetzen über alle geltenden Vorstellungen von dem, wie eine bürgerliche Frau auszusehen und sich zu verhalten hat, ist damals auch im liberalen und bierseligen München ein Novum. Ihr Auftreten »gab Spießbürgern und Neidern hinlänglichen Stoff zu allem möglichen Klatsch, der aber die beiden Frauen nicht nur völlig kalt ließ, sondern sie höchlichst amüsierte, was den Neid nicht eben minderte«, heißt es im Rückblick.[33]

Während es anfänglich eher einen gewissen Skandalcharakter hat, sich oder seine Kinder von diesen beiden unkonventionellen Frauen fotografieren zu lassen, wendet sich das Blatt schnell ins Gegenteil: Bald gilt ein Besuch im *Elvira* als äußert schick und angesagt. Eine der ersten Frauen, die sich hier fotografieren lässt, ist die in der Nachbarschaft wohnende Schriftstellerin Emma Merk. Genau wie Anita Augspurg und Sophia Goudstikker lebt sie völlig anders als die typisch bürgerliche Frau ihrer Zeit. Zwar trägt sie weder kurze Haare noch Männerkleidung, aber auch sie hat einen Beruf und arbeitet schon seit ihrem zwanzigsten Lebensjahr als Schriftstellerin. Kinder hat sie keine, dafür schon einige mehr oder weniger ernste Liebschaften hinter sich. Diese für damalige bürgerliche Verhältnisse ebenso ungewöhnliche Frau steht schnell in engem Kontakt zu den beiden Fotografinnen. Auch von der gleichfalls um die Ecke wohnenden jungen Marie Haushofer ist ein frühes Foto aus dem Atelier *Elvira* überliefert: Es präsentiert sie auf einer Art Chaiselongue liegend. Den Kopf in die Hand gestützt, schaut sie aufmerksam dem Betrachter entgegen. Eine eher ungewöhnliche Pose für die frühe Porträtfotografie, wie wir noch sehen werden.

Zu den frühen Kunden zählten neben den Frauen und Müttern bald auch prominente Persönlichkeiten. Durch die guten Kontakte von Anita Augspurg zur deutschen Theaterszene tummelten sich Schauspieler und Opernsänger vor den Kameras und verliehen dem neuen Fotostudio eine Aura von Glamour. Bereits aus dem Gründungsjahr ist ein Rollenporträt des bekannten Theaterschauspielers Richard Stury überliefert, das ihn als Tasso in Goethes gleichnamigen Stück zeigt. Weitere Berühmtheiten der Zeit, die zur Kundschaft zählten, sind etwa Milka Ternina, Clara Heese und Lili Dreßler. Damit ließ sich Umsatz machen, denn die Porträts von den Stars der Zeit kamen damals in Form von »Visit- und Cabinetkarten« in den Bilderhandel. Aber auch das breite bürgerliche Publikum – Ärzte, Kaufleute, Wissenschaftler, Geistliche – gehen bald im *Elvira* ein und aus, und als sich später auch noch die bayerische Königsfamilie dort ablichten ließ, war das Renommee des Ateliers endgültig gesichert.[34]

Mit ihren Porträtfotografien bedient das Atelier *Elvira* in der Gründungsphase vor allem das bürgerliche Bedürfnis nach Repräsentanz. Das Foto galt als öffentlicher Auftritt, es sollte eine Persönlichkeit adäquat inszenieren. Wie die überlieferten Porträtfotografien dieser Zeit fast alle zeigen: Die Männer wollten bedeutend und vornehm aussehen, die Frauen, wen wundert es: vor allem schön. Auf vielen dieser Bilder erscheinen die Porträtierten eher schematisch, meist starr und steif, oft im Sonntagsstaat. Repräsentativität und Vornehmheit waren in den 1880er Jahren noch wichtiger als der differenzierte Ausdruck der individuellen Persönlichkeit.

Für die passende Selbstdarstellung stellte das Atelier das entsprechende Ambiente und die perfekten Accessoires zur Verfügung: Es gab zahlreiche Einrichtungsgegenstände der gründerzeitlichen Wohnkultur, Tische und Stühle aus verschiedenen Stilepochen, Teppiche und Nippes. Auch Architekturfragmente aus Pappmaché waren vorhanden. Von Anita Augspurg ist ebenfalls ein solches Rollenbild überliefert: Es zeigt sie in der Gestalt eines betenden Mönches. In welchem Kontext es entstanden ist, ist unklar.

Zusammenfassend lässt sich sagen, dass das Atelier *Elvira* über Erwarten schnell prosperierte. Das anfängliche Aufsehen in geschäftliches Ansehen umzuwandeln, setzte bei den beiden Neulingen im Fotografenmetier natürlich Entschlossenheit, Stehvermögen und optimistischen Unternehmerdrang voraus. Diese Eigenschaften besaßen sie beide in hohem Maße.[35]

1889: Das Fotoatelier Elvira wird zur Keimzelle der Frauenbewegung

Im Zuge der Aufklärung und der Französischen Revolution war die Forderung nach Gleichberechtigung der Frau erstmals auf den Tisch der öffentlichen Diskussion gekommen. Während sich in England, in den USA, in Skandinavien und Frankreich die Frauenbewegung bald etablierte, »wurde in Deutschland der Kampf um Frauenbefreiung« spät aufgenommen, wie Anita Augspurg feststellt. »Dieses zum ursprünglichen Ich Zurückfinden ist der wahre dem Worte Frauenbewegung innewohnende Sinn. Dieses Erwachen der Frauen war international, und mit Stolz konnten Frauen bekennen: ›Im Reiche unseres Strebens geht die Sonne nicht unter.‹«[36]

Diese Forderungen waren in Deutschland nicht von Erfolg gekrönt, sondern fielen – insbesondere auch als Folge des Sieges über Napoleon – dem erwachenden deutschen Nationalgefühl zum Opfer. Der deutsche Nationalismus war von einem starken Männlichkeitskult geprägt, was paradoxe Folgen für das weibliche Geschlecht hatte: Während Patriotismus von Männern und Frauen gleichermaßen erwartet wurde, stand längst fest, dass Frauen im öffentlichen Leben der Nation und im Rahmen der Politik nicht gleichberechtigt waren. Auch das herrschende Ideal der Romantik vertrug sich in keiner Weise mit den emanzipatorischen Bestrebungen der Frauen: Emotionalität, Verklärung der Mütterlichkeit und das Wunschbild eines ordentlichen sicheren Heimes mit einer harmonischen Familie unter einem wohlhabenden patriarchalischen Vater und Ehemann waren die geltenden Geschlechterbilder, Werte und Ziele.

Ein zweiter Anlauf zur rechtlichen Gleichstellung der Frau erfolgte dann im Verlauf der Revolution von 1848. Mit ihrem Scheitern unterblieb ein weiteres Mal die Umsetzung weiblicher Forderungen nach Gleichberechtigung. Gerade die Schicht der bürgerlichen Frauen blieb weiterhin vom öffentlich-politischen Leben ausgegrenzt, dieses Terrain war allein dem Mann vorbehalten. Nach 1850 bekamen die emanzipatorischen Bestrebungen der Frauen dann Aufwind, sie wurden angeheizt durch die Industrialisierung und die damit einhergehenden sozialen Umwälzungen. Produktion von Lebensmitteln und Kleidung, die früher ein Teil der häuslichen Arbeit gewesen war, wurde nun industriell erledigt, gleichzeitig stiegen die Lebenshaltungskosten. Junge Frauen zog es infolgedessen in die Fabriken und Geschäfte, für die bürgerlichen Frauen waren Berufe wie Lehrerin, Erzieherin oder Krankenpflegerin vorgesehen. Die Frauen begannen, sich für Recht und Bildung zu engagieren.[37]

Eine organisierte Form der deutschen Frauenbewegung setzt schließlich mit dem Jahr 1865 ein, als die sozialkritische Schriftstellerin Louise Otto-Peters (1819–1895) in Leipzig – zusammen mit anderen bürgerlichen Frauen, darunter Lina Morgenstern, Henriette Goldschmidt und Auguste Schmidt – den Allgemeinen Deutschen Frauenverein (ADF) gründet. Von Anfang an, so fällt auf, sind es vor allem Lehrerinnen, Schriftstellerinnen und Künstlerinnen, die eine zentrale Rolle innerhalb der Frauenbewegung spielen, auffällig unter ihnen ist auch der hohe Anteil von Frauen jüdischer Herkunft. Die Trägerinnen des Vereins greifen die traditionellen Geschlechter- und Rollenbilder an und treten für das Recht auf Bildung und Erwerbstätigkeit für Mädchen und Frauen aller Schichten

ein, für ihre gleichberechtigte Teilhabe an der Berufswelt und
am öffentlichen Leben.

Einige Etappen: Seit 1865 werden in vielen Städten Deutschlands Ortsgruppen des Allgemeinen Deutschen Frauenvereins
gegründet. Sie versuchen, die Frauen des Mittelstands für Erwerb und Beruf besser vorzubereiten, fordern eine Umgestaltung der Mädchen- und Fortbildungsschulen und arbeiten auf
sozialen Gebieten in der Armen- und Fürsorgepflege. Nach
einem Vortrag von Louise Otto-Peters werden von Lina Morgenstern die ersten Fortbildungskurse und eine Krankenkasse
für Arbeiterinnen gegründet. 1880 erfolgt dann die Gründung
des Deutschen Kulturbundes, der sich für die Abschaffung der
reglementierten Prostitution der Frauen einsetzt. 1886 allerdings – unter dem Sozialistengesetz – wird er wie alle Arbei-
tervereine aufgelöst. Erwähnt sei an dieser Stelle, dass neben
der bürgerlichen Frauenbewegung im 19. Jahrhundert auch
eine Bewegung der Arbeiterinnen entsteht, die sich aber zu
den sozialdemokratischen und kommunistischen Arbeiter-
vereinigungen hin orientiert. »Frauen begannen sich spürbar
zu regen. Kampf setzte ein und zwar nicht nur der Kampf mit
der Umwelt im Männerstaate, sondern der deutschen Frauenwelt selbst, wo sich nun Ende der 1880er Jahre zwei Richtungen gegenüberstanden: die konservative und die radikale. ...
Die konservative wollte, immer unter Betonung der Ander-
sartigkeit des weiblichen Geschlechts, den Frauen Bildungs-
und Berufsmöglichkeiten schaffen, um ihnen stufenweise
über soziale Tätigkeit in der Gemeinde das Hineinwachsen in
eine helfende und unterstützende Betätigung im bestehenden
Männerstaate zu ermöglichen. ... Anders die radikale Richtung! Sie bestritt einfach unter Hinweis auf die unbefriedi-

genden Zustände in Staat und Gesellschaft den Männern das Alleinbestimmungsrecht.«[38]

Ende 1889 werden Anita Augspurg und Sophia Goudstikker Mitglieder im Weimarer Frauenverein *Reform*.[39] Wie genau der Kontakt zu diesem Verein zustande kam, ist nicht überliefert. Tatsächlich ist aber im November 1889 in der *Münchner Stadtzeitung* ein Artikel über den im Vorjahr von Hedwig Kettler gegründeten Verein, der für das Frauenstudium eintrat, erschienen. »München weist leider kein Vorstandsmitglied des Vereines auf«, hatte die Redaktion in dem Artikel bedauert.[40] Möglicherweise haben unsere beiden Fotografinnen aufgrund dieses Artikels den Kontakt zu den Frauenrechtlerinnen in Weimar aufgenommen. Viel wahrscheinlicher allerdings ist, dass der Kontakt durch das Fotoatelier *Elvira* zustande kam, denn überlieferte Aufnahmen zeigen zum Beispiel, dass sich auch Hedwig Dohm dort fotografieren ließ. Die spätere Mutter von Hedwig Pringsheim und Großmutter von Katia Mann war Mitglied im Weimarer Verein, ja sogar im engsten Kreis der Mitbegründerinnen. Als erste deutsche Frau hatte Dohm bereits 1873 in ihrem Buch *Der Jesuitismus im Hausstande* und 1876 in *Der Frauen Natur und Recht* das Frauenwahlrecht gefordert und die sogenannte »Natur der Frau« als soziales Konstrukt entlarvt – fast ein ganzes Jahrhundert vor Simone de Beauvoir. Heute zählt die Frauenrechtlerin und Autorin zahlreicher Essays, Romane und Novellen mit Anita Augspurg zu den bedeutendsten Vordenkerinnen des radikalen Flügels der bürgerlichen Emanzipationsbewegung.[41]

Die ehemalige Malerin und Gründerin des Weimarer Vereins, Hedwig Kettler, wurde 1851 in Hamburg geboren und setzte sich seit 1886 kompromisslos für das Frauenstudium in

Deutschland ein. 1887 gab sie ihren Beruf als Malerin auf, um noch im selben Jahr die Zeitschrift *Frauenberuf* zu gründen. Nachdem das Blatt ein Jahr lang als Austauschforum und Auffangbecken für Mitstreiterinnen gedient hatte, entschloss man sich 1888, den Frauenverein *Reform* zu gründen, machte das Programm der Zeitschrift zum Programm des Vereins. Der Verein fordert nicht nur eine verbesserte Mädchenbildung, er verlangt die vollständige Öffnung aller Bildungseinrichtungen und Berufe für das weibliche Geschlecht, fordert die Gründung von Mädchengymnasien und den Zugang der Frauen zur Universität. Der Frauenverein *Reform* wird zu einem der radikalsten Vereine der deutschen bürgerlichen Frauenbewegung.[42]

Mit dem Beitritt von Anita Augspurg und Sophia Goudstikker zum Weimarer Verein weht seit Ende 1889 also auch offiziell der Geist der »Frauenbewegung« und der »Frauenbefreiung« durch das Fotoatelier *Elvira*. Es entstehen deutschlandweit Kontakte zu gleichgesinnten, kämpferischen Frauen, außerdem lernen Anita Augspurg und Sophia Goudstikker durch die Vereinsarbeit die Wirkung von gezielter Öffentlichkeitsarbeit und kontinuierlicher Pressearbeit kennen. Das Atelier *Elvira* wird nun zur Keimzelle der modernen Frauenbewegung in München werden, zum Treffpunkt, Ideengenerator und zur Ideenschmiede modern gesinnter Frauen und Männer.

Noch im Dezember 1889 erscheint in der Zeitschrift *Frauenberuf* ein Artikel von Anita Augspurg über Die *Photographie als Lebensberuf.* Bald wird der Verein durch öffentliche Auftritte von Anita Augspurg mehr und mehr in München von sich reden machen. Er wird im Reichstag petitionieren und sich in allen Landtagen der deutschen Bundesstaaten für die Gründung von Mädchengymnasien einsetzen, für die Zulassung der Frauen zum Studium und für die Öffnung aller wissenschaftlichen Berufe für Frauen.

Von der organisierten Frauenbewegung in Deutschland war der Süden des Landes bis 1889 völlig unberührt geblieben, vermutlich weil in Bayern Frauen der Beitritt zu politischen Vereinen nach den bayerischen und preußischen Vereinsgesetzen seit 1850 verboten war, einen entsprechenden Bundesbeschluss gab es seit 1854. In Bayern hieß »politisch« damals: die öffentlichen Angelegenheiten betreffend, was bei der Frage der Öffnung staatlicher Bildungseinrichtungen für Frauen und der Änderung staatlicher Gesetze, die hierfür angenommen werden, der Fall ist. Damit werden auch Anita Augspurg und Sophia Goudstikker zu kämpfen haben. Mit ihrem Beitritt zum Frauenverein Reform schlagen sie für München und Bayern ein neues Kapitel auf.[43]

Naturalismus und Moderne: Die Rolle der Literatur

Am 20. Oktober 1889 wird am Lessing-Theater in Berlin Gerhart Hauptmanns Drama *Vor Sonnenaufgang* uraufgeführt – damit beginnt in Deutschland der Siegeszug des Naturalismus.

Hauptmanns Drama führte schonungslos einen ganzen Tag aus dem Leben der Bauernfamilie Krause vor. Es stand nicht nur in der Tradition Ibsens, ihm lag auch die naturalistische Determinationslehre zugrunde: Der Mensch ist nicht selbstbestimmt. Er ist entscheidend geprägt und begrenzt durch Vererbung, Milieu und Erziehung und deshalb in keinerlei Weise frei in seinen Entscheidungen und Möglichkeiten. Das durch das Stück vermittelte Weltbild sollte das kommende Jahrzehnt, die 1890er Jahre, nicht nur literarisch entscheidend prägen, es sollte auch großen Einfluss auf die männliche und weibliche Lebensgestaltung ausüben.[44] Mit Milieu und Erziehung werden Kategorien in die Literatur eingeführt, die eine ganz andere Betrachtungsweise von sozialen Fragen ermöglichen, es ist »eine auf der Tiefe der Persönlichkeit begründete Weltbetrachtung«, wie der S. Fischer Verlag, in dem die Werke Hauptmanns erschienen, in seinem Katalog festhält. Mit Gerhart Hauptmann hat der Naturalismus, der in Skandinavien (Henrik Ibsen, August Strindberg), Russland (Fjodor Dostojewski, Lew Tolstoi) und Frankreich (Émile Zola) seine Vorbilder hat, eine spezifisch deutsche Ausprägung erhalten, die auch für die Frauenfrage neue Möglichkeiten eröffnet. Henrik Ibsen zog mit seinen Dramen gegen die Moral und »Lebenslüge« seiner Zeit zu Felde und vertrat im »Kampf der Geschlechter« den Standpunkt der Frau. Man entwickelte Darstellungsmöglichkeiten der »Wirklichkeit«, wie sie in ihrer Drastik und Genauigkeit bisher nicht vorhanden waren, und setzte sich mit der sozialen Lage unterschiedlicher Gesellschaftsschichten auseinander. Ein besonders erhellendes Beispiel ist Émile Zolas Roman *Thérèse Raquin* (1867), in dem er ungeschönt das Pariser Kleinbürgertum darstellt und die Protagonistin sich zur Ehebrecherin und Mörderin entwickelt.

Es ist interessant, dass nahezu gleichzeitig mit dem Naturalismus in den 1860er Jahren auch die Frauenbewegung einsetzt. Tatsächlich laufen beide Bewegungen zeitlich von

Anfang an parallel. Die Werke von Zola, Ibsen, Strindberg, Tolstoi bereiteten nicht nur der frühen Emanzipationsbewegung mit den Boden, sie schärften auch das Bewusstsein und erzeugten ab den 1880er Jahren eine wachsende Bereitschaft, sich mit der sozialen Lage der Frauen zu befassen.

Nicht nur »Naturalismus« wird zu einem Schlüsselbegriff des ausgehenden 19. Jahrhunderts, sondern auch »modern«. An der Schwelle zu den 1890er Jahren veröffentlicht Maria Janitschek ein Gedicht mit dem programmatischen Titel *Ein modernes Weib*. Maria Janitschek wurde 1859 in Wien geboren und wuchs unter ärmlichsten Bedingungen in Ungarn auf. 1878 ist sie mit ihrer Mutter nach Graz übergesiedelt. Unter dem Pseudonym Marius Stein begann sie hier für Zeitungen wie *Moderne Dichtung* und *Wiener Rundschau* journalistisch zu arbeiten. Durch ihre Heirat 1882 mit dem Archäologen und Kunsthistoriker Hubert Janitschek verbesserte sie ihre gesellschaftliche Stellung und hatte nun Zugang zu einem wissenschaftlich-intellektuellen Umfeld. Ihr erstes Buch *Legenden und Geschichten* erschien 1885 im W. Spemann Verlag. In den folgenden Jahren wird Maria Janitschek zahlreiche emanzipatorische Werke veröffentlichen. Und auch sie wird in den nächsten Jahren nach München ziehen.[45]

1889 publiziert Maria Janitschek ihren ersten Gedichtband,[46] der auch *Ein modernes Weib* enthält und bald heftig kritisiert werden wird. Wie Hauptmanns *Vor Sonnenaufgang* ist auch Maria Janitscheks Gedicht ein Skandal, denn hier fordert eine Frau, die sich in ihrer Ehre verletzt sieht, einen Mann zum Duell heraus. Der jedoch weigert sich und verweist sie auf ihre traditionelle Rolle, die der duldenden und vergebenden Frau. Sie antwortet mit einer pathetischen Proklamation

der »modernen Frau« und schießt ihren Kontrahenten nieder.
Ähnlich wie bei Hauptmann verweist auch hier schon der Titel auf etwas Kommendes, Zukünftiges, auf einen Aufbruch.

Ein modernes Weib

Ein Mann beleidigte ein Weib. Es war
Von jenen schnöden Thaten eine, die
Kein Weib vergessen und vergeben kann.

Geraume Zeit verstrich. Da eines Abends
Ward an die Thür des Frevlers laut gepocht.
Er rief: »Herein«, und sah voll tiefen Staunens,
In Trauerkleidern eine Frau vor sich.
Sie schlug den Schleier bald zurück. Er blickte
In ihre großen stolzerstarrten Augen,
In diese großen schmerzversengten Augen …
Er lächelte verlegen, denn ein Schauer
Erfaßte ihn … Er bot ihr höflich Platz,
Sie aber dankte, und mit ruhiger Stimme
Sprach sie zu ihm: »Du hast mich schwer beleidigt,
Es war nur Gott dabei … vor diesem Gott,
Vor dir, und mir allein, will ich den Flecken
Den Makel meiner Ehre, zugefügt
Von Deiner Hand, verlöschen.

Höre nun!
Um dies zu thun, bleibt mir ein Mittel nur:
Ich kann nicht gehn, um einem fremden Menschen
Das was ich selbst mir kaum zu sagen wage,

Zu offenbaren. Für mich herrscht kein Richter,
Er wär' denn blind und taub und stumm, deshalb
(Ein Schildern des Vergangenen glich' aufs Haar
Der neuen That, hieß' selber mich entehren),
Deshalb gibt's eins nur: hier sind Waffen, wähle!«
Sie stellte auf den Tisch ein Kästchen hin
Und öffnete den Deckel. – –

Lange standen
Die beiden Menschen stumm. Er sah sie an,
Sie hielt das glänzend große Aug' gerichtet
Fest auf die Waffen.

Plötzlich brach er aus
In lautes Lachen. Da durchglühte feurig
Ein tiefes Rot die farbenlosen Wangen
Der jungen Frau. Wie, wenn die ganze Antwort
Dies Lachen wär'? Sie hätte schreien mögen
Vor Wut und Elend. Aber sie bezwang sich,
Und sagte mild: »Wenn Dir ein Unvorsichtiger
Zufällig auf den Fuß getreten wäre,
Du würdest ohne lange Überlegung
Ihm deine Karte in das Antlitz schleudern,
Nichts Lächerliches fändest Du dabei.
Nun denk': nicht auf den Fuß trat mir ein Mensch,
Mein Herz trat er in Stücke, meine Ehre!
Verlang' ich mehr, als du verlangen würdest
Für einen unvorsichtigen Schritt, sag' selbst,
Ist das nicht billig?«

Lächelnd sah er ihr
Ins zornerglühte Antlitz. »Liebes Kind,
Du scheinst es zu vergessen, daß ein Weib
Sich nimmer schlagen kann mit einem Manne. .
Entweder geh zum Richter, liebes Kind,
Gesteh ihm alles, gerne unterwerfe
Ich seinem Urteil mich. Nicht? Nun dann bleibt
Dir nur das eine noch: vergesse, was du
Beleidigung und Schmach nennst. Siehst du, Liebe,
Das Weib ist da zum Dulden und Vergeben ...«
Jetzt lachte sie.

»Entweder Selbstentehrung
Wenn nicht, ein ruhiges Tragen seiner Schmach,
Und das, das ist die Antwort, die ein Mann
In unserer hellen Zeit zu geben wagt
Der Frau, die er beleidigt.«

»Eine andere
Wär' gegen den Brauch.«
»So wisse, daß das Weib
Gewachsen ist im neunzehnten Jahrhundert«,
Sprach sie mit großem Aug', und schoß ihn nieder.

Ein modernes Weib: Es ist die drastische Darstellung einer Frau, die auf ihrem Recht der Gleichbehandlung besteht. In dem Gedicht wird eine neue Frau präsentiert, eine Frau, die sich nicht länger bestimmen und dominieren lässt, sondern den Anspruch auf ihr eigenes Selbst artikuliert. »Modern sein« – ein Schlüsselbegriff dieser Jahre – bedeutet radikale

Gegenwärtigkeit, die nicht nur für die Literatur- und Kunst-produktion relevant ist, sondern auch für die Lebenspraxis.

»Il faut être absolument moderne«, schrieb Artur Rimbaud schon 1873 und forderte damit eine radikale Zeitgenossen-schaft, eine vollständige Präsenz in der Gegenwart, verlangt die Auseinandersetzung mit all ihren Gegebenheiten und pro-voziert den Bruch mit dem Althergebrachten. Es ist die eigene Selbstbehauptung jenseits sozialer Konventionen, die hier postuliert wird. Während Rimbaud seine homosexuelle Erfah-rung mit dem Dichter Verlaine reflektiert, sieht er »da unten auch die Hölle der Frauen« und lacht über »die alte, verlogene Liebe« bigotter Pärchen.[47]

Die Moderne, so Peter Gay, ist »ein Appell zur Authentizi-tät«, ist ein Aufstand für Aufrichtigkeit und Ausdrucksfreiheit. Modernität beinhaltet auch die Forderung, Kunst und Leben, ihre Beziehung zueinander neu zu konzipieren. Das Stichwort »modern« enthält von Beginn an neben der ästhetischen auch eine soziale Bedeutung. Der Schriftsteller Eugen Wolff hält dies 1886 in einer seiner Thesen zur *Freien litterarischen Ver-einigung »Durch!*« ausdrücklich fest und fordert: »Unsere Lit-teratur soll ihrem Wesen, ihrem Gehalte nach eine moderne sein; … Diese Weltanschauung ist eine humane im reinen Sinne des Wortes und sie macht sich geltend zunächst und vor allem in der Neugestaltung der menschlichen Gesellschaft, wie sie unsere Zeit von verschiedenen Seiten her anbahnt.«[48]

Diese Neugestaltung der Gesellschaft aber verlangt »mo-derne« Menschen. Bertha von Suttner hat sie 1887 so be-schrieben: Zwar sei »modernen Geistern« etwas gemeinsam, »das sich leichter empfinden, als definieren läßt«, doch »sie träumen nicht, die modernen Geister. Sie arbeiten sich hinan, trotz allen Widerstandes, den ihnen die Trägheit der Massen und die Anstrengungen der Reaktion in den Weg legen«.[49] Ihr Beitrag erschien damals in einer Münchner Zeitschrift mit dem Titel *Die Gesellschaft. Realistische Wochenschrift für Literatur, Kunst und öffentliches Leben.* Herausgegeben wird sie von Michael Georg Conrad. 1890 gründet Conrad in München die *Gesellschaft für modernes Leben.*

3.

1890: »Eine freie Bühne für das moderne Leben schlagen wir auf«

– Michael Georg Conrad – Emma Merk – Helene Böhlau –

Die *Gesellschaft für modernes Leben* entfaltet rasch ein reges Vereinsleben. Beginnend mit ihrem ersten öffentlichen Auftritt im Januar 1891 im Café *Isarlust*, bei dem wir Gabriele Reuter begleitet haben, wird die *Gesellschaft* auch weiterhin öffentliche Vortragsabende und musikalische Darbietungen veranstalten und außerdem die *Freie Bühne* gründen, um unter dem Schutz des Vereinsrechts ohne Eingriffe der Zensur Theaterstücke aufführen zu können, die auf öffentlichen Bühnen keine Genehmigung erhalten hätten.[50] Viele ihrer künftigen Veranstaltungen werden für so manche Aufregung sorgen oder zu einem handfesten Skandal im bisher eher gemäßigten, etwas biederen Literaturbetrieb Münchens führen.[51]

Die Vereinssatzung hält als Zweck unmissverständlich fest: »Pflege und Verbreitung modernen schöpferischen Geistes auf allen Gebieten: Soziales Leben, Kunst, Literatur und Wissenschaft.«[52] Diese Ziele sollen gleichfalls durch eine neue Zeitschrift befördert werden: *Moderne Blätter. Wochenzeitschrift der Gesellschaft für modernes Leben.* Das Bekenntnis zur Moderne findet man auch in der gleichzeitig von Otto Brahm in Berlin gegründeten Zeitschrift *Freie Bühne für modernes Leben* (später *Die neue Rundschau*), die vom S. Fischer Verlag herausgegeben wird. In erklärter Nähe zum Naturalismus beabsichtigt die Zeitschrift nichts Geringeres, als die »Geschichte der geistigen Evolution des kommenden Jahrzehnts« widerzuspiegeln. Im Zentrum steht »die neue Kunst, die die Wirklichkeit anschaut und das gegenwärtige Dasein«.[53] In nur wenigen Jahren wird die Zeitschrift auch für die »Frauenfrage« eine große Bedeutung haben.

In München entpuppt sich die neue Gesellschaft bald als Oppositionsbewegung gegen überkommene Strukturen der bürgerlichen Gesellschaft. Michael Georg Conrad bezeichnet sie als »Trinität der Säbelherrschaft, der Polizeiherrschaft, der Pfaffenherrschaft«. Modern ist und wirkt in seinen Augen der Bruch mit der Tradition, was auch Julius Schaumbergers programmatisches Gedicht *Modern* veranschaulicht, mit dem die neue Zeitschrift *Moderne Blätter* im März 1891 eröffnen wird. Dort heißt es in der zweiten Strophe:

»Modern ist jener Drang zur Neugestaltung,
Der rücksichtslos die alten Formen sprengt,
Und allem feind ist, was in der Entfaltung
Des starken Geistes freie That beengt.
Modern ist jener Trieb, der eigenwüchsig
Dem Bann der Ueberlief'rung widersteht
Und sich nicht beugt in frommem Kinderglauben
dem Götzenzauber der Autorität.«

Die Mitglieder der *Gesellschaft für modernes Leben* wollen über ideologische Verfehlungen und gesellschaftliche Missstände im Wilhelminischen Kaiserreich aufklären, auch über solche, die die »Frauenfrage« betreffen. Sie fordern die Veränderung der sozialen Rolle der Frau, plädieren für ihre Berufstätigkeit und Eigenständigkeit und durchbrechen damit die konventionellen Vorstellungen des Verhältnisses von Mann und Frau. Die neugegründete Gesellschaft sammelt alte und neue Kräfte um sich, auf jeden Fall einen Großteil der modern gesinnten Geister in München. Auch Anita Augspurg und Sophia Goudstikker, die sich von Anfang an für die Ideen Conrads interessieren, werden Mitglied.[54]

Es ist ein Spezifikum der 1890 in München einsetzenden Frauenbewegung, dass sie von Anfang an in enger Verbindung und regem Austausch steht mit den Vertretern der künstlerischen und literarischen Moderne und dass damit einhergehend von Anbeginn auch Männer in sie involviert sind. Mit dem Aufkommen der Frauenbewegung, so schreibt der Kulturhistoriker Georg Jakob Wolf, »gingen in München auch die Wogen der modernen Literatur- und Kunstbewegung hoch. Es wurden daher häufig die beiden Strömungen, die der Frauenbewegung und die der ›Moderne‹, als eines Wesens angesehen und verwechselt.«[55] Diese Einschätzung korrespondiert mit derjenigen Max Halbes, der in seinen Lebenserinnerungen festhält, dass der »herrschende Typus jener Frauengeneration der 1890er Jahre, jedenfalls derjenige, der in der Öffentlichkeit mitredete«, die Frauenrechtlerin, die Emanzipierte war: »Ihr also mußte gefallen, was literarisch mitzählen wollte. Gehirn- und Zwitterwesen etwa vom Schlage einer Anita Augspurg gaben in jenen ästhetischen Damenzirkeln den Ton an.«[56]

Wie stark damals die gegenseitige Beeinflussung war, zeigt sich umgekehrt darin, dass der Begriff »Modern« und die Pa-

role »Modern sein« nicht nur zu programmatischen Schlag-
wörtern der Münchner Frauenbewegung werden, sondern
auch zu zentralen Begriffen der in ihr agierenden oder mit
ihr verknüpften Schriftstellerinnen und Künstlerinnen, zum
Prinzip ihrer Literaturproduktion und ihrer Lebenspraxis.
Der Intellektuelle gilt als neuer Typus der Moderne, dessen
Existenz aber von der Emanzipation abhängt. »Kein Zweifel,
daß sein Erscheinen eine der Folgen der Frauenemanzipation gewesen und entscheidend durch sie mitbedingt worden
ist«, schreibt Max Halbe und bringt diese Symbiose wie folgt
auf den Punkt: »Die Emanzipierte und der Intellektuelle. Ein
Paar was sich gesucht und gefunden hatte. Der buntseidenen
Modeweste auf der männlichen Seite entsprach in einer be-
merkenswerten Umkehrung der Geschlechtsmerkmale das
schmucklose, puritanische Hängekleid auf der weiblichen.
Hier Vermännlichung. Dort Verweiblichung.«[57]

Emma Merk: Carpe diem!

In diesem Kreis der Emanzipierten und der Intellektuellen,
der Künstlerinnen und Frauenrechtlerinnen bewegen sich
1890 auch Gabriele Reuter und Emma Merk. Gabriele Reuter
kommt in diesem Jahr mit ihrer Mutter in München an, staunend verfolgt sie die turbulente Gründungssitzung der *Gesellschaft für modernes Leben*. Eingeführt wird sie in dieses Milieu von Emma Merk, die sie im Herbst 1890 kennenlernt. Die
umtriebige Emma Merk kennt anscheinend jeden in Münchens Künstler- und Schriftstellerinnenkreisen, sie scheint ein

Hans Dampf in allen Gassen zu sein und steht nicht nur mit Anita Augspurg und Sophia Goudstikker in Kontakt, sondern wohnt auch in engster Nähe zu ihnen. Als Schriftstellerin wird sie rasch ein Vorbild für Gabriele Reuter.

Geboren wird Emma Merk am 15. Juni 1854 als Tochter und siebtes Kind des Münchner Kunstmalers Eduard Merk (1816 – 1888) und als Enkelin des Münchner Hofjuweliers Gottfried Merk, im Haus ihres Vaters, das direkt am Englischen Garten liegt.[58] In der Schönfeldstraße 8, wo Eduard Merk sein Atelier hat, wächst Emma Merk auf, umgeben von einem Garten mit einer Laube, hohen Pflaumenbäumen und einem Springbrunnen.[59] Von klein auf verkehrt sie in Maler- und Künstlerkreisen. Nicht nur in München, sondern auch in den damals so berühmten Künstlerkolonien, in Brannenburg und auf der Fraueninsel im Chiemsee. Bis zum Alter von sechzehn Jahren besucht sie das seit 1840 bestehende renommierte Mädchen- und Erziehungsinstitut von Fräulein Ascher in München. Nach eigener Aussage ist sie zwar keine Musterschülerin, lernt aber gern und leicht und hat vor allem große Freude am Lesen.[60]

In ihrer Jugend besitzt Emma Merk viele geheime Schubladen, in denen lauter geheime Dinge liegen: ein unveröffentlichter Roman, unveröffentlichte Feuilletonartikel, und an sie gerichtete Briefe von Georg von Vollmar, dem späteren Vorsitzenden der bayerischen SPD. Unter seiner Führung wird die SPD in Bayern später die einzige Partei sein, die sich geschlossen hinter die Forderungen der bürgerlichen Frauenbewegung stellt. Emma Merk und Georg von Vollmar werden ihr Leben lang in freundschaftlicher Verbindung stehen.

Kennengelernt hat sie ihn mit neunzehn Jahren, irgendwann im Jahr 1873, auf der Fraueninsel im Chiemsee, in der Kneipe der Frauenwörther Künstlerkolonie. Kaum hat sie mit dem vier Jahre älteren Sozialdemokraten Bekanntschaft gemacht, da ist sie auch schon zu seiner Schülerin geworden, worüber sie wenig später selbst erstaunt ist: »Ich hätte wahrlich nicht gedacht, als ich Sie damals auf der Fraueninsel zum ersten Male reden hörte: ›Kellnerin bringens mir ein Haferl Bier!‹ dass Sie mich in jene Kunst des reinsten Geistes einführen würden, dass ich durch Sie jene Denker kennen lernen würde.«[61]

Tatsächlich versucht Georg von Vollmar, die junge Emma für die Sozialdemokratie und den Sozialismus zu gewinnen, dies geht deutlich aus beider Briefwechsel hervor. Monatelang schickt er ihr philosophische und politische Schriften, lässt ihr nicht nur die Werke von Spinoza und Feuerbach zukommen, sondern auch die Schriften von August Bebel und Karl Liebknecht.

Nach anfänglicher Begeisterung, nach längerem Hin und Her über ihr Pro und Contra, teilt sie ihm dann im April 1874 mit, dass die Ideen der Herren Bebel und Liebknecht sie einfach nicht überzeugen: »Was sollen auch die Revolutionen. Und dass sie eine gewaltsame Revolution vertreten, können doch die Bebel und Liebknecht trotz aller scharfsinnigen Redekunst nicht wegleugnen und wollen es vielleicht auch nicht. … und ich kann eben nicht glauben an die einstmalige Gleichheit der Menschen.«[62]

Irgendwann bricht Emma Merk abrupt den Kontakt zu ihm ab. Wann genau und wie lange, das ist aus den überlieferten Briefen nicht ersichtlich, denn der Großteil ist verschollen. Als sie 1877 den Faden wiederaufnimmt, entschuldigt sie sich, erklärt ihr Schweigen mit verschiedenen Gründen und bittet um die Fortsetzung ihres Kontaktes. Was die genaue Ursache war, wird in ihrem Brief nicht deutlich. Allerdings reibt sie ihm hier nun alle Unterschiede zwischen ihnen beiden unter die Nase. Vor allem stellt sie klar, dass es ihm nicht gelungen ist, sie zur Genossin seiner Partei, zur Sozialistin heranzuziehen. Tatsächlich dankt sie ihm aber ausdrücklich dafür, dass er es war, der in ihr die »ersten Freiheitsideen« weckte und sie auch wieder »Lebensfreude« lehrte. Sie erzählt ihm von ihrem Zigarettenkonsum und kokettiert mit ihrer Lieblingsbeschäftigung: »Briefkorrespondenz mit jungen Männern«.[63]

Gut möglich, dass Emma Merk und Georg von Vollmar damals auch ineinander verliebt waren. »Dass Ihre Handschriften nicht aus meinen Händen kommen – wenigstens nicht aus wohlverschlossener Schublade, dürften Sie eigentlich nicht bezweifeln.«[64] Vor allem aber war es Georg von Vollmar, der die Neunzehnjährige ermuntert und ermutigt hat, Schriftstellerin zu werden. Dies jedenfalls kann man ihrem Brief vom 31. Dezember 1873 entnehmen, in dem sie auf seinen Rat zurückkommt und von ihren bisherigen schriftstellerischen Versuchen berichtet: »Ich habe wohl über Feuilletonsartikel nachgedacht, auch mehrere geschrieben. … Auch einen Roman habe ich geschrieben, – was tut man nicht alles, wenn man sich langweilt – er liegt noch in einer geheimen Schublade.«[65] Zwei Jahre später veröffentlicht Emma Merk tatsächlich ihre erste Novelle, weitere Publikationen in Zeitschriften folgen rasch.[66] Mit ihren Erstlingsarbeiten erregt Emma Merk schnell Aufsehen, 1886 erscheint ihr Debütroman *Ein Liebestraum* in der *Deutschen Romanbibliothek*. Berühmt wird sie für ihre psychologisch gestalteten Novellen und Romane und für ihre Schilderungen der Sitten im alten und neuen München.[67]

Spätestens ab dem Jahr 1886 hat Emma Merk eine Beziehung mit dem Dichter und Professor Max Haushofer. Er ist vierzehn Jahre älter, und sie kennt ihn schon seit ihrer Kindheit. Er ist der Sohn des Münchner Landschaftsmalers Maximilian Haushofer (1811–1866), der um 1838 die Frauenwörther Künstlerkolonie gegründet und seit 1845 eine Professur für Landschaftsmalerei in Prag innehatte.[68]

Nach seinem Abitur 1858 studierte Max Haushofer Volkswirtschaft und Statistik, betätigte sich aber nebenbei auch als Schriftsteller. Bereits 1864 erlangte er seinen Doktortitel, zwei Jahre später war er bereits habilitiert und durfte als außerordentlicher Professor an der neu gegründeten Technischen Hochschule München Vorlesungen abhalten. 1880 erhielt er dann eine regelrechte Professur. Neben seiner Hochschultätigkeit war er aber auch politisch aktiv, er vertrat in den Jahren 1875–1881 den Wahlkreis München für die Vereinigte Liberale in der bayerischen Abgeordnetenkammer. 1868 heiratete er Adele Fraas (1844–1872), die Tochter eines bekannten Münchner Professors. Aus der Ehe gingen drei Kinder hervor, darunter Marie Haushofer. Seine Frau starb 1872 bei der Geburt des dritten Kindes. Unterstützt von seiner Mutter und den Schwiegereltern zog er fortan die Kinder allein groß. In diesen Jahren kam ein engerer Kontakt zu Emma Merk zustande, die er kannte, seit sie vier Jahre alt war. Gemeinsame malerische Familientradition und selbständige schriftstellerische Arbeit hatten schon der Jugendfreundschaft einen ernsteren Hintergrund gegeben und dazu geführt, dass sie sich in der Vergangenheit immer mal einander angenähert, dann

Abb. 4: Emma Merk, Porträt aus dem Atelier
Elvira

aber auch wieder entfremdet hatten. Tatsächlich fällt auf, dass
ab dem Zeitpunkt der Beziehung mit Emma Merk seine un-
veröffentlichten Werke nun alle in rascher Folge erscheinen.[69]

Emma Merk verkörpert wie Anita Augspurg und Sophia
Goudstikker einen neuen Typ Frau. Sie, die ihr eigenes Selbst
entdeckt haben und es auch leben, verfolgen ihre Ziele und
Ambitionen und machen sich finanziell selbständig. Es ist
ein neuer Frauentyp, der im letzten Drittel des 19. Jahrhunderts im Bürgertum entsteht und sich gegen Ende des Jahr-

hunderts mehr und mehr zu Wort meldet. Es sind Frauen, die sich von den geltenden Frauenrollen und Geschlechterbildern des Kaiserreichs, die sie als unzeitgemäß und unauthentisch empfinden, verabschieden. Schon damals wehren sich diese Frauen gegen die abwertende Bezeichnung »Fräulein«, wie etwa Emma Merk in den *Münchner Neuesten Nachrichten*: »Warum muss gerade in Deutschland die Unverheiratete in jedem Geschäft, in jedem Büro, in jeder Gesellschaft, das kindische Wort ›Fräulein‹ zu hören bekommen, das dem Halbflüggen, dem unerwachsenem Mädchen ziemt, das wie ein Hohn klingt, in ein verwelktes Gesicht? … Warum ist das Weib achtungswerter, das seinen Mann für sich sorgen und arbeiten läßt, als die Einsame, die mit ehrlicher Mühe selbständig um ihre Existenz kämpft: Wir begreifen und billigen ja die unbegrenzteste Hochachtung für die Familienmutter, die ihren ernsten Beruf würdig und pflichtgetreu erfüllt. Aber ist Kinder in die Welt setzen allein ein Verdienst, dem die allgemeine Bewunderung und Anerkennung gezollt werden muß? Unser altes Europa ist so übervölkert.« Ledige und kinderlose Frauen »wollen so wenig wie die Junggesellen den Verheirateten das Recht einräumen auf sie herabzuschauen, sondern den Kopf hoch tragen, im Gefühl ihrer Freiheit und Selbständigkeit als ledige Frauen«.[70]

Nach dem Tod der Eltern zieht Emma Merk im Sommer 1890 aus dem elterlichen Haus in die Von-der-Tann-Straße 15, in das Haus, in dem auch Anita Augspurg und Sophia Goudstikker wohnen und in dem sich unten im Parterre das Atelier *Elvira* befindet.[71] »Bei der Schriftstellerin Emma Merk … pflegte eine Auswahl der ›bewegten Frauen‹ am Sonntag nachmittag zusammenzukommen, Tee zu trinken und köstliche Brötchen zu verzehren, auf deren Mannigfaltigkeit die Bereiterin selbst trotz ihrer blauen Strümpfchen stolz war.«[72] Aber Emma Merks Wohnung ist nicht nur ein Treffpunkt gleichgesinnter Frauen, hier organisiert sie auch ihren Salon, die sogenannten »Jours«, auf denen Frauen und Männer aus Münchens Künstler- und Schriftstellerkreisen ein- und ausgehen und wo auch Gabriele Reuter in diesem Jahr die Bühne betritt.

Gabriele Reuter, die im Sommer mit ihrer Mutter nach München kam, um der Enge ihrer Heimat zu entkommen, wurde am 8. Februar 1859 in Alexandria als Tochter der in Magdeburg aufgewachsenen Johanna Behmer (1830 – 1903) und des Import- und Exportkaufmannes und damaligen Sekretärs des preußischen Konsulats in Ägypten, Karl Reuter (1822 – 1872), geboren.[73] Gabriele Reuter wächst in zwei unterschiedlichen Kulturkreisen auf: in der Welt des deutschen Bürgertums und in der Welt des Orients. Sie verbringt ihre Jugend teils in Dessau, teils in Ägypten und besucht hier wie dort Privatschulen. 1872 kehrt sie mit der Familie endgültig nach Deutschland zurück, wo sie ein Töchterinstitut besuchen soll. Nach dem plötzlichen Tod des Vaters am 14. Oktober 1872 wird das Geschäft aufgelöst, die Familie befindet sich jetzt in einer finanziell sehr unsicheren Situation. Gabriele kommt als Dreizehnjährige in das Breymannsche Institut nach Wolfenbüttel, wo Mädchen aus bürgerlichem Haus auf die pädagogische Arbeit mit Kindern vorbereitet werden. Aus finanziellen Gründen muss sie das Pensionat nach kurzer Zeit wieder verlassen und wohnt in der Folge bei Verwandten und Freundinnen der Mutter.

1875 kommt sie zu ihrer Tante Auguste Oberbeck nach

Weimar. Die Tante führt ein Mädchenpensionat und leistet sich mit sechzig Jahren ihren verbotenen Jugendwunsch, Musik zu studieren, sie pflegt Kontakt mit künstlerischen und Musikerkreisen. Hier macht Gabriele die Bekanntschaft der Töchter des Hofbuchhändlers Böhlau, Helene und Mia. Bald beginnt Gabriele mit ersten Schreibversuchen. Stoff, worüber sie schreiben kann, hat sie zur Genüge: ihre Kindheits- und Jugenderlebnisse im Orient. Sie nimmt auch an einem Preisausschreiben teil und veröffentlicht bald erste Artikel, so 1878 *Erinnerungsblätter aus Aegypten* in der *Magdeburgischen Zeitung*. Erstmals verdient Gabriele durch ihr Schreiben Geld.

1879 siedelt Gabriele Reuters Mutter mit ihren Kindern nach Weimar über. Bis 1890 wohnt die Familie nun im Haus des Bruders der Mutter, des Malers Behmer und seiner Familie. Gabriele Reuter leidet unter Stimmungsschwankungen und Depressionen. Sie sucht Zuflucht beim Schreiben, veröffentlicht einige Novellen, beginnt auch mit einem Roman. 1888 setzt sie sich für einige Wochen nach Berlin ab und macht Bekanntschaft mit einem jungen Sozialisten, der aus dem Gefängnis kommt und Redakteur eines sozialistischen Blattes ist. Instruiert durch ihn, lernt sie – wie die junge Emma Merk – sozialistische Schriften kennen und informiert sich über die gesellschaftlichen Missstände im Kaiserreich.

1888 veröffentlicht sie den Roman *Glück und Geld. Roman aus dem heutigen Egypten*. Sie nimmt an der Tagung des *Allgemeinen deutschen Schriftstellerbundes* in Eisenach teil. Ein Gespräch mit dem Kritiker und Schriftsteller Karl Frenzel wird hier für sie entscheidend. Er kritisiert, dass sie Verhältnisse und Menschen schildere, von denen sie nur die Außenseite kenne. »Schildern Sie einmal ganz bescheiden und schlicht ein Stückchen Wirklichkeit, das Ihnen durch und durch vertraut ist.«[74]

Weimar wird ihr allmählich zu eng, sie ist unzufrieden und sucht Veränderung Sie lernt den Schriftsteller John Henry Mackay kennen, der ihr rät, sich ganz der Schriftstellerei zu widmen und Weimar zu verlassen. »Er redete energisch auf mich ein, mein Leben durchaus zu ändern, mich resolut dem Familienkreis, der jede Produktivität in mir ersticken würde, zu entreißen und endlich nur mir selbst und den Anforderungen meines Berufes zu leben. Ich wußte – er hatte tausendmal Recht.«[75] Gabriele Reuter kehrt Weimar den Rücken und reist mit ihrer Mutter nach München.

Gabriele Reuter kommt in eine Stadt mit 349 024 Einwohnern (169 875 davon sind männlich, 179 149 weiblich). Für 79 136 Haushalte stehen 83 038 Wohnungen zur Verfügung. Die Stadt ist auf Zuwanderung ausgerichtet, Schwabing wird eingemeindet, die Siemens-Niederlassung gegründet. Außerdem – zum Stichwort »Moderne« – wird 1890 die Schwemmkanalisation eingeführt. München blickt in die Zukunft und freut sich auf zusätzliche Bewohner. Gabriele Reuter darf sich willkommen fühlen. Rasch lernt sie Leute kennen, erfährt die erhoffte Inspiration für ihre schriftstellerische Arbeit und fasst nach kurzer Zeit einen Entschluss: einen Roman über das Leid aller bürgerlichen Töchter im Wilhelminischen Kaiserreich zu schreiben und einen passenden Stil zu entwickeln: »Will man das graue Alltagssein schildern, darf man nicht Karmesin, leuchtendes Himmelsblau und dunkle Goldtöne auf die Palette nehmen. Stil und Inhalt mußten eins werden, sollten sie zur künstlerischen Form zusammenschmelzen. Eine harte, ernste Arbeit lag vor mir. Doch ich hatte den Glauben, sie bewältigen zu können und etwas zu leisten, das zwischen den andern Werken der Strebenden seinen Platz ausfüllen werde.«[76]

Gabriele Reuter hat ihre »Berufung« gefunden. Zwar kannte sie zu dem Zeitpunkt die Frauenbewegung kaum, ihre Eindrücke waren eher diffus; aber es war »das rein Menschliche«, das sie packte, dem sie eine Form geben wollte und in dem sie ihre Erfüllung suchte.[77] Noch in München beginnt Gabriele Reuter, an den ersten Kapiteln ihres Romans zu schreiben. Fünf ganze Jahre wird sie brauchen, bis er fertig ist.

Helene Böhlau, die Gabriele Reuter seit vielen Jahren aus Weimar kennt, kommt ebenfalls 1890 nach München.[78] Auch sie ist nicht alleine, sie kommt in Begleitung ihres Mannes, der einen außergewöhnlichen Namen trägt: Omar al Raschid. Beide kommen nicht vorübergehend, wohnen in keiner Pension wie Gabriele Reuter. Sie ziehen ins Künstlerviertel, in die nächste Umgebung von Sophia Goudstikker, Anita Augspurg, Emma Merk, Marie und Max Haushofer. Bald wird auch Helene Böhlau in engem Kontakt zu ihnen und dem modernen Künstler- und Literatenkreis stehen. Bald wird auch sie sich im Atelier *Elvira* in den unterschiedlichsten Posen ausprobieren und fotografieren lassen, einmal sogar mit einem Kopftuch, passend zum islamischen Glauben ihres Mannes. Die 1856 geborene Helene Böhlau stammt aus einem hochkultivierten Elternhaus, ihr Vater ist der bekannte Weimarer Verlagsbuchhändler und Verleger Hermann Böhlau (1826–1900). Anfang der 1870er Jahre lernt die bürgerlich erzogene Tochter in Weimar Friedrich Arnd (1839–1911) kennen und verliebt sich in ihn. Er, der hier das Geographische Institut leitet, ist allerdings verheiratet und hat vier Kinder. Er animiert Helene zum Schreiben und greift ihr bei ihren ersten literarischen Versuchen unter die Arme. Ab 1882 veröffentlicht sie Novellen und Kurzgeschichten. Bald verlässt Arnd seine Familie und will sich von seiner Frau scheiden lassen. 1886 reisen er und Helene nach Konstantinopel. Hier konvertiert Friedrich Arndt zum Islam, wird türkischer Staatsbürger und nennt sich fortan Omar al Raschid Bey. Doch dem nicht genug: Er und Helene heiraten auch gleich in Konstantinopel. Damit ist der Skandal perfekt. Helenes Vater enterbt seine Tochter und verbietet ihr das Haus. Und der neu gebackene Omar als Raschid führt nun zehn Jahre lang einen Prozess mit seiner Exfrau.

Nach einigen Jahren in Tirol zieht das Paar 1890 nach München. Er, der nach seiner Wiederkehr aus Konstantinopel nur noch in Kaftan und Fez herumläuft, wird in München weiter an seinem großen philosophischen Werk arbeiten, das islamische und östliche Philosophieströmungen verbindet: *Das hohe Ziel der Erkenntnis* wird erst nach seinem Tod erscheinen. Helene Böhlau wird bis dahin längst Mitglied der Münchner Frauenbewegung sein, sie wird 1899 einen Roman veröffentlichen, der ganz Deutschland erschüttern wird: *Halbtier*.

4.

1891: Revolution mit der Literatur

– Ibsen – Anita Augspurg – Elsa Bernstein –

»Für ›modernes Leben‹ scheinen sich in München mehr Leute zu interessieren, als die Gründer der ›Gesellschaft für modernes Leben‹ glauben mochten«, stellt das *Münchner Fremdenblatt* unmittelbar nach dem ersten öffentlichen Auftritt der *Gesellschaft* im Café *Isarlust* am 30. Januar 1891 fest. Und die *Münchner Post* fasst Ende März 1891 zusammen: »Wenn wir unsere neueren und neuesten schön-literarischen Erscheinungen einer Statistik unterwerfen, so finden wir … in den letzten Jahren, ja Monaten eine überraschende Vermehrung der auf ›moderner‹ Anschauung stehenden Schöpfungen. Und besonders in Zeitschriften, Wochen- und Monatszeitschriften haben sich die Modernen gerade in letzter Zeit hervorgetan.«[79]

Bereits am Tag nach dem ersten öffentlichen Auftritt der *Gesellschaft für modernes Leben* steht ein weiteres die Gemüter aufrüttelndes Ereignis vor der Tür. Am 31. Januar soll es im Residenztheater zur heiß erwarteten deutschen Erstaufführung von Henrik Ibsens *Hedda Gabler* kommen, einem Stück, das erst wenige Monate zuvor auf Deutsch im Berliner S. Fischer Verlag erschienen ist.

Ibsen gilt als Heros aller modern gesinnten Menschen und Anhänger des Naturalismus, als Autor, der die gültigen ästhetischen Gesetze über den Haufen wirft. Ibsens Gesellschaftsdramen halten der Mitwelt auf unerschütterliche Weise einen Spiegel vor. Er ist derjenige, der im Drama am nachdrücklichsten gegen die herkömmlichen Strukturen in Staat und Gesetz, Kirche und Volksvertretung vorgeht und sich mit allen Mitteln einer bisher unerhörten Bühnenkunst für das neu entdeckte Recht der Persönlichkeit, für die Freiheit des Individuums einsetzt. Als seine Lebensaufgabe bezeichnet er die »Revolutionirung des Menschengeistes«; und dichten heißt ihm: »Gericht halten über sich selbst«.[80]

Ibsen ist auch derjenige, der zuerst in seinen Dramen einen neuen Frauentypus propagiert, die selbständige und finanziell unabhängige Frau. Anita Augspurg stellt 1941 sogar ein Ibsen-Zitat als Motto ihrer mit Lida-Gustava Heymann verfassten Autobiographie voran: »Unsere Gesellschaft ist eine maskuline, erst mit dem Eintritt der Frau kann sie eine humane werden.«[81] Die mit Ibsen befreundete Münchner Malerin und Schriftstellerin Helene Raff (1865–1942) hat berichtet, dass Ibsen ihr gegenüber das Leben und Schicksal der meisten Frauen seiner Zeit so auf den Punkt gebracht habe: »Im allgemeinen werden sie zu ihrem Unglück daran gewöhnt, in sehnsuchtsvoller, träumender Untätigkeit auf etwas Unbekanntes zu warten, das ihrem Leben dann Reiz und Inhalt geben soll. Diesem Irrtum fallen die wertvollsten weiblichen Existenzen zum Opfer. Denn sie verlieren die Fähigkeit zu *wollen* … Das höchste Glück und die höchste Aufgabe eines Menschen ist, sich selbst zu realisieren.«[82] Wie Zeitgenossen berichtet haben, fiel auch seine Frau aus der Rolle des traditionellen

Frauentypus völlig heraus und legte Wert auf ihre eigenständige Persönlichkeit. Auf Ibsens Stellung zur Frauenfrage und auf die Frauentypen seiner Dramen hatte sie zweifellos großen Einfluss.

Im Frühjahr 1898 wird Ibsen seinen 70. Geburtstag feiern. Es wird ein europäischer Tag werden. Bis dahin nämlich hat die Wirkung Ibsens die engen Grenzen des Literatur- und Theaterbetriebs längst durchbrochen und allerorts die Lebensgestaltung und Kultur beeinflusst. In vielen deutschen Städten gibt es schon seit Ende der 1880er Jahre sogenannte Ibsen-Clubs. »Insbesondere hat Deutschland die Einflüsse dieses Geistes derartig erfahren, daß es fast das Gefühl verlor, einem Ausländer gegenüberzustehen; und wie es im Anfang des Jahrhunderts sich Shakespeare zu eigen machte, hat es jetzt die Welt Ibsens in sich aufgenommen«, schreibt 1899 der S. Fischer Verlag über seinen Starautor.[83]

In München war der Dichter aus dem Norden im Jahr 1891 eine stadtbekannte Persönlichkeit. Seit 1885 lebte er mit Unterbrechungen hier, seine auffallende Erscheinung war im Stadtbild nicht zu übersehen, zog Neugier und Interesse auf sich. Schwarz gekleidet, einen Zylinder auf dem wallenden grauweißen Haar, eine Hand hinter dem Rücken, die andere auf einen Schirm gestützt, so kannten ihn alle. Er wohnte in der Maximilianstraße, und wer gegen Abend zwischen 18.30 Uhr und 19.30 Uhr am *Café Maximilian* vorbeiging, konnte den Dichter am zweiten oder dritten Tisch rechts vom Eingang sitzen sehen, entweder mit einem Glas Absinth – das berühmt-berüchtigte, anregende Modegetränk – oder mit einem entspannenden Glas Bier neben sich, gebeugt über eine Zeitung.[84] Es dauerte nicht lange, und er schaute starr über die

Zeitung hinweg, saß mit einem nach innen gekehrten Blick da, die linke Hand auf dem Schenkel, die rechte leicht gekrümmt auf der Marmorplatte des Tisches, als hielte er die Feder zum Schreiben. In diesen Augenblicken, so wurde vermutet, nahmen womöglich die Ideen für seine Dramen, Figuren und ihre Auftritte Gestalt an.

Das *Café Maximilian* wurde durch Ibsen zum Publikumsmagneten, und da Gerüchte kursierten, dass Ibsen und seine Frau seit 1888 – nach dreißig Jahren Ehe – endlich daran dachten, einen eigenen Hausrat anzuschaffen, gingen alle davon aus, dass der Meister sich dauerhaft in München niederließe. »Die Luft ist so frisch, die Menschen sind so freundlich, das Theater ist so gut. Und vor allem: hier läßt man jeden leben wie er will. Vollkommene persönliche Freiheit – welch ein Vorzug«, war Ibsen überzeugt.[85] In München stand außerdem die Beschäftigung mit Hypnose und Magnetismus in diesen Jahren hoch im Kurs, was Ibsen sehr fesselte, zumal er selbst unter nervösen Angstzuständen litt, die durch diese Methoden nach damaliger Auffassung behandelt werden konnten.[86] Der in München lebende Arzt und Psychiater Albert Freiherr von Schrenck-Notzing (1862–1929) war damals der Vorkämpfer für eine wissenschaftliche Ergründung des Hypnotismus und verwandter Erscheinungen, er war eng mit den künstlerischen Kreisen der Stadt verbunden. Nach der Auseinandersetzung mit den sexualpathologischen Studien von Richard von Krafft-Ebing und der Hypnotherapie von Auguste Forel konzentrierte er sich auf die hypnotherapeutische Behandlung von abweichendem Sexualverhalten.[87]

Viele von Ibsens Stücken hatten in den Jahren zuvor bereits in München ihre deutsche Erstaufführung erlebt: *Nordische*

Heerfahrt, Nora, Volksfeind und *Stützen der Gesellschaft*. Und nun also *Hedda Gabler*. Schon vor der Uraufführung kursierten Gerüchte, dass das Urbild der Hedda Gabler eine Münchnerin sei, es wurden sogar Namen genannt. Ibsen selbst gab immerhin zu: »Die Urgestalt der Hedda gehört nach München. Ich bin ihr im Münchner Hofgarten begegnet!«[88]

Nach ihrer Hochzeitsreise soll für Hedda Gabler und ihren Mann Jørgen Tesman eine großbürgerliche Zukunft beginnen – in einer großzügigen Villa mit ergebenen Angestellten, Reitpferden und illustren Empfängen. Doch das Geld wird knapp. Außerdem ist Løvborg, ein alter Schulfreund von Tesman, in die Stadt zurückgekommen, der in vielerlei Hinsicht von ihm als Konkurrent empfunden wurde: Er hat ein erfolgreiches Buch geschrieben und soll die Professur bekommen, die sich Tesman erhofft hatte. Doch auch Hedda und Løvborg kennen sich von früher, es verbindet sie eine Anziehung, die wieder auflebt und für die Ehe von Hedda gefährlich wird. Nach einer mutmaßlichen Schwangerschaft, einem verlorengegangenen Manuskript und mehreren Dreiecksverhältnissen ist das düstere Ende besiegelt: Hedda Gabler sieht keinen Ausweg mehr und bringt sich um.

Im Publikum der deutschen Erstaufführung sitzen auch Wolfgang Brachvogel und seine Frau Karoline, genannt Carry. Brachvogel ist Redakteur bei den *Münchner Neuesten Nachrichten* und wurde an diesem Abend von der kürzlich in Berlin gegründeten *Freien Bühne für modernes Leben* beauftragt, die Aufführung zu rezensieren.[89] Die Bedeutung Münchens für Ibsen liegt seines Erachtens darin, dass die Stadt in der »genialen Conrad-Ramlo die unbestritten größte Ibsendarstellerin besitzt«. Bedauerlicherweise wurde Marie Conrad-Ramlo – ganz nebenbei: die Ehefrau von Georg Michael Conrad – allerdings nicht für die Rolle der Hedda Gabler eingesetzt, sondern Clara Heese, die dieser Aufgabe allerdings in keiner Weise gewachsen war: »Da war nichts zu finden von jenem ›geheimnißvollen Schein von Größe und symbolischer Sonderart‹, nichts von jenem phantastischen Wesen, ohne welches die ganze Gestalt unverständlich ist. Dafür recht viel hohles und falsches Pathos.« Viele ihrer Gesten »wurden mit Gelächter aufgenommen«. Im Gegenzug wurde die relativ unbedeutende Nebenfigur des Stücks mit Marie Conrad-Ramlo besetzt, neben der die Hauptfigur völlig verblasst sei. Kurz: Die Münchner Hofbühne hat durch Fehlbesetzungen und Missorganisation – die Schauspieler hatten nicht genügend Vorbereitungszeit – das Stück und seine Wirkung um den Erfolg gebracht. Durch die Lächerlichkeit der Aufführung fühlten sich die Ibsen-Gegner im Saal dazu berufen, »ihrem Mißfallen durch Zischen Ausdruck zu geben: selbstverständlich reizte das die Verehrer des Dichters, und so kam es nach dem dritten und vierten Akte zu einem lebhaften, nicht gerade geschmackvollen Kampfe im Zuschauerraum«.

Diese Vorfälle müssen den im Saal anwesenden Autor dermaßen gekränkt haben, dass er München den Rücken kehrt. Laut Meldebogen im Münchner Stadtarchiv hat Ibsen die Stadt am 15. Juli 1891 definitiv verlassen. Neben dem Auszugstermin findet sich hier noch heute ein undatierter Zeitungsausschnitt: »Henrik Ibsen hat seine hiesige Wohnung, die er mehrere Jahre lang inne gehabt, aufgegeben. Ob er damit zugleich den Entschluß gefaßt überhaupt nicht mehr nach München zurückzukehren, wie Berliner Blätter wissen wollen, ist uns zur Zeit nicht bekannt. Es wäre indeß wohl möglich, da auch die Gattin des bekanntlich gegenwärtig in Christiana weilenden Dichters unsere Stadt bereits verlassen hat.«

Anita Augspurg: Literatur und Agitation

Wenige Monate vor ihrem unglücklichen Auftritt stand der Bühnenstar Clara Heese im Fotoatelier *Elvira* und ließ sich porträtieren, ebenso der Generalmusikdirektor Hermann Levi und der Schauspieler Karl Häuser, der in der Rolle des Mephisto festgehalten wurde. Persönlichkeiten wie sie trugen zum florierenden Geschäft der beiden jungen Unternehmerinnen bei. Der Erfolg zeigt sich auch darin, dass 1891 eine Filiale in Augsburg eröffnet werden kann. Nur kurzzeitig sind Sophia Goudstikker oder Anita Augspurg dort selbst tätig, geplant war wohl von Anfang an, mit dieser Filiale eine Existenzgründung für die jüngere Schwester Sophia Goudstikkers zu ermöglichen, denn die noch nicht volljährige Mathilde Goudstikker zieht in diesem Jahr mit ihrer verwitweten Mutter von Dresden nach Augsburg.

Zwischen Anita Augspurg und Sophie Goudstikker zeichnet sich seit dem letzten Jahr eine Veränderung in der Aufgabenteilung ab. Anita Augspurg, der die nichtssagenden Verbindlichkeiten im Umgang mit der Kundschaft zunehmend Mühe bereiten, kümmert sich um technische Arbeiten, Entwicklung in der Dunkelkammer, Administration. Sophia Goudstikker hingegen bleibt die treibende Kraft des Ateliers und kümmert sich um den Kundenverkehr.[90] Auch wenn der

Beruf der Fotografin einen beträchtlichen Freiraum für die Lebensgestaltung lässt, so verlangt er doch auch einen großen persönlichen Einsatz und bringt erhebliche Zwänge im Berufsalltag mit sich. Was für Sophia Goudstikker anscheinend selbstverständlich ist und ihr Freude bereitet, wird Anita Augspurg zunehmend unerträglich. Ab 1890 betrachtet Anita Augspurg das Fotoatelier mehr und mehr als Durchgangsstation, als vorübergehendes Mittel der Existenzsicherung, das aber langfristig einer größeren Mobilität, der Freiheit und Entwicklung ihrer eigenen Persönlichkeit im Wege steht. Tatsächlich verlagert sich ihr Interesse immer stärker. Seit ihrem Beitritt zum Weimarer Frauenverein 1889 beschäftigt sie sich intensiv mit dem Thema Frauenbildung und Frauenbewegung, und ab 1891 tritt sie mit ihrem Engagement nun auch in München in Aktion.

In spektakulären Auftritten trägt sie revolutionäre Texte zur Befreiung der Frau vor und macht damit den Weimarer Frauenverein auch in München bekannt. Diese Auftritte organisiert sie gemeinsam mit Hedwig Kettler, der Leiterin des Weimarer Vereins. Strategisch geschickt werden sie zuvor durch Annoncen in regionalen und überregionalen Zeitungen platziert und bekanntgegeben. Die erste Veranstaltung findet Mitte März 1891 statt, und zwar in dem einschlägig bekannten Café *Isarlust*. Anita Augspurg liest aus einer Broschüre über das Frauenstudium vor, außerdem wirbt sie für eine Petition an den Deutschen Reichstag für die Zulassung von Frauen an deutschen Universitäten. 1890 sind an der Münchner Universität 3479 männliche Studenten eingeschrieben, an der Technischen Hochschule sind es 846. Keine Frau weit und breit.

Laut Polizeibericht hören ihr fünfzig Frauen und ein alter

Mann andächtig zu.[91] Mit großer Wahrscheinlichkeit sind damals auch Sophia Goudstikker, Emma Merk, Gabriele Reuter, Carry Brachvogel und Marie Haushofer unter den unterstützenden und applaudierenden Zuhörerinnen. Und die Anzahl der lauschenden Männer wird bald steigen.

Die zweite Veranstaltung findet bereits am 1. April statt. Ein Plakat kündigt an, dass Anita Augspurg im oberen Saal des Cafés *Isarlust* ab 18.00 Uhr aus Stuart Mills Buch *Die Hörigkeit der Frau* vorträgt.[92] Ziel des Buches, das zuerst 1869 in England erschien, ist der Beweis, dass die unabdingbare Voraussetzung für den weiteren Fortschritt der menschlichen Kultur die »Befreiung der Frau« ist. Heute weiß man, dass der Philosoph und Volkswirtschaftler Stuart Mill das Buch gemeinsam mit seiner Lebensgefährtin und späteren Ehefrau Harriet Taylor Mill und deren Tochter Helen Taylor verfasst hat. »Damen haben freien Zutritt«, hieß es auf dem Plakat. »Herren nur mit Eintrittskarte. Eine solche ist zu erhalten durch Frl. Augspurg v.d. Tannstr. 15/Atelier Elvira«.

Bereits am 2. April kommt es zu einer weiteren Versammlung: »38 weibliche und 12 männliche Individuen, darunter … ziemlich viele der ›Gesellschaft für modernes Leben‹ wie Dr. Conrad, Schaumberger, von Gumppenberg«. Das gleiche Schauspiel: Verlesen einer Aufklärungsschrift (Stuart Mill), Bericht über ausländische Frauenbewegungen und Listenauslage für die Petition an den Reichstag.

Das findet die Münchner Polizei gar nicht lustig. Für sie sind die von Augspurg und Kettler organisierten Lesungen von Anfang an ein Ärgernis: Denn tatsächlich liest Anita Augspurg ja nicht nur wie angekündigt aus Stuart Mills Aufklärungsschrift vor, sondern erdreistet sich, über politische

Bewegungen zu informieren und mit einer Petition selbst zu agitieren.[93]

Anita Augspurg wird auf die Polizeiwache bestellt, doch sie geht einfach nicht hin und schickt stattdessen ihre Lebenspartnerin ins Polizeirevier. Die in Vertretung erschienene Sophia Goudstikker wird nun polizeilich umfassend belehrt über die in Bayern geltenden Vereinsgesetze: Frauen ist der Beitritt zu politisch ausgerichteten Vereinen oder zu Vereinen, die die öffentlichen Angelegenheiten betreffen, untersagt.

»Die an Stelle von Frl. Augspurg erschienene Frl. Goudstikker habe ich heute nach längerer Besprechung auf das Verbot des Art. 15 des Vereins-Gesetzes aufmerksam gemacht und ihr vorgehalten, daß bei diesen Vorträgen die Grenze der öffentlichen Angelegenheiten eingehalten werden müssen, was bei dem Vortrag am 2. April … nicht durchweg beobachtet worden sei. Frl. Goudstikker erklärte, daß ein Verein hier nicht bestehe, sondern nur einige Mitglieder des Weimarer Vereins vorhanden seien, im übrigen bestehe das Publikum der Vorlesungsabende in Personen, welche sich für Frauenreform interessieren. Es sollen in dieser Saison nur noch 1 oder 2 Abende veranstaltet werden.«[94]

Sophia Goudstikkers Ausführungen haben die Polizeidirektion nicht wirklich beruhigt. Die Polizei versucht nun, Erkundigungen über den Weimarer Verein einzuholen, über seine Tendenz und die leitenden Personen. Sie bittet auch um Übersendung der Statuten.[95]

Am 14. Oktober wird der Weimarer Frauenverein *Reform* umbenannt in *Frauenbildungsreform*, Anita Augspurg wird in den Vorstand gewählt. Sie plädiert dafür, auch Männer in die Frauenbewegung zu integrieren, und stellt einen Antrag, die Satzung entsprechend zu ändern. »Ich glaube«, schreibt sie zu diesem Antrag an Hedwig Kettler, »denselben dadurch begründen zu können, dass wir am ehesten mit unseren Bestrebungen eindringen, wenn dieselben als Forderungen nicht nur der ihren Vortheil dadurch suchenden Frauenwelt erscheinen, sondern auch von dem billig denkenden Theile der Männerwelt vertreten werden.«[96]

Noch im Oktober 1891 formiert sich ein Münchner Zweig des Vereins *Frauenbildungsreform*, der nun auch hier das Ziel der Öffnung fast aller wissenschaftlichen Berufe für die Frauen verfolgt. Unterstützt durch die Vereinszeitschrift *Frauenberuf*, wird dieses Anliegen durch Aufklärung und Petitionen, Aufrufe, Schriften und Flugblätter propagiert und als Stufenprogramm vorgestellt, an dessen Beginn die Einführung des Abiturs für Mädchen und die Zulassung der Frau zum Studium stehen.[97]

Bemerkenswert ist, dass Anita Augspurg zur Durchsetzung ihrer Ziele von Anfang an auf den Einsatz und die Wirkung von Büchern, von Literatur setzt, auf die Wirkung revolutionärer literarischer Werke wie eben *Die Hörigkeit der Frau* von Stuart Mill, *Der Frauen Natur und Recht* von Hedwig Dohm, *Die Osterbriefe* von Fanny Lewald oder *Die Frauen und ihr Beruf* von Luise Büchner.[98] Anita Augspurg besaß nicht nur eine immense Kenntnis der alten und neuen Literatur, durch ihre langjährige Erfahrung als Theaterschauspielerin wusste sie auch um deren effektvollen theatralen Einsatz, zumal sie bekanntlich mit einer eindrucksvollen Stimme gesegnet war.

Doch nicht nur Anita Augspurg scheucht in diesem Jahr mit literarischen Aktivitäten das einst so beschauliche und jetzt ins moderne Leben ziehende München auf. Das geschieht auch durch eine andere junge Dame. Auch sie mischt mit beim Aufbruch in die Welt der Moderne, agiert mit auf der 1890 frischeröffneten »freien Bühne für modernes Leben«, betreibt Revolution mit dem Buch, der Dichtung und der Feder. Sie heißt Elsa Bernstein, sie ist erst 25 Jahre alt und seit 1890 mit dem in ganz Deutschland bekannten Münchner Anwalt Max Bernstein verheiratet.[99]

Wie sehr Literatur aufzurütteln vermag, zeigt ihr 1891 veröffentlichtes Drama *Wir Drei*. Es erscheint im Münchner Albert Verlag, die Aufführungsrechte sichert sich die Berliner Theateragentur Entsch.[100] Der Titel klingt auf den ersten Blick harmlos, klingt nach Vater, Mutter, Kind, irgendwie nach Familienseligkeit. Das Gegenteil jedoch ist der Fall. Es geht um eine Dreiecksbeziehung, es geht um Sexualität und Erotik, auch um Homosexualität. Mit einem Wort, in dem Drama geht es zur Sache. Es spielt in München, wo sich alle so wohl fühlen, weil man hier frank und frei all seine Facetten ausleben kann.

Das Buch erscheint unter einem Männernamen, unter dem Pseudonym Ernst Rosmer, in Anlehnung an Ibsens Drama *Rosmersholm*. Elsa Bernstein ist eine Bewunderin Ibsens und kennt den Autor persönlich. Tatsächlich erleichtert ihr das männliche Pseudonym den Einstieg als Dramatikerin, denn in den 1890er Jahren haben Theaterautorinnen kaum Aussicht auf Anerkennung oder gar auf eine Aufführung ihrer Werke. Auch wenn Elsa Bernsteins Pseudonym bald aufgedeckt wird,

Abb. 5: Elsa Bernstein in ihrem Haus, 1906

bleibt sie dabei und veröffentlich alle Werke unter dem Namen Ernst Rosmer.

Wir Drei ist unverkennbar ein Drama des Naturalismus,
wie es die modernen Geister in Berlin und München gefordert
haben: Bühne frei für das moderne Leben mit all seinen exis-
tentiellen Abgründen. Ungeschönt zeigt sie, wie es in Freund-
schaften, Liebesbeziehungen und Ehen zugeht, führt vor, wie
man nicht nur die anderen belügt und betrügt, sondern auch
sich selbst. Man diskutiert über die naturalistische Determinationslehre, über den Menschen als Spielball seines Milieus –
ohne freie Entscheidungsgewalt.

Das Drama handelt von Sascha, einer erfolgreichen Dramatikerin, die eng mit Agnes und dem Schriftsteller Richard, einem jungen Ehepaar, befreundet ist. Sascha ist eine gebildete und emanzipierte Frau, die ganz offen mit ihrer Sexualität und Erotik spielt, diese sowohl Agnes als auch Richard gegenüber einsetzt und nicht frei von Sadismus agiert. Nachdem sie die beiden Freunde miteinander verkuppelt hat, spielt sie ein Katz-Maus-Spiel mit ihnen und nähert sich ihnen abwechselnd an, spielt sie gegeneinander aus. Als Agnes von der Raserei zwischen Sascha und Richard erfährt, willigt sie sofort in die Trennung ein, auch wenn sie schwanger ist. Der Schock, den sie durch den Betrug zwischen ihrer besten Freundin und ihrem Mann erfährt, führt zur Fehlgeburt ihres Kindes. Sascha bleibt souverän, nähert sich ihrer Freundin wieder an, nimmt sie bei sich auf. Sie führt Agnes und Richard wieder zusammen und schafft es, sich am Schluss aus ihrer Experimentierstation, dem Dreierszenario, souverän zurückzuziehen.

Wie und wann entsteht wirkliche Kunst? Sascha ist der Auffassung, dass aufrüttelnde, existentielle Erlebnisse die Voraussetzung dafür sind. Dem Schriftsteller Richard schreibt sie zu Beginn der Handlung: »Ich wünsche Ihnen ein großes Erlebnis und die Kraft, es zu ertragen.«[101] Das große Erlebnis, so stellt sich am Schluss heraus, hat er durch das sadistische Kalkül Saschas erfahren.

Das Stück war eine Provokation und hat einen literarischen Skandal ausgelöst, der Elsa Bernstein über Nacht berühmt gemacht hat. Genützt hat er ihr nicht, denn das Drama ist nie aufgeführt worden. Im Münchner Frauenzirkel ist Elsa Bernstein zu diesem Zeitpunkt allerdings längst keine Unbekannte mehr. Wie Anita Augspurg hat sie eine Theaterkarriere hinter sich, wie Carry Brachvogel ist sie jüdischer Herkunft, wie Emma Merk stammt sie aus einer Künstlerfamilie.

Geboren wird Elsa Porges am 28. Oktober 1886 in Wien, doch kurz nach ihrer Geburt zieht die Familie nach München, das sie als ihre »eigentliche Heimat« ansieht. Ihr Vater Heinrich Porges (1837–1900), ein bekannter Musiktheoretiker, Dirigent und Musikjournalist, der von Ludwig II. zum »Musikdirektor extra statum« ernannt wurde, führt sie sehr früh in die Welt der Musik ein. Porges zählte zu den Freunden Richard Wagners, bei dessen Erstaufführung des kompletten *Ring des Nibelungen* er in Bayreuth assistierte. Er gilt als ein moderner Geist, der sich nachhaltig für andere Künstler einsetzt, für Franz Liszt, Peter Cornelius, Hector Berlioz oder Anton Bruckner.

Bereits als Kind verfasst Elsa kleinere Gedichte, Erzählungen, sogar Theaterstücke, die sie und ihre Schwester gemeinsam mit den drei befreundeten Kindern von Peter Cornelius aufführen. Schulunterricht erhält sie zuerst durch Privatlehrer, später besucht sie das Neumeyersche Institut in der Münchner Ludwigstraße. Als Sechzehnjährige absolviert sie dann 1881/82 eine zweisemestrige Schauspielausbildung an der *Königlichen Bayerischen Musikschule* in München. Bereits 1883 steht sie auf der Bühne, vor allem in Braunschweig, wo sie insgesamt 37 verschiedene Rollen verkörpert. 1887 muss sie ihre Karriere wegen eines schweren Augenleidens aufgeben, das in den folgenden Jahrzehnten zur fast völligen Blindheit führen wird.

1890 heiratet sie den zwölf Jahre älteren Rechtsanwalt Max Bernstein (1854–1925), den sie schon seit ihrem dreizehnten Lebensjahr kennt. Der erfolgreiche Anwalt ist in der Kunstwelt bestens vernetzt, er beeinflusst die Spielpläne der Münchner Theater und bereitet, zusammen mit Michael Georg Conrad und Otto Brahm, den Weg für Henrik Ibsen und Gerhart Hauptmann auf die Münchner Bühnen. Vor allem aber ist er ein großer Unterstützer seiner Frau, der er früh rät, ihre poetische Begabung nicht der Schauspielerei zu opfern.

Gegen Ende des Jahres 1891 schreibt Gabriele Reuter einen Brief an ihre Freundin Emma Merk. Sie hat inzwischen München wieder verlassen und ist nach Weimar zurückgekehrt, wo ihre Tante (Elisabeth Behmer) im Sterben liegt und ihre Mutter, körperlich und geistig schwach, auf ständige Pflege angewiesen ist. Gabriele Reuter muss ihre literarischen Pläne vorerst zurückstellen. »Jeder Anspruch auf Selbständigkeit, jedes Emporstreben zu irgendwelcher literarischen Geltung schien nun ausgeschlossen … Es wurde nichts andres als ein völliges Entsagen des eignen Willens von mir gefordert. Ich habe das Opfer ehrlich gebracht – aber leicht ist es mir nicht geworden.«[102] Um wenigstens etwas Geld zu verdienen, schreibt sie einige orientalische Geschichten für Zeitungen, zwischendurch – auch um sich selbst zu belohnen – arbeitet sie immer wieder an ihrem Roman über die Bürgerstochter Agathe Heidling weiter. Ihre Stimmung in dieser Zeit ist von dunkler Hoffnungslosigkeit überschattet.[103]

Gabriele Reuters Brief ist vor allem deshalb von besonderer Relevanz, weil in ihm unmissverständlich zum Ausdruck kommt, wie sehr die Suche nach einem wahren »Selbst«, nach der eigenen Persönlichkeit und Ausdrucksform für die Frauen dieser Zeit im Zentrum steht. Gabriele Reuter gesteht ihrer Freundin, wie sehr sie die aktuellen Debatten über Literatur verwirren: »Machen uns die Schlagworte ›Realismus‹ ›Libe-ralismus‹ ›Naturalismus‹ ›Moderne‹ nicht alle confus? Ich komme immer mehr dahinter, daß man die größte Kraft und Arbeit darauf verwenden muß, sich selbst kennen zu lernen und alles, was man produziert mit dem eigenen Machen zu belegen. Nun ist es freilig sehr schwer zu ergründen, worin denn unser eigenstes Machen eigentlich besteht!«

Diese Suche nach dem Selbst fehlt ihr auch in den Texten von Emma Merk. Da gebe es, stellt sie fest, eine große Diskre-panz zwischen Emmas Persönlichkeit und ihrem Schreiben. »Sie sind doch im Leben eine stark ausgeprägte Individuali-tät – da wäre es doch eigentlich geradezu unnatürlich, wenn Sie das nicht auch in Ihren Schriften würden. Ich muß Ihnen offen gestehen, daß mich der Unterschied, der zwischen Ihrem ›Ich‹ und Ihren Novellen besteht, geradezu verblüfft hat.«[104]

Um dieses »Ich« und dessen Ausdruck in der Literatur wer-den die Freundinnen in Zukunft ringen. Sie werden ihre Ein-zigartigkeit entdecken und darin ihren Erfolg finden.

5.

1892: Auf dem Weg zu sich selbst

– Anita Augspurg – Carry Brachvogel –
August Endell –

München 1892: Die Stadt zählt 373 000 Einwohner, 24 000 mehr als vor zwei Jahren, das Durchschnittsalter beträgt fünfundzwanzig Jahre. Erstmals kommt es in der Stadt zur Eröffnung eines Kinderasyls, einer Art Erziehungsanstalt für hilfsbedürftige Kinder. Die Unkosten pro Kind betragen 40 Pfennig am Tag. In diesem Jahr wird außerdem ein Wettbewerb für Stadterweiterungspläne ausgeschrieben, offensichtlich sehnt sich die Stadt noch nach weiteren Zuzüglern. Passend zu den Erweiterungsplänen wird vorsichtshalber im September schon mal eine weitere Zeitung ins Leben gerufen. Schon ihr Titel weist auf die große Bedeutung der Stadt hin: *Generalanzeiger der Haupt- und Residenzstadt München.* Wichtig für Kunstliebhaber: Am 29. Februar spaltet sich von der bekannten *Münchner Künstlergenossenschaft* eine Gruppe junger Künstler ab, die bald als die *Secession* berühmt werden wird. Unter ihnen kämpft an vorderster Stelle für die Moderne der Malerfürst Franz von Stuck. Wichtig für alle Freunde des Theaters: Erstmals wird in diesem Jahr mit *Einsame Menschen* ein Drama von Gerhart Hauptmann im *Orpheum* aufgeführt.

Organisiert wurde die Aufführung durch den 1891 von Studenten gegründeten *Akademisch-Dramatischen Verein*. Und schließlich: Zu Versuchszwecken schluckt der Arzt Max von Pettenkofer in diesem Jahr eine Milliarde Cholerabazillen, ohne davon krank zu werden, und das erste Damenfahrrad taucht auf. Das wird die passionierten Radlerinnen Anita Augspurg und Sophia Goudstikker, die bisher immer mit einem Männerrad vorliebnehmen mussten, gefreut haben.

1892 ziehen Anita Augspurg und Sophia Goudstikker in die Kaulbachstraße 51 a, in eine Wohnung im dritten Stock.[105] Das Haus gehört Pauline Albert, die dort den international bekannten Kunstverlag *Hofkunstanstalt* ihres verstorbenen Mannes, des Hoffotografen Josef Albert, weiterführte[106] und nach seinem Tod selbst auch den Titel einer Hoffotografin führen durfte.[107] Es ist davon auszugehen, dass sie mit Sophia Goudstikker und Anita Augspurg eng befreundet war und für sie die Mansarde mit einer Ateliersfront ausbauen ließ. Aus den überlieferten Bauplänen des Hauses geht hervor, dass ab März/April 1892 der Ausbau im dritten Stock genehmigt worden war. In den überlieferten Plänen wird die Mansarde auch als »Glashaus« bezeichnet.

Der Kampf für die Bildung von Mädchen und Frauen

Nach ihren ersten öffentlichen Auftritten als Mitglied des Weimarer Vereins *Frauenbildungsreform* im Vorjahr, beginnt Anita Augspurg jetzt auf Anregung von Hedwig Kettler, der Leiterin des Vereins, auch außerhalb von München Vorträge zu halten und in ihnen für die Anliegen der Frauenbewegung und die Berufstätigkeit der Frau zu werben. Wegweisend für ganz Deutschland ist die Rede, die sie im September 1892 im großen Saal des Karlsruher Rathauses hält: *Warum fordern wir die Erschließung der Universität für die Frau.* Leider ist die Rede selbst nicht überliefert, aber in der *Karlsruher Zeitung* werden Anita Augspurgs damalige Erscheinung, ihr Auftreten und der Inhalt ihrer Rede ausführlich beschrieben. Tatsächlich ist man von der »Dame«, die hier »Selbstgedachtes« vorträgt, höchst beeindruckt: »Sie war eine sehr sympathische Erscheinung mit einem prachtvollen Organ, um das sie von der Heroine jedes Theaters beneidet werden könnte, eine Dame mit einem pikanten Tituskopf, einem scharf und fein geschnittnen Gesichtchen. Also von dem Bild des gereiften Blaustrumpfs, von der herkömmlichen Vorstellung einer Vorkämpferin der Frauenrechte, welche die Ehe nicht als den Frauenberuf gelten lassen will, weil sie selber nicht mehr viel Aussicht hat, diesem Berufe zu leben, hatte die Rednerin keinen Zug. Auch die Vortragsart war, wie das ganze Wesen der Dame, frisch und temperamentvoll, der Stil von einer vorzüglichen Eleganz. Das bei aller Energie und kraftvollen Lebendigkeit des Ausdrucks bescheidene und ruhig klare Auftreten der Rednerin milderte den Eindruck des etwas gar zu aggressiven Gedankenganges, den Frl. Augspurg in ihrem Vortrage entwickelte.

Denn, in der That, wenn man nicht das melodische Organ und die elegante Vortragsart auf sich wirken ließ, sondern sich ganz dem Gedankengang des Vortrags hingab, so fand man, daß die Rednerin scharf in's Zeug ging. Wir bekamen gleich Anfangs die bittere Pille zu schlucken, daß Deutschland in einem wichtigen Punkte hinter fast allen großen Kulturstaaten der alten und neuen Welt zurückstehe, weil unser Universitätswesen sich den Frauen gegenüber so ungalant zeigt. Die deutsche Männerwelt gewann in der Schilderung, die Fräulein Augspurg gab einige Aehnlichkeit mit Sklavenhaltern; aber wir durften uns damit trösten, daß auch die Frauenwelt eine schlechte Censur erhielt, weil sie den Bestrebungen auf eine vollständige Gleichberechtigung der beiden Geschlechter in der Wahl der Berufsarten bis jetzt gleichgültiger gegenübersteht als die Frauen des Auslandes.«[108]

Nach einer spektakulären Generalversammlung in Erfurt mit neunhundert Beteiligten bittet der Weimarer Verein *Frauenbildungsreform* die Münchner Polizeidirektion im Spätsommer 1892 um die Erlaubnis, eine weitere Generalversammlung in München abhalten zu dürfen. Die Polizei lehnt ab mit dem üblichen Verweis auf das Verbot politischer Vereine für Frauen. Nach »bayerischem Recht, [ist] der Begriff des politischen Vereins dann gegeben, wenn sich der Zweck … auf die öffentlichen Angelegenheiten bezieht«. (Art. 14, Ziff. 2, Gesetz v. 26. Februar 1850). Die Errichtung von Schulen mit Studiumsberechtigung bilde nun einmal ein Ziel, welches in Bayern »ohne Änderung der betreffenden staatlichen Unterrichtsordnung nicht zu erreichen ist«.[109]

Das Verbot erregt Ende September großes Aufsehen in der *Münchner* Presse. Begrüßt wird es vom Münchner *Fremdenblatt*, während die SPD-eigene *Münchner Post* prophezeit, dass das Verbot das Gegenteil erreichen werde und sich die entrüsteten Vereinsmitglieder »nur um so energischer … in Wort und Schrift der Agitation widmen werden«.[110]

Vorerst bleibt nichts anderes übrig, als einen anderen Ort für die Generalversammlung des Vereins *Frauenbildungsre-*

form zu suchen, den man schließlich in Wiesbaden findet, wo die Generalversammlung im Oktober stattfinden kann. Erwähnt sei noch, dass ab 1892 vom *Allgemeinen Deutschen Frauenverein* (ADF) in Leipzig eine neue Zeitschrift herausgegeben wird. Sie trägt den sprechenden Titel *Frauenwohl. Zeitschrift für Fraueninteressen.*

Die »Fraueninteressen« gewinnen überall an Bedeutung, nur in München steckt die Frauenbewegung noch in den Kinderschuhen. Während die Vereinsarbeit vorangetrieben wird und es in den privaten Frauenzirkeln gärt, tritt 1892 eine weitere Protagonistin auf den Plan, die bisher nur am Rand erschienen ist. 1892 ist ihr Schicksalsjahr, es stellt ihr gesamtes Leben auf den Kopf. Die Rede ist von Carry Brachvogel.

Schicksalsschlag für Carry Brachvogel

Sie ist jüdischer Herkunft und seit 1887 mit dem Schriftsteller und Redakteur der *Münchner Neuesten Nachrichten* Wolfgang Brachvogel verheiratet, mit dem sie zwei kleine Kinder hat. Die talentierte und theaterbegeisterte junge Frau schreibt und verkehrt mit ihren Freundinnen Emma Merk und Marie Haushofer in den einschlägigen Frauentreffs und ist regelmäßiger Gast der wöchentlichen »Jours« von Emma Merk.

Am Abend des 6. Juli klingelt es bei Carry Brachvogel an der Haustür. Sie ist etwas überrascht, denn sie erwartet keinen Besuch, hat niemanden eingeladen. Sie wartet mit ihren kleinen Kindern Feo und Udo auf die Rückkehr ihres Mannes, der frühmorgens mit dem Zug zum Tegernsee aufgebrochen ist, wo er in Rottach-Egern einige berufliche Dinge zu erledigen hatte. Er wollte das Angenehme mit dem Nützlichen verbinden und am frühen Morgen einen kleinen Ausflug, eine kleine Bergtour unternehmen.

Als Carry Brachvogel die Tür öffnet, ist sie erstaunt. Vor ihr steht Alfred Schaeuffelen, blickt sie bedrückt und ernst an. Mit ihm und seiner Frau Eugenie sind sie und ihr Mann eng befreundet. Schaeuffelen stammt aus einer Industriellenfamilie und kann sich ein Leben als Privatier leisten. Außerdem ist er der Schwiegersohn des bekannten Verlegers Friedrich Bruckmann. Kinder haben sie keine. Ihr Haus ist damals ein beliebter Treffpunkt von Münchens besserer Gesellschaft. Hier werden nicht nur große Themenfeste wie *Dienstbotenball* oder *Casino von Monte Carlo* gefeiert, hier wird auch unter Beteiligung bekannter Münchner Persönlichkeiten privat Theater gespielt, außerdem ist Alfred Schaeuffelen der beste Freund von Hedwig Pringsheim, zeitweise ihr Galan, wie sie in ihren Tagebüchern schreibt.[111]

Warum dieser unerwartete Besuch des Freundes? Er ist der Überbringer schrecklicher Nachrichten. Gerade nämlich hat er ein Telegramm aus Tegernsee erhalten, in dem er gebeten wird, Carry Brachvogel persönlich mitzuteilen, dass ihr Mann im Tegernsee ertrunken ist.[112] Die Szenen, die sich unmittelbar nach dieser Todesnachricht abgespielt haben, mag man sich nicht ausmalen. Carry Brachvogels Zusammenbruch, ihr Entsetzen, ihre Verzweiflung, das Weinen der Kinder.

Was genau am Tegernsee passiert war, konnte man am nächsten Tag, am 7. Juli, im *Tegernseer Seegeist* lesen: »Mit dem gestrigen Frühzuge traf Schriftsteller Herr Brachvogel, früher Mitglied der ›M. N. R.‹ hier an, nahm im Hotel Steinmetz ein

Frühstück ein, suchte sodann auf dem Anstieg zur Neureuth Blumen, welche er zu einem Bouquet vereinigte, übergab dasselbe sonach im Hotel Steinmetz zur Aufbewahrung, entfernte sich wieder unter Angabe ein kaltes Bad zu nehmen, da er sich nicht ganz wohlfühle. In der Schwimmanstalt des Herrn Ketterer nun scheint es, daß er vom kleinen Sprungbrett in den See sprang ohne sich vorher abgekühlt zu haben und verschwand sofort ohne einen Hilferuf. Ein Schlagfluß scheint das Leben, des im schönsten Alter von 42 Jahren stehenden Schriftstellers ein Ende gemacht zu haben. Die Leiche wurde gegen Abend von Herrn Oberfischer Höplinger aufgefunden. Der Verunglückte hinterläßt eine trauernde Wittwe und zwei Kinder.«[113]

Carry Brachvogel steht unter Schock, sie ist völlig auf sich selbst zurückgeworfen und nun allein verantwortlich für die beiden Kinder. Und es gibt allerhand zu regeln. Drei Tage später, am 9. Juli, erscheint in den *Münchner Neuesten Nachrichten* folgende schnörkellose Annonce: »Statt jeder besonderen Anzeige. Allen Freunden und Bekannten teile ich mit, dass unser Vater, Gatte und Schwiegersohn, Herr Wolfgang Brachvogel, Schriftsteller am 6. Juli in Tegernsee einem Lungenschlag erlegen ist. Die Witwe Carry Brachvogel geb. Hellmann im Namen aller Hinterbliebenen. Die Leiche wird nach Gotha überführt.«[114]

Über Carry Brachvogels Kindheit und Jugend ist wenig bekannt. Einerseits war sie mit öffentlichen Äußerungen über sich selbst sehr zurückhaltend, andererseits sind fast alle autobiographischen Zeugnisse, ihre Briefe und Tagebücher in der Nazizeit abhandengekommen. Carry Brachvogel wurde 1942 nach Theresienstadt verschleppt, ihr Wohnhaus in München wurde bei einem Bombenangriff zerstört. Dennoch – einige autobiographische Äußerungen in Zeitungen, Büchern und in Briefen, die in Bibliotheken und bei Nachkommen lagen, sind erhalten geblieben.

Karoline Hellmann wird am 16. Juni 1864 in eine Familie des Münchner jüdischen Großbürgertums hineingeboren. Sie ist die Tochter des wohlhabenden Kaufmanns Heinrich Hellmann und seiner Frau Zerline Karl.[115] Heinrich Hellmann war schon als ganz junger Mann nach Amerika gegangen. Er wollte dort sein Glück versuchen und hegte die Hoffnung, bald seine Eltern unterstützen zu können.

Gemeinsam mit seinem Bruder Manuel schaffte er es, in den USA ein großes Exportgeschäft aufzubauen und dieses jahrzehntelang zu führen. Als er später als wohlhabender Mann nach Europa zurückkehrte, lebte er nach Stationen in London und Hamburg ab Anfang der 1860er Jahre in München und heiratete bald darauf Zerline Karl, die in Schwabing geborene Tochter des jüdischen Hopfenhändlers Salomon Karl. Hellmann ist in München auch Mitglied der Israelitischen Kultusgemeinde. Über lange Jahre wirkt er hier als Kassierer, bekleidet außerdem noch das Amt eines städtischen Armenpflegeschaftsrates.[116]

Carry Brachvogel wuchs in gutsituierter Umgebung auf. Mit ihren Eltern und ihrem acht Jahre jüngeren Bruder Siegmund lebt Carry zunächst in der vornehmen Residenzstraße mitten in der Innenstadt, später in der nicht minder angesehenen Brienner Straße.[117] Von frühester Kindheit an liebt sie fremde Sprachen, begeistert sich für Literatur und Theater und beschäftigt sich intensiv vor allem mit der französischen und skandinavischen Literatur.[118]

1878 tritt Heinrich Hellmann aus unbekannten Gründen aus der jüdischen Gemeinde aus, zwei Jahre später stirbt er nach längerer Krankheit. Carry Brachvogel ist damals sechzehn Jahre alt, ihr Bruder Siegmund gerade mal acht. »Freigeistig, leidenschaftlich, bismarckianisch, wurzelte er doch fest in der jüdischen Familientradition, wie man heute so schön sagt, in der Volksgemeinschaft des jüdischen Volkes«, so behält Carry Brachvogel ihren Vater in Erinnerung.[119]

Wie üblich in diesem Milieu zielte ihre Erziehung erst einmal auf das zukünftige Dasein als Ehefrau und Mutter. Nach der Schule hat sie allerdings ein Privatinstitut besucht,[120] vermutlich das angesehene Institut Therese Ascher, wo auch Emma Merk und Marie Haushofer waren. Einzigartig in seiner Art, wurde es von Therese Ascher 1847 gegründet mit der Kampfansage an die oberflächliche Bildung für Mädchen anderer Institute. Sie vermittelte ihren Schülerinnen eine umfassende Bildung, legte Wert auf die Lektüre von Werken aus Vergangenheit und Gegenwart. Doch sie gab auch praktische Kenntnisse für alle Lebenslagen an ihre Schülerinnen weiter, ihr vorrangiges Anliegen war die größtmögliche Selbständigkeit ihrer Zöglinge. Tatsächlich gingen aus ihrem Institut viele bedeutende Erzieherinnen hervor.[121]

Schon vor ihrem Schicksalsjahr 1892 schreibt Carry Brachvogel kleinere Erzählungen und Feuilletons, aus dem Jahr 1887 ist *Eine Weihnachtsgeschichte aus Künstlerkreisen* von ihr überliefert.[122] Sie beschrieb selbst, wie sie zum Schreiben kam. Sie schwärmte für Schiller, las mit Begeisterung Joseph Victor von Scheffels *Ekkehard*-Roman und die französischen Zeitgenossen. »Da wurde meine Sehnsucht zum Entschluß, daß ich Bücher schreiben müsse. Weil ich aber nicht nur zum Pathos und zur Seelenanalyse neige, sondern auch eine sehr kritische Ader habe, mißtraute ich lange mir selbst und fühlte selbstanerkennend, wie unfähig Jugend ist, Menschen zu gestalten. Denn dies vor allem wollte ich: Menschen schaffen, nicht Tragantfiguren oder Kostümpuppen. Das Goethewort: ›Der Mensch ist dem Menschen am interessantesten‹ ist für mich immer ein Glaubensbekenntnis gewesen und geblieben.«[123] Mit neunzehn Jahren hat Carry Brachvogel den ersten Entwurf zu einem großen Roman verfasst, in dem sie die Gleichheit in der Ehe nach allen Richtungen propagierte.[124] Leider ist dieser Roman verschollen, so dass wir seinen Inhalt nicht näher kennen.

1887 hat sie – ohne selbst zu konvertieren – den Journalisten und Schriftsteller Wolfgang Josef Emil Brachvogel, einen Münchner Katholiken, geheiratet.[125] 1889 und 1890 kommen die Kinder Feodora und Heinz Udo zur Welt. Die Tochter bleibt konfessionslos, der Sohn wird katholisch getauft.[126] Zwei Jahre später schließlich, 1892, wird ihr die grausame Nachricht vom Tod ihres Mannes überbracht, und plötzlich sieht ihr Leben mit zwei kleinen Kindern völlig anders aus. Ganz allein allerdings ist sie nicht. Ihre Mutter steht ihr zur Seite, ihr zwanzigjähriger Bruder, einige Verwandte und viele Bekannte und Freunde aus Münchens Künstlerkreisen, darunter natürlich an vorderster Stelle ihre beiden Freundinnen Emma Merk und Marie Haushofer.

Finanziell ist Carry Brachvogel einigermaßen abgesichert. Wolfgang Brachvogel hat seiner jungen Familie um die 10 000 Reichsmark hinterlassen hat (entspricht heute ca. 66 000 Euro), außerdem ist die Familie Hellmann ja auch nicht unvermögend. Warum sie allerdings das Haus in der Brienner Straße 54 verkauft hat und was mit dem Erlös geschah, ist nicht überliefert.[127]

Nach dem ersten Schock fasst Carry Brachvogel einen mutigen Entschluss: Sie will ihren Jugendtraum wahr machen, sich ganz dem Schreiben hingeben, als Schriftstellerin arbeiten und langfristig damit den Familienunterhalt sichern. Schließlich sieht sie, dass auch ihre Freundin Emma Merk von ihrer schriftstellerischen Tätigkeit schon seit vielen Jahren leben kann. Carry Brachvogel entscheidet sich für Selbstbestimmung, für die Selbstverwirklichung als Schriftstellerin.

Die Mutter bietet ihr Hilfe in der Betreuung der Kinder an, außerdem bekommen die Kinder einen Vormund, ein Freund ihres verstorbenen Mannes, der damit formal das Entscheidungsrecht übernimmt.[128] In der Schublade liegen unfertige Manuskripte, ein Entwurf für das schon lange geplante Schauspiel *Vergangenheit*, die Anfänge eines Romans. Carry Brachvogel macht sich an die Arbeit.[129]

Mit ihrer Entscheidung widerspricht sie den bürgerlichen Rollenvorstellungen einer Frau. Man hätte von ihr erwartet, sich nach einer gewissen Trauerzeit wieder auf die Suche nach einem Versorger für sich und die Kinder zu machen, Carry Brachvogel entscheidet sich bewusst für einen anderen Weg. Der Wert und die Selbstverwirklichung durch Arbeit wird Thema vieler ihrer späteren Romane werden. Noch 1923 schreibt sie in *Weißes Gold*: »Ich glaube nicht mehr, daß Gold die Menschheit von Not und Elend erlösen kann! ... Wenn sie Gold nach Belieben haben, werden sie erst recht arm sein! Nein, glaube mir, nur eines erlöst die Menschheit: Arbeit und der Glaube an Großes.«[130]

In ihren schriftstellerischen Ambitionen wird sie immer

wieder von Emma Merk unterstützt. Die zehn Jahre ältere Freundin hat viel Erfahrung als selbständige Schriftstellerin gesammelt und kann Kontakte vermitteln. Emma Merk sitzt damals selbst gerade an einem Buch, das den Titel *Evas Töchter* tragen und im Jahr 1893 als illustrierte Ausgabe erscheinen soll. Der mit ihr befreundete Maler und Grafiker Emanuel Spitzer (1844–1919) hat vor einiger Zeit eine mit *Evas Töchter* betitelte Mappe vorbeigebracht, die von ihm angefertigte Grafiken und Aquarelldrucke zum Thema Frauen enthielt. Emma Merk sollte sie sich anschauen, sich überlegen, ob sie Lust habe, mit ihm zusammen ein Buch über die Frauen im Bürgertum zu machen, das der bekannte Kunstverlag Franz Hanfstaengl herausbringen würde. Er würde die Bilder liefern, Emma Merk sollte einen passenden Text schreiben.[131]

Evas Töchter. Die widersprüchlichen Gedanken, die ihr beim Blick auf den Titel und beim Betrachten von Spitzers humorvollen, zuweilen aber auch regelrecht bissig-spottenden Bildern durch den Kopf gingen, hat sie später in folgende Worte gefasst: »Was steckt hinter dem Titel? Soll den Töchtern Eva's ein Sündenregister vorgehalten werden, ein Spiegel der ihre Gesichter verzerrt? Soll ihnen eine Bußpredigt vorgetragen werden, in Bildersprache? Oder soll es eine Verherrlichung sein für sie? Mit lebhaft erregtem weiblichen Corpsgeist, mit einer kampfbereiten Lust, unser viel verlästertes Geschlecht zu verteidigen, fange ich an zu blättern. Aber mich versöhnt bald die Liebenswürdigkeit, der Humor, die heitere Grazie, welche das Werk durchweht. Wer sich so eingehend mit den Damen beschäftigt, der meint es nicht böse mit ihnen. Er neckt nur ein wenig.«[132] Die Entscheidung war gefallen – Emma Merk nimmt die Auftragsarbeit an und macht sich ans Werk.

Die Kunststadt München zieht nicht nur Schriftsteller und Dichterinnen an, sondern auch Maler, Bildhauer und Architekten. Zu ihnen gehört August Endell, der 1892 das Parkett dieser Stadt betritt. August Endell ist ein Kind des Wilhelminismus. 1871, im Jahr der Reichsgründung, wurde er am 12. April in Berlin geboren. Sein Vater, Carl Friedrich Endell, ist in Berlin als Architekt und Oberbaudirektor am Ministerium für öffentliche Arbeiten tätig.

Das Abitur macht der schon als Junge an einem Nierenleiden kränkelnde Endell am *Askanischen Gymnasium* in Berlin. Auch der fünf Jahre ältere spätere Begründer des Freistaates Bayern, Kurt Eisner, besucht übrigens dieses Gymnasium. 1891 geht Endell nach Tübingen und studiert Philosophie, Psychologie und Mathematik; er will Lehrer werden. Zumindest hat er das seinem Vater versprochen.

Die Kleinstadt beschert ihm völlig neue Eindrücke und tief berührende Erlebnisse. Erstmals nämlich kommt er in wirkliche Berührung mit der Natur, entwickelt ein Bewusstsein für ihre Schönheit: »Und als ich mit 20 Jahren endlich in eine kleine Stadt zog, mit einem Storch auf dem Rathaus, mit Schweine- und Rindermarkt, mit Rauhreif auf den Bäumen und all den knospenden grünenden blühenden reifenden Herrlichkeiten des Jahres, da erlebte ich einen Sturm des Glücks, der meinem ganzen Leben Sinn und Ziel gegeben hat. Und doch war es nur ein Anfang, ein Durchschreiten der ersten Pforte der Natur, zur Schönheit, denn wer vermag in einem kurzen Jahr die ganze Fülle auszukosten.«[133]

Nach nur einem Jahr verlässt er Tübingen, er will sich nun

Abb. 6: August Endell

intensiver mit Ästhetik und Philosophie beschäftigen und interessiert sich für die Wahrnehmungspsychologie. Aus diesem
Grund will er nach München, an die Ludwig-Maximilians-
Universität: »Ich habe da ein Gebiet angeschnitten, was so gut
wie unbearbeitet ist und der Brennpunkt aller Philosophie,
der Zielpunkt aller Psychologie und der Ausgangspunkt aller
angewandten Psychologie, also aller Ethik, Logik, Ästhetik
etc. ist, nämlich ›Gefühlstheorie‹.«[134] Es sind insbesondere die
Schriften von Theodor Lipps, Autor von *Grundtatsachen des
Seelenlebens,* die ihn faszinieren. Bei ihm – der 1894 einem Ruf
nach München folgt – wird er zwei Jahre später Vorlesungen
über »Einfühlungstheorie« hören.

Auch Endell zieht in die Maxvorstadt, in die Fürsten-straße 12, etwa fünf Gehminuten vom Fotoatelier *Elvira* ent-fernt, die Universität und die Staatsbibliothek liegen nur ein paar Meter weiter um die Ecke. Angesteckt und inspiriert von dem vielfältigen literarischen und künstlerischen Treiben in seiner Umgebung, erwacht jetzt auch in ihm das Bedürfnis nach künstlerischem Ausdruck. Anfänglich glaubt er noch, Forschung und Kunst vereinen zu können – »Ich habe keine Sorge mehr um mein Können«[135] –, doch bald gerät er in in-nere Nöte. Der Konflikt zwischen dem Wunsch nach einer akademischen Laufbahn und dem Dasein als freier Künstler verschärft sich zusehends.

Der ständig theoretisierende Endell, kränklich und »faden-dünn«, erscheint seinen Zeitgenossen als Eigenbrötler, gilt im persönlichen Umgang als äußerst schwierig und kompliziert. »Ihn menschlich vertraulich zu machen war fast unmöglich, denn seine Art, sich nur denkend zu äußern, ließ eine lässige Unterhaltung nicht zu. Ihn in eine Gesellschaft zu laden war ein Wagnis, weil man nicht wissen konnte mit wem er neuer-dings verfeindet wäre. Der ewig Kränkelnde hatte es schwer mit sich selbst und darum auch mit dem Leben, er war leicht verletzlich und mißtrauisch, verletzte jedoch selbst auf Schritt und Tritt. Wenige haben sich ihrer Arbeit so ganz hingegeben und sie als Mission empfunden.«[136]

6.

1893: Die herkömmliche und die moderne Frau

– Emma Merk – Elsa Bernstein – Ernst von Wolzogen –

Evas Töchter

1893 erscheint Emma Merks und Emanuel Spitzers Gemeinschaftswerk auf den Buchmarkt. Äußerlich: Ein wahrer Prachtband. Auf dem großformatigen in Seidenpeluche eingebundenen Buch prangt in goldgepresster Schrift der vielversprechende Titel: *Evas Töchter* – spielerisch umhaucht von goldfarbenen explodierenden Herzchen. Peluche ist das französische Wort für Plüsch. Seidenpeluche (Seidenplüsch) hatte eine glänzende Oberfläche und wurde für Bucheinbände, aber auch bei der Herstellung von Zylindern verwendet.

Der kostbare Kunstband, der so schwer ist, dass man ihn auch heute nur mit zwei Händen tragen kann, enthält 28 Aquarelldrucke, 57 Typogravuren, 60 Seiten Text und kostet 60 Mark. Das war schon damals ein stolzer Preis (knapp 400 Euro).[137] Wie heute noch vorhandene Exemplare zeigen, erscheint die Kostbarkeit damals in unterschiedlichen Ausstattungen, die sich in ihrer aufwendigen Gestaltung jeweils kaum nachstehen. Die kunstvollen Grafiken Emanuel Spitzers werden auch separat verkauft.

Mit Witz und unglaublicher Ironie führen Emma Merk und

Emanuel Spitzer in ihrem Werk den herkömmlichen weiblichen Weg im Bürgertum des Kaiserreichs vor, zeigen, wie sich das Leben bürgerlicher Mädchen und Frauen am Ende des 19. Jahrhunderts gestaltet. Mädchen werden von der Geburt an dazu erzogen, eine möglichst gute Partie zu ergattern und die Welt rasch mit einem liebenswerten Kind zu beglücken. Aber auch die Zeit nach Heirat und junger Ehe haben Emma Merk und Emanuel Spitzer analysiert und ins Visier genommen. Sie präsentieren das Ideal des zelebrierten Müßiggangs, das wohltätige Engagement, zweckfreie künstlerische Betätigung, Musizieren, Sticken und Lektüre schöngeistiger Literatur. Sie porträtieren die alternde Witwe und bringen auf den Punkt, welche Attribute der Frau seit Generationen anerzogen werden, nämlich Ergebenheit, Bescheidenheit und eine als erstrebenswert erachtete Abhängigkeit vom Mann.

Humorvoll, aber auch gewürzt mit boshaften Seitenhieben stellt der Bildband das komplette bürgerliche Frauenleben am Fin de Siècle vor. Aber auch die Männer bleiben nicht verschont, ihre Ziele und geheimsten Wünsche werden mit mehr als nur einem spöttischen Augenzwinkern dargeboten. Auf der männlichen Wunschliste steht an oberster Stelle nicht die Ehe, sondern ein ganz anderer Typ Frau. Die Männer träumen von der Femme fatale, von einer Zirkusakrobatin, von einem Frauentyp à la Lola Montez. Ansonsten sind die Wünsche bürgerlicher Männer doch eher bescheiden. Sie sehnen sich nach Schweinebraten, Bier, einer kubanischen Zigarre, und – ja, wenn sie denn schon heiraten müssen, dann soll ihnen die Ehefrau doch zumindest eine gute Mitgift servieren.

Der Hanfstaengl Verlag selbst wirbt in seinem Katalog wie folgt für das Werk: »Eva's Töchter ist ein Prachtwerk, welches sich in jeder Form als neu, farbig und originell darstellt und im Sturme die Herzen aller Freunde liebenswürdigen und geistigen Humors eroberte. Zufolge seines organischen Zusammenhangs, durch die fesselnde Art des literarischen Theiles und die interessante Qualität seiner Illustrationen, unterstützt durch wirkliche geschmackvolle Ausstattung, erweckt das Werk dauerndes Interesse und bietet stets eine unversiegliche Quelle heiterer Erholung und reiner Freude.«

Noch heute stellt *Evas Töchter* ein bedeutendes kulturhistorisches Zeugnis dar für die am Ende des 19. Jahrhunderts in Deutschland geltenden Rollenvorstellungen und Geschlechterbilder. Tatsächlich hat die in ihm vorgestellte weibliche Bürgerexistenz mit dem Leben Emma Merks nichts mehr gemein. Ihr Leben entspricht viel eher dem Lebensentwurf der heutigen Frau.

Elsa Bernstein: *Dämmerung*

Doch nicht nur Emma Merk beglückt 1893 von München aus das Wilhelminische Kaiserreich mit einem Buch, in dem sie das Leben und die herkömmliche Rolle der bürgerlichen Frau auf den Tisch bringt. Auch Elsa Bernstein hat ein neues Werk abgeschlossen. Wieder ein Drama. Wieder einen Bürgerschocker. Ihr neues Stück heißt *Dämmerung*. Dieses Drama will sie unbedingt auf die Bühne, in die Öffentlichkeit bringen, sie will sehen, wie es im Theater gespielt wird.

Nachdem sie 1891 in *Wir Drei* ein Dreiecksverhältnis durchgespielt hat, attackiert sie jetzt die herkömmliche bürgerliche Frau, also den Frauentyp, den Emma Merk und Emanuel Spitzer in *Evas Töchter* in allen Facetten präsentiert und ironisch betrachtet haben. Sie zeigt, dass dieser Typ Frau nicht nur an sich selbst leidet, sondern sich zu einem manipulativen Ungeheuer entwickelt hat, das sein gesamtes Umfeld dominiert und tyrannisiert.

Der herkömmlichen Tochter aus gutem bürgerlichem Haus stellt sie in ihrem Drama eine moderne Frau gegenüber, eine Frau, die studiert und sich hochgearbeitet hat, die sich komplett selbst finanziert: eine Ärztin. Sie erzählt, welchen Vorurteilen diese modernen Frauen in der bürgerlichen Gesellschaft begegnen, zeigt, welchen persönlichen Preis es sie kostet, diesen neuen Weg in die Selbständigkeit zu gehen.

Tatsächlich ist *Dämmerung* das erste von einer Frau stammende deutsche Stück, in dem die Berufstätigkeit der bürgerlichen Frau als neues Ideal präsentiert und propagiert wird, in dem dafür plädiert wird, sich selbst zu leben und den eigenen Begabungen Ausdruck zu verleihen, in dem tatsächlich explizit nun von einer »Pflicht gegen sich selbst« die Rede ist. Elsa Bernsteins Drama ist nicht nur ein Plädoyer für die Selbstbestimmung der Frau, es plädiert für die Selbstbestimmung ganz generell. Es wendet sich gegen Menschen, die keine Verantwortung für sich und ihr Leben übernehmen, gegen Menschen, die Opfer spielen, die ihr Dasein, ihre Rolle oder ihre Krankheit dazu benutzen, andere an sich zu fesseln, um sie solcherart von einem eigenen Leben abzuhalten.

Interessanterweise zeigt Elsa Bernstein nicht die Männer als die Gegner der modernen Frau. Das eigentliche Problem sind Frauen untereinander. Der Neid. Der Kampf um den Mann. Der Feind der Selbstbestimmung ist die herkömmliche bürgerliche Frau, die die Eigenständigkeit ablehnt, die herkömmliche Rolle der Frau verteidigt und selbst ein abhängiges Dasein mit einem Versorger vorzieht. Tatsächlich stellt Elsa Bernstein die alte und die neue Frau als zwei sich feindlich gegenüberstehende Welten vor.

Diesmal schafft es Elsa Bernstein mit ihrem Stück tatsächlich auf die Bühne. Ihr neues Drama wird am 30. März 1893 öffentlich aufgeführt – wieder unter ihrem Pseudonym Ernst Rosmer. Nicht irgendwo und auch nicht durch irgendwen. Tatsächlich wird *Dämmerung* in der *Freien Bühne* in Berlin gespielt, dem Moderne-Projekt von Otto Brahm, der 1889 Gerhart Hauptmanns naturalistisches Drama *Vor Sonnenaufgang* zur Uraufführung gebracht und dadurch dem Naturalismus auf der deutschen Theaterbühne zum Durchbruch verholfen hat. Dass die *Freie Bühne* Elsa Bernsteins *Dämmerung* aufführt – ein naturalistisches Drama in der Tradition von Hauptmann und Ibsen –, ist ein unglaublicher Erfolg und höchste Anerkennung für sie als Frau, für sie als Dramatikerin.

Wie sie das geschafft hat? Vermutlich durch die guten Beziehungen ihres Ehemannes Max Bernstein zur modernen Theaterszene in Berlin und zu Otto Brahm ganz persönlich. Wie wir längst wissen, gibt es vielfältige Beziehungen und Netzwerke zwischen den literarischen und künstlerischen Kreisen in Berlin und München, ein ständiges Hin und Her zwischen den modernen Zirkeln der beiden Metropolen.

Auch wenn es einige Kritiker gibt, Elsa Bernstein alias Ernst Rosmer macht sich mit ihrem Drama einen großen Namen in der naturalistischen Szene,[138] so dass *Dämmerung* 1894 auch als Buch erscheinen kann, und zwar im renommiertesten Verlag der Moderne: im S. Fischer Verlag.[139] Elsa Bernstein ist damit die erste Frau überhaupt, die im S. Fischer Verlag ein größeres literarisches Werk veröffentlichen kann (noch im selben Jahr folgt ihr Novellenband *Madonna*). »Alles dienstbar einem ursprünglichen, an Ibsen und Hauptmann erstarkten Realismus, einem verwegenen Muth und einem Temperament voll kräftiger Grazie«, wird der Verlag in seinem Katalog 1900 über sie schreiben.[140]

Dämmerung erzählt von der zunehmenden Erblindung der Bürgerstochter Isolde. Ihr Vater, der Dirigent Heinrich Ritter, setzt alle Hebel in Bewegung, um die angeborene Krankheit seiner Tochter zu heilen. Als die Augenärztin Sabine Graf ins Haus kommt, reagiert Isolde skeptisch: »Ich mag nicht Leute um mich, die mehr Verstand haben als ich.«[141] Sabine, die in Zürich studiert und in Paris ihre Studien fortgesetzt hat, erzählt ihr, dass sie auch deswegen Ärztin geworden sei, um mit diesem Beruf aus ihrer Armut herauszukommen. Dafür zeigt Isolde wenig Verständnis, sie denkt an Bälle und die Suche nach einem passenden Mann, andernfalls werde man zur alten Jungfer. Sabine kontert souverän: »Ich werde eine. Wenn man immer so viel zu arbeiten gehabt hat wie ich – da findet man gar keine Zeit für eine unglückliche Liebe.«[142] Sabines Credo lautet nämlich: »Es ist gut so – keine Pflichten gegen Andere – nur eine große Pflicht gegen sich selbst.«[143]

Als Heinrich Ritter zunehmend von der Individualität und Selbständigkeit Sabine Grafs fasziniert ist und sich überlegt, mit ihr von München nach Berlin zu gehen, stürzt sich Isolde in Selbstmitleid: »Die ganze Welt verlässt mich. Ihr sollt es bereuen, wie ihr mich zugrunde gerichtet habt.« Sie will den Vater für sich selbst behalten, will in der Abhängigkeit und

Bequemlichkeit verharren. Nach einer gelungenen Augenoperation provoziert sie selbst einen Unfall, der zur völligen Blindheit führt. Die Handlung endet mit Isoldes Credo: »Man kann auch im Dunkeln leben.«[144]

Dämmerung: Das Drama entwickelt die Dunkelheit als Symbol für das Verharren in der von Isolde selbst verschuldeten Unmündigkeit. In der Dämmerung allerdings, der Phase zwischen Licht und Dunkelheit, ist die Entscheidung in beide Richtungen möglich. Sabine Graf hat sich für das Licht, für das neue Selbstverständnis als Frau entschieden.

Ob es ein Zufall, ob es Synchronizität ist? Ob sich die Stadt München 1893 Elsa Bernsteins Titel *Dämmerung* zu Herzen genommen hat? Denn jetzt wird es mit einem Mal auch nachts in München hell – zumindest in den Hauptstraßen der Innenstadt, die nun mit 280 Bogenlampen elektrisch beleuchtet werden.[145]

Berlin: Max Halbes *Jugend* und Friedrichshagener Kreis

Nur drei Wochen nach der Aufführung von *Dämmerung* erlebt Berlin ein zusätzliches spektakuläres Theatererlebnis. Am 23. April wird im Residenztheater in einer Matinee ein weiteres Drama naturalistischer Prägung gespielt: *Jugend* von Max Halbe. So wie Gerhart Hauptmann 1889 wird nun auch Max Halbe über Nacht berühmt, erzielt als Schriftsteller und Dramatiker den großen Durchbruch. Sein Drama, insbesondere der Titel *Jugend*, wird nahezu programmatisch werden, wird eine ganze Generation prägen. Nicht nur die Münchner Zeitschrift *Jugend* wird sich 1896 namentlich an Halbes Drama anlehnen, auch der sich entwickelnde deutsche Jugendstil wird nach ihm benannt werden. Es wird nicht mehr lange dauern, dann wird auch Max Halbe, der schon zweimal für längere Zeit in München gelebt hat und hier viele Beziehungen unterhält, endgültig nach München ziehen.

Ein Liebeserlebnis in seiner Jugend – ein dreitägiger Besuch auf dem Pfarrhof seines Onkels und die Liebe zu seiner Cousine Adele – hat Max Halbe zu diesem Drama animiert. Nach seiner Fertigstellung im Frühjahr 1892 hat er es ein Jahr lang bei verschiedenen Bühnen in Deutschland eingereicht. Vergeblich. Wegen moralischer Bedenken ist es immer wieder abgelehnt worden. Doch Max Halbe hat nicht lockergelassen.[146]

Max Halbe hat seinen Durchbruch und den Erfolg seines Dramas selbst so erklärt: »Es besaß dramatische und theatermäßige Durchschlagskraft, wofür ja der Erfolg zeugte. Und was darüber hinaus entschied und sein Glück machte: es war im Stofflichen, im Thematischen, Motivischen, auch in der Nuancierung des Stimmungselements, für weiteste Kreise die Erfüllung alles dessen, was man sich solange gewünscht, aber noch immer nicht so recht bekommen hatte, nämlich Erde, Boden, Blut, Frühling, Liebe und Jugend, mit einem Wort: Lebensbejahung.«[147]

Auch Gabriele Reuter ist bei der Uraufführung in Berlin mit von der Partie. Von dem, was sie gesehen, von dem, was Max Halbe hier geboten hat, ist sie zutiefst bewegt: »Ich nahm an der Erstaufführung der ›Jugend‹ von Halbe teil und war erschüttert wie von wenig modernen Dichtungen.« Das Glück will es, dass sie ihn an diesem Abend kennenlernt, bei dem anschließenden Fest, bei dem Halbe gefeiert wird und bei dem sie als einzige Frau an einem langen Tisch sitzt, auf dem viele Biergläser und Weinflaschen stehen.[148]

1893 hält sich Gabriele Reuter mehrere Male in Berlin auf. Sie knüpft Kontakte, sucht nach Anregungen, bewegt sich in den modernen Schriftsteller- und Künstlerkreisen. Und so lernt sie denn in diesem Jahr nicht nur Gerhart Hauptmann und ihren späteren Verleger Samuel Fischer kennen, sondern auch den Friedrichshagener Kreis. Kennzeichnend für die sogenannten Friedrichshagener, deren anerkannte Anführer Bruno Will, Wilhelm Bölsche und die Gebrüder Hart waren, sind hauptsächlich zwei Faktoren: Sozialismus und Boheme. Viele Friedrichshagener hatten sich schon früh in der sozialdemokratischen Partei als Schriftsteller und Redner engagiert, standen aber eher auf der akademischen, intellektuellen Seite als auf der klassenkämpferischen. Doch die Friedrichshagener kommen alle nicht nur mehr oder weniger aus dem Sozialismus, sie entstammen alle auch einer bürgerlich angehauchten Boheme. Im Vordergrund ihrer Diskussionen stehen eine neue Sittlichkeit, die Umgestaltung des Verhältnisses der Geschlechter zueinander, freie Liebe und Gewissensehe. Max Halbe, der mit diesem Kreis gleichfalls in Verbindung steht, hat das Liebesleben des Friedrichshagener Kreises humorvoll auf den Punkt gebracht: »Alle redeten und schrieben von freier Liebe und doch waren fast alle diese Paare ganz brav nach der Rechtsordnung miteinander verheiratet oder hatten es wenigstens ernstlich für die Zukunft vor. Wenn aber wirklich einmal der eine mit der anderen danebenging, wie es ja auch hier vorkam, so wurde dies keineswegs als eine Bagatalle genommen –, sondern es gab gleich ein großes Geschrei.«

Hier verkehrten neben den bereits Erwähnten auch Richard Dehmel, Detlev von Liliencron, Otto Erich Hartleben und Lou Andreas-Salomé. Wilhelm Bölsche, einer der führenden Köpfe des Kreises, war in dieser Zeit Herausgeber von S. Fischers *Freier Bühne für modernes Leben*, die damit inoffiziell zum Sprachrohr des Friedrichshagener Kreises wurde und, spätestens als Bölsche im Oktober 1893 Anita Augspurg in Zürich kennenlernt, zu einem wichtigen Forum für die »Frauenfrage«. Maria Janitschek, Elsa Bernstein, Adine Gemberg und Fannie Gröger veröffentlichen hier ihre Texte, außerdem erscheinen Debattenbeiträge wie *Zur Psychologie der Frau* von Laura Marholm, *Frauenfrage – Männerfrage* von Irma Troll-Borostyáni, *Die moderne Frau* von Helene Stöcker oder *Das Ende der Bourgeoisie* von Käthe Schirmacher.

Ein prominenter Gast des Friedrichshagener Kreises ist der schwedische Schriftsteller August Strindberg, den Gabriele Reuter hier bei einer Lesung erlebt hat. Strindberg galt als Gegenpol zu Henrik Ibsen, denn während Ibsen den Ruf als »Frauenlob« genoss, galt Strindberg als »Frauenfeind«.[149]

In diesem Jahr 1893 lassen sich die gesellschaftlichen und künstlerischen Bewegungen erstmals deutlich wahrnehmen, die gemeinsam ein Fundament bildeten, das die Frauenbewegung zukünftig befördern wird. Der Naturalismus ermöglicht die schonungslose Darstellung drängender sozialer Fragen im Theater, und erstmalig gelang es einer Autorin, die gesellschaftliche Rolle der Frau auf der Bühne zur Diskussion zu stellen. Intellektuellen- und Künstlerkreise debattieren gleichzeitig über die Gesellschaft der Zukunft, die Frauen nehmen dort ihren Platz ein und vernetzen diese Zirkel mit der Frauenbewegung und schaffen damit eine Möglichkeit, publizistisch in die Öffentlichkeit zu treten. Die selbständige, unabhängige Frau wird zum Inbegriff des Modernseins.

Eröffnung des ersten Mädchengymnasiums in Karlsruhe

Während Elsa Bernstein die studierte, autonome Frau in ihrem Drama auf die Theaterbühne bringt, kämpft Anita Augsburg weiter dafür, dass die moderne Frau auch im Alltag mehr und mehr an Boden gewinnt. Anita Augspurg setzt in diesem Jahr ihren Kampf für Bildung, Hochschulstudium und das Recht der Frau fort. 1893 systematisiert sie erstmals ihre Gedanken in dem Vortrag *Die ethische Seite der Frauenfrage*, der in einem Leipziger Verlag veröffentlicht wird. Für Anita Augspurg ist die aktuelle Situation der Frau das Ergebnis eines Gesellschaftssystems, das auf den Vorrechten von Männern beruht. Sie ist überzeugt, dass gesellschaftlicher und kultureller Fortschritt von der tatsächlichen Anerkennung der Frau als »Vollmenschen« abhängt. Dass die Leistungsfähigkeit der Frauen unterdrückt, dass sie gesellschaftlich nicht genutzt wird, sieht sie als schweres Vergehen gegen die Gesellschaft an. Bildung und Recht für Frauen – das stellt sie als die beiden großen Forderungen der Frauenbewegung vor. Durch ihre Realisierung soll das Gesicht der Gesellschaft ein völlig anderes sein.[150]

In Sachen Bildung der Mädchen und Zulassung der Frauen zur akademischen Laufbahn gibt es 1893 einen ersten grundlegenden Erfolg. Anita Augspurgs Rede, die sie ein Jahr zuvor im Karlsruher Rathaus gehalten hatte – ihr Plädoyer für die Gründung von Mädchengymnasien – ist in dieser Stadt nicht ohne Folgen geblieben. Karlsruhe gebührt der Ruhm, dass hier auf Initiative des Weimarer Vereins *Frauenbildungsreform* und unter dem liberalen Regierungsstil des Großherzogs Ernst Ludwig von Hessen am 16. September 1893 das vom Verein organisatorisch getragene und finanziell unterstützte Gymnasium mit einer ersten Klasse feierlich eröffnet wird. Es ist das erste Mädchengymnasium des Deutschen Reiches. Mit sechs Klassen wird dieses Gymnasium fortan junge Frauen zum Hochschulstudium vorbereiten. Der badische Kultusminister garantiert, dass die hier künftig abgelegten Abiturprüfungen – analog zu den badischen Jungengymnasien – zum Studium an allen deutschen Hochschulen berechtigen.

Weil Anita Augspurg und Hedwig Kettler einen großen Anteil an diesem Erfolg haben, halten sie im Auftrag des Weimarer Vereins Eröffnungsreden:[151] Die beiden Vorstandsmitglieder verbinden mit der Gründung Hoffnungen auf Fortschritte im Kampf um eine gleichberechtigte Partizipation der Frauen am öffentlichen Leben insgesamt und betonen, dass es nicht nur um das Problem der Versorgung unverheirateter Frauen geht.[152] Hedwig Kettler fordert die Schülerinnen auf: »Halten Sie sich stets vor Augen, daß … Sie mit jedem gut bestandenen Examen mithelfen, den Beweis zu erbringen von der natürlichen Ebenbürtigkeit des Frauengeistes, von seiner Entwickelungsfähigkeit weit über die ihm heute gesteckten Grenzen hinaus, und daß Sie auf diese Weise mit teilnehmen an dem großen Kampfe, den Tausende Ihres Geschlechtes heute kämpfen für Frauenbildung und Frauenrecht.«[153] Und Anita Augspurg mahnt die aktive Rolle der Frauen bei der Gestaltung des öffentlichen Lebens an: »Denn der Gang der Geschichte will es und die sozialen Aufgaben heischen es, daß die Frau auf dem Kulturplatze erscheine und daß Frauenhände eingreifen in das Gestalten der sozialen Verhältnisse.«[154]

Mit der Eröffnung des Mädchengymnasiums in Karlsruhe also brauchte die deutsche Frau fortan nicht mehr im Ausland zu suchen, was Deutschland ihr bis dahin verwehrt hatte: den Schlüssel zum Hochschulstudium. Der Zugang zum »ordentlichen« Studium ließ allerdings noch Jahre auf sich warten. Es wird auch hier wieder das Land Baden sein, das sich an die Spitze der Bewegung stellen und im Jahre 1900 Frauen zum Studium zulassen wird.[155]

Nach diesem Etappensieg in der Bildungspolitik wendet sich Anita Augspurg verstärkt der zweiten Forderung der Frauenbewegung zu: der Modernisierung des Rechts.

Anita Augspurg erfährt allerdings auch Gegenwind. Konservative Kreise lehnen ihre Aktivitäten ab, und die Münchner Polizeidirektion geht nach ihren ausführlichen Recherchen über den Weimarer Frauenverein jetzt offiziell gegen Anita Augspurg und den Münchner Ableger des Vereins vor. Die Polizei hat den Frauenverein als politisch und staatsgefährdend eingestuft und hat ihn kurzerhand verboten. Als die Berliner Frauenrechtlerin Käthe Schirmacher sich bei Anita Augspurg erkundigt, ob sie in München einen bezahlten Vortrag halten kann, schreibt diese ihr zurück, dass der Verein *Frauenbildungsreform* in München »offiziell vollkommen impotent [sei], da wir politisch verboten, als staatsgefährdenden Bestrebungen huldigend, uns als geschlossenes Ganzes nicht sehen lassen dürfen«.[156]

Auch wenn die öffentlichen Aktivitäten in Sachen Frauenbewegung in München vorerst gestoppt sind – intern trifft sich der Kreis um Anita Augsburg, Sophia Goudstikker und Emma Merk weiter und berät das weitere Vorgehen. Käthe Schirmacher stieß trotz der Absage von Anita Augsprug doch noch zu diesem Kreis und schreibt im Rückblick: »Es war zum Tollwerden schön. Und gute Gesellen dabei, dieser freie studentische Ton, das gemütliche Heim, das lockte, die Musik, die man machte – auch Violine war dabei; jetzt haben wir eine tüchtige Klavierspielerin hier …, die eine liegt auf dem Divan, die andere auf der Erde, jetzt lacht, dann schweigt man, wer rauchen will, verkräuselt ein Zigarettchen … Anita Augsprug liest vor, Goethe, Heine, dazu lustige Einfälle.«[157] Was damals geplant wird, was die Kämpferinnen ins Werk setzen, ja, wie sie die Polizei an der Nase herumführen wollen, werden wir im nächsten Jahr erleben.

Anita Augsburgs Aufbruch nach Zürich

Während das Atelier *Elvira* weiterhin floriert, trennen sich die Wege von Anita Augsprug und Sophia Goudstikker allmählich. Der Kundenkreis des Fotostudios erstreckt sich längst in die Hof- und Adelskreise. Im Frühjahr 1893 hat es Sophia Goudstikker sogar geschafft, Prinz Ludwig und seine Gemahlin anlässlich ihres fünfundzwanzigjährigen Hochzeitstages abzulichten. Ehrgeizig wie sie ist, will sie eine große, offizielle Anerkennung. Ihr langfristiges Ziel ist der Titel einer »Königlich Bayerischen Hofphotographin«.[158]

Anita Augsprug allerdings hat andere Ambitionen, sie will

für höhere Ideale kämpfen. Aber auch persönlich entfremden sich die beiden Frauen.[159] Im Herbst 1893 verlässt die inzwischen sechsunddreißigjährige Anita Augspurg München und geht nach Zürich, wo sie Jura studieren will. Den Anstoß zum Studium in Zürich erhielt sie möglicherweise durch Käthe Schirmacher, die auf ihrem Weg dorthin einen längeren Zwischenstopp in München bei Anita Augspurg und Sophia Goudstikker einlegt und von ihren Promotionsplänen erzählt.[160] Tatsächlich ist ein Universitätsstudium für Frauen spätestens seit 1867 in Zürich möglich. Neben Russinnen stellen deutsche Frauen das stärkste Kontingent ausländischer Studentinnen dar.[161] Die Universität Zürich verhilft damals zahlreichen deutschen Frauen zur Promotion, am bekanntesten ist Rosa Luxemburg (1897). Tatsächlich gehören aber die meisten Frauen, die in den 1890er Jahren in Zürich promovieren, der bürgerlichen Frauenbewegung an, sind in ihr aktiv: Gertrud Bäumer, Käthe Schirmacher, Ella Mensch und Frieda Duensing. Anita Augspurg wird sogar noch vor Rosa Luxemburg ihre Promotion abschließen und damit die erste promovierte Juristin im Wilhelminischen Kaiserreich sein.

Nachdem mit der Eröffnung des ersten Mädchengymnasiums in Deutschland ein grundlegender Erfolg für die Zulassung der Frauen zur akademischen Laufbahn erzielt ist, scheint es naheliegend, das Recht auf Hochschulbildung nicht nur zu fordern, sondern es auch selbst in Anspruch zu nehmen. Aus der Sicht Anita Augspurgs ist es außerdem dringend notwendig, dass sich deutsche Frauen endlich juristische Kenntnisse aneignen, um nicht länger auf männliche Beratung, Kompetenz und Stellvertretung angewiesen zu sein – insbesondere bei dem anstehenden Kampf gegen ein Gesetz, das bisher nur Männer privilegiert. Etwas Wichtiges steht nämlich an: Ein Vierteljahrhundert nach der Reichsgründung (1871) soll jetzt ein neues Bürgerliches Gesetzbuch geschaffen werden. 1896 soll es verabschiedet werden und am 1. Januar 1900 in Kraft treten. Zum ersten Mal wollen die Frauen nun ihre Ansprüche auf Berücksichtigung und Gleichstellung im Zivilrecht anmelden, wollen Zentren für Agitation und Aufklärung der Frauen schaffen.[162] Ohne gründliche Kenntnisse des Zivil- und Staatsrechtes musste die Frauenbewegung dilettantisch und kraftlos bleiben. Aus diesem Grund tritt Anita Augspurg nun ihr Jura-Studium an.[163]

Zur rechtsgültigen Immatrikulation an der Zürcher Universität genügte damals ein Zertifikat für Unterrichtsbefähigung an höheren Mädchenschulen. Das besaß Anita Augsburg, sie hat es sich in jungen Jahren in Berlin erworben. Die nötige Beherrschung der alten Sprachen erreichte sie später neben dem Studium durch Privatunterricht.[164] Anita Augspurg mietet sich in Zürich ein Zimmer in der *Pension Rosenberg* und schreibt sich erst einmal nur für zwei Vorlesungen ein.

Am 7. November berichtet sie an Hedwig Kettler nach Weimar: »Was nach empfangenen Aichzeichen, alias Dr. jur. aus mir werden soll, weiß ich nicht. Bewahrheitet sich das, was Frau Dr. Kempin behauptet, daß ich als Winkeladvokat in Deutschland Amtsgerichtspraxis führen kann, so bin ich damit zufrieden, wo nicht geht's nach Amerika. Mir wird das heimische Schneckengehäuse sowieso immer zu eng zum Ekel.«[165] Emilie Kempin, deren Namen Anita Augspurg hier nennt, ist die erste Juristin der Schweiz. Seit 1892 lehrt sie in Zürich römisches, englisches und amerikanisches Recht und ist deshalb in ganz Europa eine Sensation. Schon länger steht sie auch in Kontakt mit der deutschen Frauenbewegung, ist auch Ehrenmitglied des Berliner Vereins *Frauenwohl*. Gerade erst hat sie für den ADF auch einen Kommentar zum Entwurf des Bürgerlichen Gesetzbuches geschrieben.

Emilie Kempin wird in den ersten Semestern Anita Augspurgs großes Vorbild und auch ihre Lehrerin sein.[166] Sieben Semester wird Anita Augspurg mit Unterbrechungen in Zürich verbringen. In den Semesterferien hält sie sich meist in München auf, wo sie weiterhin mit Sophia Goudstikker zusammenwohnt.

Ernst von Wolzogen entdeckt das Tier im Menschen

Während Anita Augspurg zwischen Zürich und München pendelt, zieht im Herbst 1893 ein Mann von Berlin nach München, der für die literarischen und künstlerischen Kreise der Stadt ebenso wie für die Münchner Frauenbewegung von großer Bedeutung werden wird: Ernst Freiherr von Wolzogen. Er ist vierzig Jahre alt, hat schon einiges erlebt, aber genauso wenig wie August Endell ahnt er, was ihm in dieser Stadt alles blühen wird. Noch kennt er die moderne Frauenszene nicht, noch weiß er nicht, dass er der Förderer von Carry Brachvogel werden wird. Und noch ahnt niemand, dass er genau wie August Endell die Öffentlichkeit am Fin de siècle mit einem künstlerischen Werk beglücken wird, das er der Inspiration durch die Münchner Frauenbewegung verdankt und das ganz Deutschland in Staunen versetzen wird. Sein Buch mit dem unerhörten Titel *Das dritte Geschlecht* wird ein Bestseller werden.

Warum Ernst von Wolzogen 1893 Berlin den Rücken kehrt und nach München zieht, darüber hat er in seinen Lebenserinnerungen *Wie ich mich ums Leben brachte* voller Selbstmitleid Bericht erstattet: Er hat gerade seine Scheidung hinter sich, was ihn psychisch und physisch sehr belastet, zumal er selbst die Scheidung angestoßen hat, weil »der Fortbestand dieser Ehe meinen künstlerischen Stillstand, Erdrosselung meines Humors und die Festwurzelung einer Verbitterung zur Folge haben müßte«.

Er hat sich vor Gericht alleinschuldig erklären lassen, hat dadurch einen großen Teil seines Vermögens wie auch die Vaterrechte eingebüßt und darf die Kinder nur noch »an einem neutralen Ort und unter Aufsicht« sehen.[167] Dass er so sehr unter diesem Befreiungsschlag leiden würde, hat er nicht erwartet. Er will ein neues Leben beginnen und zieht nach München, das ihm nicht unbekannt ist, er hat dort zahlreiche Bekannte, darunter Georg Michael Conrad, für dessen *Gesellschaft für modernes Leben* er von Berlin aus mitgearbeitet hat.[168]

Geboren wird Ernst von Wolzogen 1855 in Breslau als Sohn des Juristen, Regierungsrates und späteren Intendanten des Schweriner Hoftheaters Alfred von Wolzogen und der aus einer hugenottischen Familie stammenden Engländerin Harriet Anna Housemayne du Boulay. Der kleine Ernst wird von einer Gouvernante erzogen. Seine Erziehung ist polyglott, schon als Kind spricht er fließend Englisch und Italienisch. Nach dem Abitur (1876) studiert er zuerst in Straßburg, dann in Leipzig Literaturgeschichte, Archäologie, Philosophie und Kunstgeschichte. Danach lässt er sich in Weimar nieder, wo er im Umfeld des Weimarer Schiller-Kreises (Franz Liszt, Frau

Abb. 7: Ernst von Wolzogen, Frontispiz von
Das dritte Geschlecht

von Meyenhoff, Eduard Lassen, Freiherr von Gleichen-Ruß-
wurm, Fritz von Schennis, Otto Lehfeld u. a.) in den 1880er
Jahren auch Helene Böhlau und Gabriele Reuter kennenlernt.
1882 siedelt er nach Berlin über, wo er Anschluss an den Kreis
des *Ethischen Klubs* (Paul von Gizycki, Richard Dehmel, die
Gebrüder Hart, O. E Hartleben, Wilhelm Bölsche, Bruno
Wille) der *Freien Bühne* findet. Er steht in Austausch mit den

Naturalisten um Otto Brahm, Gerhart Hauptmann, Arno Holz, Johannes Schlaf und Hermann Bahr. Seit 1890 ist Wolzogen Autor des S. Fischer Verlags, wo er die humorvolle Erzählung *Er photographiert* mit zwölf Illustrationen veröffentlicht hat.[169]

Der Wechsel nach München ist für Ernst von Wolzogen ein Befreiungsschlag. Rasch kehrt verstärktes Selbstvertrauen zurück, und er findet Gelegenheit, seine Begabung zu entfalten. Kurz nach seiner Ankunft wird er vom *Akademisch-Dramatischen Verein* gebeten, die Spielleitung zu übernehmen. Das Ziel des 1891 gegründeten Vereins ist die Aufführung moderner Stücke, die für das Hoftheater zu avantgardistisch sind. Obwohl nur bescheidene Mittel zur Verfügung stehen, gelingen dem Verein immer wieder wichtige Aufführungen, so zum Beispiel unter Wolzogens Verantwortung Max Halbes *Jugend* im Herbst 1893. Wolzogens Schwabinger Villa entwickelt sich schnell zu einem literarischen Zentrum, in dem viele Schriftstellerinnen und Literaten ein- und ausgehen und von ihm gefördert werden.

In München wird Ernst von Wolzogen schnell klar, dass er trotz seiner großen Erfahrung im Umgang mit Frauen vom anderen Geschlecht keine Ahnung hat. Allmählich setzt eine Umwertung seiner bisher »engherzigen Geschlechtermoral« ein, die er zu einem Credo der Freizügigkeit verwandelt: »Das Tier weiß nichts von Gut und Böse. Es handelt aus seinem Instinkt heraus naiv und bleibt darum unschuldig, auch wo es grausam ist und Schaden zufügt. Die sittliche Pflicht des Menschen aber besteht nicht darin, das Tier in ihm auszurotten, sonders es im natürlichen Stande der Unschuld zu erhalten, oder, wenn er das nicht vermag, es zu bändigen, so daß es wenigstens andern keinen Schaden zufügen kann. Das Tier in uns verdient Achtung und liebevolle Pflege, schon deshalb, weil es uns jene schöpferischen Wonnen spendet, auf denen nicht nur die Fortpflanzung, sondern auch die *Hinaufpflanzung* des Individuums, der Rasse, ja der ganzen Menschheit beruht.«[170]

Während Ernst von Wolzogen das Tier im Menschen streichelt, steht München um Atem ringend vor einem neuen Gemälde. 1893 findet die erste Ausstellung der im Vorjahr gegründeten *Münchner Secession* mit Bildern von Arnold Böcklin, Lovis Corinth, Gustave Courbet, Max Liebermann und Franz von Stuck statt. Franz von Stuck entwirft nicht nur das Secessionsplakat, er stellt auch ein Bild aus, das heute als sein berühmtestes gilt: *Die Sünde*. In einer handschriftlichen Notiz, die sich auf einem Blatt mit anderen erotischen Darstellungen befindet, hat sich von Stuck selbst so zu dem Gemälde geäußert: »Die Sünde, saugend mit glühenden Augen, lockt das nackte Weib zur Verführung, aber gleich neben dem lockenden Antlitz züngelt die giftige Schlange.«[171] Nur wenige Tage nach der Ausstellungseröffnung kauft E. J. Haniel vom Schloss Haimhausen das Gemälde für 4000 M und bietet es der Münchner Pinakothek zum Kauf an. In einem Brief an Prinzregent Luitpold vom 27. Juli 1893 schwärmt der damalige Kultusminister Ludwig August von Müller (Kultusminister von 1890–1895): »es ist höchst wünschenswert, das für den hochtalentierten Künstler, der noch nicht in der Pinakothek repräsentiert ist, charakteristische Gemälde in die Staatliche Gemäldesammlung zu inkorporieren.« Gesagt. Getan. Bald belagern jeden Tag Hunderte von Besuchern Münchens Neue

Pinakothek und stehen dafür stundenlang an. Das Porträt einer Schönheit mit entblößtem, alabasterfarbenem Körper, um den sich eine schwarz glänzende Schlange schlingt, spricht nun zum Unterbewussten seiner Zeitgenossen; nur wenige Jahre zuvor war Krafft-Ebings *Psychopathia sexualis* erschienen. Keinem Künstler zuvor war es gelungen, Unschuld, Sinnlichkeit und Perversion auf derart suggestive Weise einzufangen. Tatsächlich ist die Begeisterung für dieses Gemälde in München groß. Lediglich einige konservative Reichstagsabgeordnete rufen wegen allzu freizügiger Darstellung nach der Zensur.[172] Noch Jahrzehnte später wird der Dichter Hans Carossa davon schwärmen, wie »durch und durch genial« dieses Bild ist, das »einen Raffael« leichthin in die Schranken verwies, kurz: vom »größten Kunstwerk aller Zeiten«.[173] Der Geschäftsmann von Stuck malte *Die Sünde* immer wieder, wenn er Geld benötigte, ein neues Museum oder ein betuchter Sammler anfragte. Vierzehn heute bekannte Versionen seines Gemäldes produzierte er zu Lebzeiten, vielleicht sogar mehr.

Franz von Stuck ist stadtbekannt. Wenn er im eleganten dunklen Gehrock über die Prachtmeilen flanierte, wurde darüber getuschelt, wie sie ihn in Italien nannten: Franz von Stuck hieß dort »der Imperator«. Ihm selbst gefiel die Bezeichnung natürlich am allerbesten, auch deshalb, weil er sich gern im »römischen Profil« zu porträtieren pflegte. Schon zu Lebzeiten gilt von Stuck als letzter großer Malerfürst Münchens.

7.

1894: Kampf für das Recht der Frau

Irma Troll-Borostyáni – Anita Augspurg –
Sophia Goudstikker – Hermann Obrist –

1894 werden für die Frauenbewegung einige wichtige Weichen gestellt. Ein Überblick: Am 28. März wird in Berlin der *Bund Deutscher Frauenvereine* (BDF) gegründet, der sich zum Ziel setzt, eine Art Dachorganisation für die verschiedenen Vereine und Organisationen zu werden, die alle die Ziele der bürgerlichen Frauenbewegung verfolgen. In München wird im Mai die *Gesellschaft zur Förderung der geistigen Interessen der Frau* ins Leben gerufen. Mit dieser Gründung, die durch Anita Augspurg, Sophia Goudstikker, Emma Merk und weitere Frauen und Männer aus dem Kreis der literarischen und künstlerischen Moderne rund um das Atelier *Elvira* vorangetrieben wurde, kann sich die Frauenbewegung in München endlich auch institutionell verankern. Schließlich ist dieses Jahr auch deshalb von Bedeutung, weil sich ab 1894 *der* Verlag der Moderne, nämlich der renommierte S. Fischer Verlag in Berlin, hinter die Emanzipationsbewegung stellt und sich als Plattform und Sprachrohr für die hier ablaufenden Diskussionen anbietet.

Ansonsten: Elsa Bernstein wird 1894 zur literarischen Berühmtheit. Sie ist die erste Frau, die bei S. Fischer gleich mehrere Bücher veröffentlichen kann. Auch Carry Brachvogel ist durchgestartet, aufgeblüht, sie spielt Theater, zieht ans Münchner Siegestor, erlebt in Frankfurt ihr Debüt als Bühnenschriftstellerin und gründet einen eigenen Salon. Anita Augspurg genießt ihr Leben in Zürich, beteiligt sich an der Gründung des *Schweizerischen Vereins Frauenbildungsreform* und setzt damit ihren Kampf für das Recht und die Gleichberechtigung der Frau beharrlich fort. Auch im Atelier *Elvira* weht der Geist der Emanzipation immer heftiger, Sophia Goudstikker setzt die modernen Frauen weiter fotografisch in Szene – Sophia Goudstikker und Anita Augspurg werden zu Hoffotografinnen ernannt.[174]

Und außerdem erhält die Münchner Frauenbewegung 1894 noch weitere männliche Verstärkung. Der Bildhauer Hermann Obrist siedelt in diesem Jahr von Florenz nach München über und etabliert sein Stickereiatelier in der Wohnung von Sophia Goudstikker.

S. Fischer als Verlag der Frauenbewegung:
Irma Troll-Borostyáni und Elsa Bernstein

Nach Debattenbeiträgen zur »Frauenfrage« in der *Neuen Deutschen Rundschau* beginnt der S. Fischer Verlag 1894 damit, auch von Frauen verfasste literarische Werke und Sachbücher in sein Programm aufzunehmen, und stellt gleich zwei Autorinnen vor: Elsa Bernstein und die Salzburger Frauenrechtlerin Irma Troll-Borostyáni. Von Elsa Bernstein veröffentlicht Fischer unter dem Pseudonym Ernst Rosmer gleich drei literarische Werke: das im Vorjahr in Berlin uraufgeführte Schauspiel *Dämmerung*, einen Novellenband, der den schönen Namen *Madonna* trägt, und schließlich das Märchendrama *Königskinder*. Von Irma Troll-Borostyáni, die als Mitglied des radikalen Flügels der Frauenbewegung bekannt ist, bringt Fischer die soziale Studie *Das Recht der Frau* heraus.[175]

Dass auf einen Schlag drei Werke von Elsa Bernstein bei S. Fischer herauskommen, ist für die erst achtundzwanzigjährige Schriftstellerin ein sensationeller Erfolg. Damit hat sie den Durchbruch als Schriftstellerin und Dramatikerin geschafft, ist in den Kreis der erlauchten literarischen Moderne aufgenommen worden, wird von Berlins naturalistischen Kreisen akzeptiert und gefeiert. Tatsächlich hat Elsa Bernstein in nur wenigen Jahren eine kometenhafte Karriere hingelegt. Nach ihrem Erstling *Wir Drei* (1891) und der Aufführung ihres Schauspiels *Dämmerung* (1893) ist sie nun ein Star. Wie genau sie das alles geschafft hat, ist nicht überliefert, aber klar ist, dass sie den uneingeschränkten Rückhalt und die Bewunderung ihres Ehemannes, des erfolgreichen Anwalts Max Bernstein, genoss und ihre Energie ganz und gar auf die Literatur konzentrieren konnte.

Zu den prominenten Lesern Elsa Bernsteins zählt der Berliner Schriftsteller Christian Morgenstern, der sich schon ein Jahr später voller Bewunderung zu seiner Lektüre äußert. In seinem Beitrag wird klar, dass es sich bei Ernst Rosmer um ein offenes Pseudonym handelte und dass Geschlecht und Name der Autorin bekannt waren. Morgenstern ist sich sicher: Nur wenige Leser werden »auf den Gedanken gekommen sein, eine Frau vor sich zu haben. So kräftig und energisch, so grausam wahr und tapfer erzählt die Feder dieser eigenartigen Persönlichkeit.« Es handle sich um »eine Schreibweise, die sich Redlichkeit als vornehmste Tugend zum Ziel gesetzt hat. Ist sie darum weniger fesselnd? Sie ist es in eben dem Grade mehr, als lebendige Menschen über Marionetten stehen.«[176]

Während Elsa Bernsteins bald auch von Engelbert Humperdinck vertontes Märchendrama *Königskinder* noch heute berühmt ist und auf deutschen Bühnen gespielt wird, sind das Drama *Dämmerung* und ihr Novellenband *Madonna* leider heute zu Unrecht vergessen.

Madonna versammelt Novellen und ein kleines Theaterstück. Alle Geschichten drehen sich um die Beziehungen zwischen Männern und Frauen, zeigen, wie es in bürgerlichen Kreisen, aber auch in Unterschichten zugeht, welche Rollenmuster und Geschlechterbilder hier herrschen. Schon in *Dämmerung* hat Elsa Bernstein kein positives Bild der herkömmlichen bürgerlichen Frau gezeichnet. Das setzt sie in *Madonna* fort. Auch hier präsentiert sie bürgerliche Mütter und Töchter als Sklavenhalterinnen, als männerausnutzende, charakterlose Monster, oberflächlich, verwöhnt, unrealistisch und kalt, zeigt auch hier, dass die gesamte Gesellschaft unter diesem Frauentyp leidet. Demgegenüber werden die mit ihnen verbundenen Männer, Väter und Freunde als gefühlvoll und empathisch vorgestellt. Der einzige Frauentyp, der in *Madonna* gut wegkommt, ist die Künstlerin, die im Mittelpunkt des kleinen dreiaktigen Theaterstückes steht. Sie, die wahrhaftig ist und sich ihr Geld als Musikerin hart verdienen muss, weist die ihr angetragene Ehe mit einem Versorger zurück, einem reichen Mann, der sich ihre Liebe mit Geld und Geschenken erkaufen will. Niemals dürfe eine Frau sich kaufen lassen, sonst verliere sie ihre Ehre. Ihr Credo: Wahre, echte Liebe ist es, wenn man sich auch vorstellen kann, mit der Liebe seines Lebens auf der Straße zu betteln.

Gleichzeitig mit den Büchern von Elsa Bernstein erscheint bei S. Fischer die Studie *Das Recht der Frau* der Österreicherin Irma von Troll-Borostyáni (1847–1912).[177] Sie ist damals eine Vorkämpferin für Frauenemanzipation und Frauenrechte in der Habsburgermonarchie und gehört mit der Forderung des politischen Wahlrechts für die Frau zum radikalen Flügel der bürgerlichen Frauenbewegung. Heute zählt sie zu den bedeutendsten nationalen und internationalen Vertreterinnen der Frauenbewegung. Sie, die eine Ausbildung als Pianistin hat, als Schriftstellerin arbeitet, Zigarren raucht und ähnlich wie Anita Augspurg und Sophia Goudstikker in männlich geschnittener Kleidung und Kurzhaarschnitt herumläuft, hat bereits 1878 in ihrem Buch *Die Mission unseres Jahrhunderts. Eine Studie über die Frauenfrage* empört gegen die Rolle der Frau in der Gesellschaft gewettert. Dort hat sie vehement die Gleichberechtigung der Geschlechter gefordert und folgenden Appell an alle Frauen gerichtet: »Kämpft für Eure Rechte, für Eure Zukunft mit allen Waffen des Geistes und mit werktätiger Unterstützung Eurer Zwecke. Ja, Ihr werdet es tun! Ihr werdet wollen, Ihr werdet handeln!«[178]

Irma von Troll-Borostyáni fordert nicht nur das Frauenwahlrecht, gleiche Rechte in der Ehe und Zugang zu Bildung für Frauen und Mädchen, sie kritisiert auch die den Körper einschnürende weibliche Kleidung, kämpft gegen die Prostitution und schleicht sich sogar in Männerkleidung in Bordelle ein, um ihre Recherchen zu betreiben. Sie fordert die

Gründung von Vereinen und Zeitschriften nach englischem und amerikanischem Vorbild, anstatt sich auf den Staat zu verlassen. Die Frauen sollen die Initiative selbst in die Hand nehmen, Mädchenschulen gründen und Stipendien für mittellose Studentinnen stiften. Aus allen Werken Troll-Borostyánis geht deutlich hervor, dass sie Frauen, genau wie Elsa Bernstein, nicht als hilflose Opfer der Unterdrückung durch Männer sieht. Die Salzburgerin ist der Auffassung, dass die Frauen sich selbst organisieren und zusammenarbeiten müssen: »Ihr Frauen, um deren Rechte, um deren Freiheit, um deren Glück es sich handelt, Ihr selbst müßt die Initiative ergreifen, um Euer Leben zu einem menschenwürdigen Dasein zu gestalten.«[179]

Mit ihrem ersten progressiven Buch im Jahr 1878 hatte Troll-Borostyáni so großes Aufsehen erregt und so viel Kritik erfahren, dass sie mit ihren weiteren Büchern kaum noch einen Verlag finden konnte. So musste zum Beispiel ihr Buch *Die Gleichstellung der Geschlechter* – das schon im Titel die Forderung des Tages und des ausgehenden Jahrhunderts zur Schau trug – 1888 im *Zürcher Verlagsmagazin* gedruckt werden, da sich kein österreichischer oder deutscher Verlag dazu bereit erklärte. Troll-Borostyáni liefert in ihm nicht nur einen Abriss über den Stand der Frauenbewegung und deren Ziele im In- und Ausland, sie setzt sich auch mit den gegnerischen Argumenten auseinander, wobei sie unter den Gegnern auch viele Frauen ausmacht, die gegen ihre eigenen Rechte kämpfen. Sie hält dagegen, dass die Gleichstellung der Geschlechter »der Entwicklung edler Weiblichkeit, um welche die Frauenrechtsgegner so zärtlich besorgt sind, keineswegs zum Schaden gereichen könnte, sondern sie nur zu höherer Stufe edler, harmonischer Bildung emporführen müßte«.[180] Sie fordert nichts weniger als »die Beseitigung der Schranken, welche Gesetz und Brauch der Selbständigkeit des Weibes entgegenstellen durch dessen Abhängigkeit vom Manne und durch dessen Unterordnung unter diesen«.[181] Tatsächlich fordert sie die »Erteilung gleicher Rechte, gleicher Freiheit und gleicher Pflichten an Mann und Weib«.[182]

Dass der S. Fischer Verlag nun 1894 *Das Recht der Frau* unters Volk bringen will, muss deshalb als öffentliches Bekenntnis verstanden werden. Der Verlag stellt sich damit hinter die bürgerliche Emanzipationsbewegung, ja sogar hinter deren radikalen Flügel.

Die »Frauenfrage«: Dieser Sammelbegriff beinhaltet damals sämtliche Aspekte der geistigen und sozialen Stellung der Frau in der modernen Gesellschaft: bürgerliche Gleichberechtigung, erotische Freiheit, Frauenwahlrecht, Berufstätigkeit der Frau, Mutterschaft, Kindererziehung, Unterrichtswesen, Frauenstudium, ethische und religiöse Fragen, Grundlagen der Ehe. Alles in allem geht es um das Selbstbestimmungsrecht der Frau in der vorwiegend männlich bestimmten Gesellschaft.

Es ist heute schwer, sich vom Umfang und der Bedeutung der damaligen Auseinandersetzungen überhaupt noch eine Vorstellung zu machen. An dieser Diskussion und der Bewältigung ihrer Probleme hat der S. Fischer Verlag seit 1894 einen beträchtlichen Anteil.[183] In den 1890er Jahren wird er pro Jahr ein bis zwei neue Autorinnen vorstellen, die zum Großteil in der modernen bürgerlichen Frauenbewegung engagiert sind und sich in ihren Texten mit der Frauenfrage auseinandersetzen, mit der Rolle der Frau im Bürgertum, mit dem Recht der Frau auf Selbstbestimmung, auf Bildung und Beruf. Mit der Veröffentlichung dieser literarischen und sozialkritischen Schriften trägt der Verlag mit dazu bei, dass ein öffentlicher Prozess in Gang gesetzt wird, der die gesellschaftliche Situation für die Frauen verändern und in vielen Bereichen verbessern wird – ganz im Sinn von Anita Augspurgs Auffassung, dass Bücher und ihr Inhalt die Welt oft mehr verändert haben als alles andere.

Dass der S. Fischer Verlag sich für die moderne Frauenbewegung einsetzt, liegt zweifellos an seinem programmatischen Bekenntnis zum Naturalismus, der durch sein Interesse an Fragen der gesellschaftlichen Realität und der Determination des Menschen eng mit der Emanzipationsbewegung verbunden war. Für S. Fischer, der ständig auf der Suche nach neuartiger, zeitgenössischer und sozialkritischer Literatur war, scheint es deshalb folgerichtig zu sein, der Frauenbewegung eine Plattform zu bieten.

Die Gründung des BDF in Berlin – Anita Augspurgs Verhältnis zur Sozialdemokratie

Bleiben wir in Berlin, wo am 28./29. März 1894 im Lettehaus der *Bund deutscher Frauenvereine* (BDF) gegründet wird, und zwar nach dem Vorbild des seit 1888 existierenden *National Council of Women of the United States*.[184] Auch Anita Augspurg ist in Berlin anwesend. Analog zum amerikanischen Vorbild legt der BDF fest, dass mit Blick auf gemeinsame Aktivitäten in sein Programm nur solche Punkte aufgenommen werden, die von allen Mitgliedervereinen unterstützt werden können. Vereinbart wird auch, dass sich der BDF nicht in die inneren Angelegenheiten der verschiedenen einzelnen Mitgliedervereine einmischen wird. Dem BDF, der sich als Dachorganisation der modernen bürgerlichen Frauenbewegung in Deutschland versteht und dessen 1. Vorsitzende bis zum Jahr 1899 Auguste Schmidt ist, werden in den nächsten Jahren zahlreiche Vereine beitreten, darunter auch solche, die nicht zur Frauenbewegung im engeren Sinn zählen, sondern primär karitative oder berufsbezogene Ziele verfolgen. Auch unsere Münchner Frauenrechtlerinnen werden 1896 diesem Verein beitreten.

In einer nicht unumstrittenen Entscheidung hat der BDF von Anfang an die sozialdemokratischen Frauenvereine von der Mitgliedschaft ausgeschlossen. Anita Augspurgs Haltung dazu ist widersprüchlich. Zum einen kritisiert sie diese Ausschließung, zum anderen hatte auch sie selbst eine Zusammenarbeit des Weimarer Vereins *Frauenbildungsreform* mit den Sozialdemokraten stets abgelehnt.[185] Was Anita Augspurg vor allem an den Sozialdemokraten stört, ist die Idee oder die Inkaufnahme einer blutigen Revolution. Wir erinnern uns daran, dass dies auch einer der Punkte war, die Emma Merk auf Distanz gehen ließen, nachdem Georg von Vollmar sie monatelang mit sozialdemokratischen Schriften überschüttet hatte. Wie Emma Merk findet auch Anita Augspurg, dass der Zweck nicht die Mittel heiligt. Im September 1896 wird sie sich auf dem Internationalen Frauenkongress in Berlin – in persönlicher Auseinandersetzung mit der Sozialdemokratin Clara Zetkin, die die »Frauenrechtlerei« und das »Petitionsheldentum« der bürgerlichen Frauen stets höhnisch kommentiert hat – wie folgt zum Thema Revolution und Sozialdemokratie äußern: »Endlich muß ich Frau Zetkin noch einer schneidenden Inkonsequenz zeihen, wenn sie glaubt, nachdem sie die Blutthaten des Krieges berechtigtermaßen so vollständig perhorresciert, durch die Blutthaten einer Revolution aller Segnungen höherer Kultur herbeizuführen. Ein Blick auf die Geschichte und die stattgefundenen Revolutionen zeigt doch gar so deutlich, daß ohne Blutvergießen ein plötzlicher Umschwung nicht zu bewerkstelligen sei. Blutvergießen, Greuelthaten können aber immer nur auf lange Zeit die Keime einer segensbringenden Entwickelung hemmen und hinausschieben.«[186]

Tatsächlich war Anita Augspurg der Auffassung, dass für den »Kampf um Frauenbefreiung« in Deutschland weder die konfessionellen Frauenvereine geeignet waren noch die der deutschen Arbeiterinnen in Betracht kamen. Beide sah sie als »unfrei« an, sah sie unter einer Vormundschaft stehen: die konfessionellen Vereine unter der Oberhoheit der Kirche, die sozialdemokratischen Frauen unter der männlichen Vormundschaft der Partei. Die wahre Befreiung der Frau kann daher nur mit Vereinen erkämpft werden, die selbst unabhängig und parteilos waren. Das Problem der Sozialdemokratie bestand für sie darin, dass die Frauenfrage an den Klassenkampf gebunden war. Das führt dazu, »daß die Masse der sozialdemokratischen Männer und Frauen in Deutschland, wie in anderen Ländern für die bürgerliche Frauenbewegung keine Sympathie bekundete, ihr eher feindlich gegenüberstanden«.[187]

Ein Sozialdemokrat, der hingegen große Sympathie für die bürgerliche Frauenbewegung hat und sie auch verdeckt unterstützt, ist der bereits genannte bayerische Landtagsabgeordnete Georg von Vollmar. Zu Emma Merk und ihrem Kreis steht er nach wie vor in Kontakt, und seine Ehefrau wird sich überraschenderweise bald selbst der bürgerlichen Frauenbewegung anschließen. Es war Georg von Vollmar, der am 7. März 1894 im Bayerischen Landtag einen Vorstoß bezüglich des Frauenstudiums startet und dabei an die 1893 erfolgte Eröffnung des Mädchengymnasiums in Karlsruhe erinnert, an der Anita Augspurg beteiligt war: »Die Herren haben wohl Alle davon gehört, daß im vorigen Jahre in Karlsruhe ein Mädchengymnasium eröffnet worden ist … Meine Anregung geht also dahin, daß, sobald eine Anforderung … regelrecht studierter … Frauen … um Aufnahme an bayerische Universitäten erfolgt, ihnen dieselbe nicht verweigert werde.« Die schnell abgebrochene Debatte schloss mit einem kolportierten Witz Kaiser Josephs II., der auf die Anfrage eines Fräuleins Kemmeter nach spezifischen Frauenanstalten geantwortet haben soll: »Liebes Fräulein Kemmeter – Mach' Sie lieber Hemmeter!« (Schnaps), was für große Heiterkeit sorgte.[188]

Doch nicht alle Männer in München bekommen Lachanfälle, wenn sie solche Vorschläge und Anfragen hören. Nur wenige Wochen später, am 9. Mai 1894, wird in München immerhin ein *Verein zur Gründung eines Mädchengymnasiums* ins Leben gerufen. An den zuvorigen Beratungen nahmen neben dem Dichter Paul Heyse auch »Geheimrat Dr. v. Winckel, Universitätsprofessor Dr. Bauer, Rektor Sickenberger, sowie eine Anzahl von Frauen teil«. Der Verein verfolgt den Zweck, nach dem Vorbild der Berliner und Leipziger Gymnasialkurse für »Frauen und Mädchen im reiferen Alter eine Bildungsanstalt zu errichten und zu unterhalten, durch deren erfolgreichen Besuch den abgehenden Schülerinnen der Zugang zum Studium auf den den Frauen bereits eröffneten deutschen oder noch zu eröffnenden deutschen Hochschulen ermöglicht werden soll«.[189]

Carry Brachvogel: Endlich am Münchner Siegestor – der Beginn einer kometenhaften Karriere

Nur eineinhalb Jahre nach dem Tod ihres Mannes, nach der Entscheidung, ihre Kinder alleine zu erziehen und Schriftstellerin zu werden, scheint es Carry Brachvogel wieder gutzugehen. Nicht nur das: Sie ist in jeder Hinsicht aufgeblüht, längst schon hat sie damit begonnen, ihre Visionen in die Tat umzusetzen. Tatsächlich schreibt die theaterbegeisterte Carry Brachvogel mittlerweile nicht nur selbst Stücke, die sie in Berlin unterzubringen versucht, sondern agiert jetzt sogar als Schauspielerin in Münchens moderner Theaterszene. Das wissen wir durch einen überlieferten Brief, den kein Geringerer als Otto Brahm – mittlerweile Leiter des Deutschen Theaters in Berlin – im Februar 1894 an den Autor Georg Hirschfeld geschrieben hat: »Merkwürdig wie klein die Welt ist: Diese Carry Brachvogel war neulich bei mir und wollte ein Stück sehr schnell gelesen haben, verließ das Lokal entrüstet … Hoffentlich rächt sie sich nicht durch schlechtes Spiel an Ihnen.« Georg Hirschfeld vermerkt später am Rand dieser Zeilen: »Sie spielte mit guter Charakteristik die Frau Doergens in ›Zu Hause‹.«[190] *Zu Hause* ist ein naturalistisches Stück von Georg Hirschfeld, das 1894 unter Führung und Beteiligung von Ernst von Wolzogen durch den *Akademisch-Dramatischen Verein* in München uraufgeführt wurde.[191]

Ernst von Wolzogen steht nicht nur mit Carry Brachvogel auf der Bühne, der einflussreiche und gut vernetzte Schriftsteller nimmt sie auch unter seine Fittiche.[192] Ob sie auch ein Liebesverhältnis hatten, darüber haben beide geschwiegen, auf jeden Fall aber haben sie damals eine enge Beziehung unterhalten.

Ende März 1894 zieht Carry Brachvogel von der Briennerstraße 54 mit den Kindern zu ihrer Mutter in die Ludwigstraße 17b, also direkt an das Münchner Siegestor.[193] Der Name muss Symbolkraft gehabt haben, denn ganz schnell startet jetzt ähnlich wie bei Elsa Bernstein eine kometenhafte Karriere. Bereits im April erlebt sie ihr Debüt als Theaterautorin in Frankfurt, wo am 7. April 1894 ihr heute verschollenes Schauspiel *Vergangenheit* uraufgeführt wird.[194] Die Rechte an dem Stück besitzt damals die Berliner Theateragentur Entsch, in deren Verlag das Stück auch gedruckt wird.[195] 1891 hatte diese sich bereits die Theaterrechte an Elsa Bernsteins *Wir Drei* und 1893 auch an *Dämmerung* gesichert. Mit hoher Wahrscheinlichkeit war es Ernst von Wolzogen, der Carry Brachvogel bei der Fertigstellung ihres Theaterstückes – den Entwurf dazu hatte sie ja bereits in der Zeit ihrer Ehe geschrieben – unterstützte und den Kontakt zur Berliner Theateragentur und zum Frankfurter Schauspiel herstellte.

1894 gründet Carry Brachvogel in der Wohnung am Siegestor einen literarischen Salon, der sich schnell zu einem wichtigen Treffpunkt des Münchner literarischen Lebens entwickelt. Möglicherweise hat auch hier Ernst von Wolzogen seine Finger im Spiel. Den Salon und seine Gastgeberin charakterisiert er wie folgt: »Die Dame des Hauses selbst, als feingebildete Jüdin voll gepfefferter Bosheit und schlagfertigen Geistes, war der starke Magnet, der sowohl einheimische als zugereiste Gäste an den Teetisch am Siegestor lockte. Carry Brachvogel hatte es nicht nötig, mit der geschmacklosen Aufdringlichkeit von Berliner Emporkömmlingsgattinnen Berühmtheiten meuchlings anzufallen und in ihren Salon zu schleifen. Ihre Gäste wurden auch bei ihr nicht auf dem Präsentierteller herumgeboten oder gar auf der Zitronenpresse ausgequetscht, sondern sie durften sich ganz nach ihrem Gefallen geben, ja sogar auf Stumpfsinn posieren, wenn ihnen das Spaß machte. Frau Carry vergewaltigte niemanden, obwohl sie selten einen mit ihrer Bosheit verschonte. Ihr Trick bestand einfach darin, Widerspruch herauszufordern, dann platzten die Geister ganz von selbst aufeinander. Und je heftiger der Streit der Meinungen hin und her wogte, desto freier gingen die Geister aus sich heraus und zeigten sich von ihren besten Seiten. Im Salon der Brachvogel langweilte man sich niemals. Und da die Tatsache sich bald herumgesprochen hatte, so bemühten sich die Leute von Geist und Talent selber um eine Einführung in diesen Salon, und die kluge Dame hatte nicht erst nötig, ihnen nachzulaufen.«[196]

Zu ihren Gästen zählen anfangs die Schriftsteller Max Haushofer, Emma Merk, Oskar Mysing und Hugo Steinitzer.[197] Später aber auch Berühmtheiten wie Rilke und Lou Andreas-Salomé. Rilke wird ihr 1898 sogar ein Gedicht widmen[198] und sich später über sie und die Bedeutung der Münchner Teesalons so äußern: »Das eigentlich intime Künstlermünchen lernt man bei den sogenannten ›Tees‹ kennen – auf den Referentensitzen kann man immer das scharfe Profil der Frau Carry Brachvogel entdecken, deren geistvolle Bosheit und deren treffenden Witz man an ihren Teeabenden genießen muß.«[199]

Carry Brachvogel wird ihren literarischen Salon nun über dreißig Jahre weiterführen, noch im Jahr 1923 ist er Thema in den *Münchner Neuesten Nachrichten*.[200] Allerdings ist ihr Salon im München dieser Jahre keinesfalls einmalig. Zahlreiche Schriftstellerinnen und Schriftsteller öffnen regelmäßig ihr Haus und laden zum Tee. Auch Ernst von Wolzogen gehört zu den Gastgebern.[201]

Die Gründung der *Gesellschaft für geistige Interessen der Frau*

1894 geht es mit der Frauenbewegung in München einen großen Schritt voran. Im Herbst 1893 hatte die Polizeidirektion einen Ableger des Weimarer Vereins *Frauenbildungsreform* in München klipp und klar verboten und damit die Aktivitäten in Sachen Frauenbewegung erst einmal kaltgestellt. Doch davon hat sich die Frauenszene rund um das Fotoatelier *Elvira* nicht einschüchtern lassen, der Kampf sollte weitergehen, darin sind sie sich alle einig: Anita Augspurg und Sophia Goudstikker, Emma Merk und Marie Haushofer, Carry Brachvogel und Elsa Bernstein mit vielen anderen Unterstützerinnen.

Nachdem der erste Anlauf unter Berufung auf die Vereinsgesetze ausgebremst wurde, suchen die Frauen nach einer anderen Lösung. Sie überlegen, wie sie dennoch weiter ihre Ziele verfolgen können, diskutieren darüber, wie man vor der

Polizei verschleiern könnte, was man alles in München vorhat, überlegen, wie sie die bayerischen Vereinsgesetze unterlaufen könnten. Bald haben sie eine Idee, fragen sich, warum ihnen das nicht gleich eingefallen ist. Sie werden eine *Gesellschaft* gründen. *Gesellschaft* klingt viel harmloser als Verein. So wie es Georg Michael Conrad mit seiner von der Polizei genehmigten *Gesellschaft für modernes Leben* gemacht hat.

Gesellschaft zur Förderung geistiger Interessen der Frau. Man glaubt es kaum, muss heute fast lachen, wenn man den Namen hört und sich gleichzeitig vor Augen führt, welche Frauen hinter diesem harmlosen Namen stecken. Hier kommt wirklich kein Verdacht auf staatsgefährdende Aktionen und politischen Widerstand auf, stattdessen denkt man an Hilfsmaßnahmen für das »minderbemittelte« Geschlecht. Die *Gesellschaft zur Förderung der geistigen Interessen der Frau*, die Anita Augspurg 1894 anmeldet, um damit das Vereinsrecht zu unterlaufen, sie wird tatsächlich von der Münchner Polizei genehmigt, formal sogar mit Anita Augspurgs Namen an der Spitze. Am 4. Mai wird abends die *Gesellschaft* offiziell gegründet und vorgestellt: »Diese gedenkt Zusammenkünfte mit Vorträgen, Referaten, Diskussionen u. dergl. zu veranstalten«, in denen »die Mitglieder und deren Gäste zum Durchdenken der Frauenfrage angeregt werden und im Vertreten derselben geübt werden sollen«, wie es in dem am Eröffnungsabend verlesenen Programm verharmlosend und unspezifisch heißt.[202]

Natürlich hat die neugegründete *Gesellschaft* von Anfang das Ziel vor Augen, die Anliegen der Frauenbewegung umzusetzen: Bildung, Beruf, Studium und Erwerbstätigkeit für Mädchen und Frauen aller Schichten. Diese Forderungen repräsentieren eher die gemäßigte Richtung der bürgerlichen

Frauenbewegung; man möchte die Öffentlichkeit nicht mit allzu extremen Positionen verschrecken, erhofft sich von einem maßvollen, bedachten Vorgehen größere Akzeptanz und langfristigeren Erfolg in der Gesellschaft. Tatsächlich wäre »ein ›zielbewussteres‹, d. h. radikales und rücksichtsloses Vorgehen ... in unseren bayerischen Verhältnissen der sichere Weg zum Mißerfolg gewesen«, so wird es Martha Haushofer, die Schwägerin von Marie Haushofer, später formulieren.[203]

Die radikale Forderung, nämlich der Anspruch auf das politische Wahlrecht, hat man ausgeschlossen. Das braucht Zeit, darin sind sich alle einig, und außerdem darf die Tätigkeit der neuen Gesellschaft ja auch wegen der aufmerksam beobachtenden Münchner Polizei nicht zu politisch erscheinen. (Tatsächlich wird Frauen in Bayern noch bis 1908 die Beteiligung an dezidiert politischen Vereinen und Versammlungen verboten bleiben.)

Von Anfang an betont der Verein seine Modernität, jene Modernität, von der zeitgleich auch die Münchner *Gesellschaft für modernes Leben* von Georg Michael Conrad getragen wird. Noch im Jahr 1901 wird Ika Freudenberg, die 1896 Vorsitzende der neugegründeten Gesellschaft werden wird, öffentlich verkünden: »Eines müssen wir bei jeder Art von gemeinnütziger Thätigkeit, die wir in unseren Vereinen ausüben, fest im Auge behalten: diese Thätigkeit muß von einem wahrhaft und im guten Sinne modernen Geiste erfüllt und getragen sein ... wir müssen auch bei den Mädchen und Frauen, die unsere Kurse und Schulen besuchen, denen unsere Heime, Asyle und Rechtsschutzstellen zu gute kommen, in erster Linie die geistige Selbständigkeit zu wecken und zu stärken suchen. Auf eigenen Füßen stehen können, wenn es sein muß;

aus eigener Tüchtigkeit sich eine menschenwürdige Existenz schaffen können; dann aber auch verlangen, als reifer, selbstverantwortlicher Mensch geachtet und für voll angesehen zu werden – das ist's, was die Frauen aller Stände lernen müssen, und was uns als oberster Grundsatz bei allen unseren Erziehungs- und Fortbildungsbestrebungen umschweben sollte.«[204]

Ika Freudenberg, die bereits bei dem Gründungsabend der *Gesellschaft* im Mai dabei ist, war erst im April 1894 von Wiesbaden nach München gezogen. Am 25. März 1858 als fünftes Kind des wohlhabenden Johann Philipp Freudenberg und seiner Frau Caroline in Wiesbaden geboren, war sie hier als Pianistin ausgebildet worden. Auch sie hatte das bleierne Leben einer Tochter aus guter Familie hinter sich. 1892, auf einer Generalversammlung des Vereins *Frauenbildungsreform* in Wiesbaden, war sie nicht nur in erste Berührung mit der Frauenbewegung gekommen, sondern hatte auch die Bekanntschaft mit Anita Augspurg und Sophia Goudstikker gemacht. Finanziell unabhängig und durch keinerlei Familienpflichten gebunden, hatte die Sechsunddreißigjährige nach dem Tod ihrer Mutter Anfang 1894 den Entschluss gefasst, nach München zu ziehen, um sich hier an vorderster Front in der modernen Frauenbewegung zu engagieren.[205]

Wie wir sehen werden, wird Ika Freudenberg bald in mehrerlei Hinsicht in Anita Augspurgs Fußstapfen treten. Sie wird nicht nur den Vorsitz über die *Gesellschaft* von Anita Augspurg übernehmen, sie wird auch die neue Lebenspartnerin von Sophia Goudstikker werden.

Tatsächlich will Anita Augspurg nämlich schon kurz nach der Gründungssitzung den Vorsitz über die *Gesellschaft* wieder abgeben, weil es im Nachhinein doch noch Ärger gab. Anita Augspurg steht bei den Behörden unter einem grundsätzlichen Radikalitätsverdacht, deshalb hat die Polizei eine Verfolgungsjagd gegen sie losgetreten. Sie befürchtet, dass ihretwegen nicht nur der Fortbestand des gemäßigten Münchner Vereins auf der Kippe steht, sie sieht sogar den Weimarer Verein gefährdet und bietet Hedwig Kettler deswegen am 20. Mai ihren Rücktritt vom Vorstand an. Von »München muß ich Ihnen leider schlechte Nachrichten übermitteln. Unmittelbar nach meinem Fortgange ist dort eine fröhliche Hetz auf mich, weil in absentia vertheidigungsunfähig, ausgebrochen und da eine giftige Meute Personen und Sachen selten auseinanderhält, so hat man den Haß auf mich augenscheinlich auf die Reform übertragen, vielleicht auch von vereinsfeindlicher Seite. ... Ich ... habe natürlich im Vereine für Förderung geistiger Interessen etc. sofort demissioniert, und bin auch bereit aus dem Vorstand der Reform ohne jede Bitterkeit auszuscheiden wenn sie glauben, daß durch Entfernung meiner augenscheinlich sehr mißliebigen Person der Sache gedient und der in München halbwegs verlorene Boden wiederzugewinnen ist.«[206]

Doch die Situation in München entspannt sich nach und nach wieder, und Anita Augspurg kann vorerst den Vorsitz behalten. Man fragt sich, wie sie ihre zahlreichen Aktivitäten alle unter einen Hut gebracht hat. Denn eigentlich studiert sie seit dem Herbst 1893 ja auch in Zürich. Und auch da ist sie in Sachen Frauenbewegung hochaktiv und engagiert, gründet weiter Frauenvereine, spielt Theater und mischt die Schweizer Juristenszene auf.

Kaum hatte Anita Augspurg sich im November 1893 an der Universität Zürich eingeschrieben, da beteiligte sie sich auch schon an der Gründung des *Schweizerischen Vereins Frauenbildungsreform*. Mit ihr im Vorstand: die beiden Schweizer Frauenrechtlerinnen Rosalie Wirz-Baumann, Emma Boos-Jegher und die aus Danzig stammende Anna Mackenroth, eine Kommilitonin, die bald die erste Rechtsanwältin der Schweiz sein wird. In diesen Frauen findet Anita Augspurg fortan einen Kreis gesinnungsverwandter, radikaler Frauenrechtlerinnen.[207]

Von Anfang an beschränken sich die Aktivitäten der Zürcher Reformfrauen, anders als beim Weimarer Verein gleichen Namens, nicht auf den Bildungsbereich, man kämpft auch für die politische Gleichberechtigung. Außerdem will man auch das Theater zu Propagandazwecken nutzen – vermutlich eine Idee Anita Augspurgs. Zu einer im März 1895 vom Verein organisierten Theateraufführung *Ein Handschuh* von Bjørnstjerne Bjørnsons im Zürcher Stadttheater dichtet sie nicht nur einen Prolog, mit großem Erfolg trägt sie ihn auch selbst vor. In einer Rezension heißt es, sie gewinnt so manchen, »der im Grunde anders denken mochte«.[208]

Bjørnsons naturalistisches Theaterstück dreht sich um eine junge Frau, die es strikt ablehnt, die gesellschaftliche Doppelmoral zu akzeptieren, die da lautet: Männer dürfen und sollen sich vor der Ehe sexuell ausleben, die Frauen aber müssen brav, keusch und jungfräulich auf den Richtigen warten. Die Protagonistin des Dramas ist der ungewöhnlichen Auffassung, dass für Männer und Frauen genau die gleichen moralischen Verhaltensregeln gelten sollen. Als sie erfährt, dass ihr Verlobter vor ihrer Bekanntschaft bereits eine Geliebte hatte, macht sie es umgekehrt: Sie bricht mit ihm und beschwört damit einen Skandal herauf.

Tatsächlich ist das Zürcher Publikum von der Aufführung begeistert. Allerdings kritisiert der Rezensent, dass das Stück, »stark nicht-zürcherischen Charakter« hat.[209] Kein Wunder! Es stammt ja auch von einem Norweger, von einem Skandinavier, und da sind die Männer, wie wir auch von Ibsen wissen, zu diesem Zeitpunkt in Sachen Frauen und Gleichstellung deutlich weiter.

Die Zürcher Reformfrauen fordern: eine andere gesellschaftliche Moral, eine andere Ehegesetzgebung und politische Rechte für die Frauen in der Schweiz. Im Juni 1894 berichtet Anita Augspurg an Hedwig Kettler nach Weimar: »Für hier haben wir für nächsten Winter bereits ersten Sturmlauf auf's Wahlrecht geplant, beneidenswertes Land, nicht wahr?«[210] Doch Anita Augspurg ist in diesem Jahr auch noch mit einer anderen Aufgabe beschäftigt.

Ihre Lehrerin, die Juristin Emilie Kempin, die 1894 als erste Frau dem *Schweizerischen Juristenverein* beigetreten ist und hier gerade an den Verhandlungen zum geplanten Schweizerischen Zivilgesetzbuch teilnimmt, hat Anita Augspurg damit beauftragt, eine Stellungnahme zum Eherecht des Zivilgesetzbuches zu schreiben – aus Sicht der Frauen. Anita Augspurg macht das nur zu gerne. Im August 1894 empfängt der *Schweizer Juristenverein* Augspurgs Abhandlung, Absender ist der *Schweizer Verein Reform*. Die Reformfrauen verbreiten die Stellungnahme aber noch weiter und beglücken damit die gesamte Juristenszene der Schweiz. Im September 1894 schreibt

Anita Augspurg an Hedwig Kettler: »Unsere Schweizer Eingabe ist über die ganze Schweiz als Flugblatt verteilt worden, in 700 Exemplaren an die Bundesrichter und sämtliche Theilnehmer am Juristentage versandt, und – die verlangte Gütertrennung als normaler Vermögensstand hat wirklich Anklang gefunden gegen den ›Entwurf‹.«[211]

Ihre Vorlesungen wählt Anita Augspurg ganz pragmatisch nach Prüfungsrelevanz, persönlichem Interesse und danach, ob sie diese langfristig für ihre politische Arbeit gebrauchen kann. Sie hört Römisches Recht, Englisches Recht und Eherecht und lernt nebenher in Privatstunden auch noch Latein. Aus persönlichem Interesse besucht sie Philosophievorlesungen bei Richard Avenarius. Der ist bekannt dafür, dass Scharen an Zuhörerinnen in seine Vorlesungen strömen. Zweimal die Woche steht sein Haus außerdem seinen Studentinnen und Studenten offen. Bei ihm verkehren auch der junge sozialistische Philosophiestudent Franz Blei, die Schriftstellerin Ilse Frapan, der Berliner Schriftsteller Wilhelm Bölsche, Karl Henckell, Mitbegründer der *Freien Volksbühne* in Berlin, und Angehörige des dortigen Kreises naturalistischer Künstler um Gerhart Hauptmann. Und nun auch Anita Augspurg. Bald rudert Avenarius mit Anita nicht nur über den Zürichsee, er kommt auch nach München und lässt sich im Atelier *Elvira* fotografieren.

Anita Augspurg verbringt in Zürich eine glückliche Zeit. »Die schöne Umgebung Zürichs wurde an sonnigen Tagen, manchmal auch in hellen Nächten gemeinsam durchwandert, oder man saß bei einem gutem Glase Wein – vielleicht zum Entsetzen aller Abstinenten – beisammen im Strohhof, Veltlinerkeller und im damals noch bestehenden Schwertkeller, um zu diskutieren, Gedanken auszutauschen, Weltverbesserungspläne zu schmieden.«[212]

Im Herbst erlebt Anita Augspurg allerdings eine große persönliche Enttäuschung. Erstmals seit ihrem Beitritt zum Weimarer Frauenverein kommt es zu einem Konflikt zwischen ihr und Hedwig Kettler, der Leiterin des Vereins. Nahezu fünf Jahre arbeitet sie jetzt mit ihr zusammen, bewundert sie, ist eng mit ihr befreundet. Was ist passiert?

Auf der Generalversammlung des Vereins *Frauenbildungsreform* in Berlin wurde beschlossen, dem *Bund deutscher Frauenvereine* (BDF) beizutreten. Nach der Abreise von Anita Augspurg, die pünktlich zu Semesterbeginn wieder in Zürich sein will, versucht Hedwig Kettler nun den Beitrittsbeschluss der Delegierten unter einem Vorwand zu kippen. Als Anita Augspurg davon erfährt, ist sie zwar persönlich zutiefst enttäuscht, in ihren Augen handelt es sich aber auch um einen »illegalen und ehrenrührigen Rechts- und Wortbruch«[213], und sie kämpft darum, dass dieser rückgängig gemacht wird. Nach vergeblichen Bemühungen erklärt sie zusammen mit Natalie von Milde und Marie Stritt im November 1894 ihren Rücktritt aus dem Vorstand des Weimarer Vereins. Ein Jahr später gibt sie ihre Mitgliedschaft ganz auf. Es bleibt rätselhaft, warum Hedwig Kettler diesen Konflikt provoziert hat.[214]

Sophia Goudstikker, das Fotoatelier *Elvira* und
die Frauenfotografie

In der Münchner *Gesellschaft* bleibt Anita Augspurg allerdings
weiterhin Vorsitzende und steht mit dem Kreis in engem Austausch, auch wenn sie sich – mit Ausnahme der Semesterferien – die meiste Zeit in Zürich aufhält und nicht direkt um
die Geschicke kümmern kann. Andere müssen jetzt also das
Ruder in die Hand nehmen. Leider sind wegen der beiden
Weltkriege die meisten Dokumente aus der Gründungszeit
der *Gesellschaft* zerstört worden, so dass sich die Aktivitäten allenfalls aus den seit 1896 überlieferten Mitgliederlisten
und Jahresberichten rekonstruieren lassen. Sie zeigen, welche Frauen in den 1890er Jahren zum engsten Kreis, zum
Vorstand gehörten. Unter ihnen an vorderster Front standen
Emma Merk, Sophia Goudstikker, Ika Freudenberg, Gabriele
Reuter sowie Marie und Martha Haushofer.

Sie alle leben damals wie auf einem Dorf in engster Nähe
zueinander. Emma Merk wohnt noch immer drei Stockwerke
über dem Fotoatelier *Elvira* in der Von-der-Tann-Straße 15,
Marie Haushofer in der um die Ecke liegenden Königinstraße, Sophia Goudstikker, Ika Freudenberg und Helene
Böhlau hingegen wohnen in der Kaulbachstraße, die mittlerweile längst zur Künstlerenklave geworden ist. Gabriele
Reuter seit 1895 nicht weit davon entfernt in der Seestraße.[215]
Haus an Haus, Straße an Straße wohnt in diesem Viertel damals alles, was Rang und Namen hat, Scharen an Schriftstellern, Künstlern und Schauspielern beiderlei Geschlechts.
Der Kern der Münchner Frauenbewegung lebt also inmitten
der Künstlerkolonie, lässt sich durch sie inspirieren und ar-

beitet zum Großteil selbst als Schriftstellerin oder Künstlerin.

Im Zentrum dieser Avantgarde-Szene steht weiterhin das Fotoatelier *Elvira*, das die Keimzelle der Frauenbewegung bleibt. In der Frühphase der neugegründeten *Gesellschaft* finden die internen Besprechungen sehr wahrscheinlich in den Wohnungen von Sophia Goudstikker und Emma Merk statt. Offiziell ist Anita Augspurg zwar noch Mitbesitzerin des Fotoateliers, aber die Leitung und Verantwortung hat längst Sophia Goudstikker übernommen, die sich im ganzen deutschen Reich einen großen Namen macht. 1894 stellt die Zeitschrift *Das Atelier des Photographen* im Rahmen einer Präsentation von Porträts aus namhaften deutschen Studios das Atelier *Elivra* mit einem ganzseitigen Tableau vor, das einen stimmungsvollen Querschnitt durch die gesamte Produktion bietet: Um das zentrale Bildnis einer jungen Schönheit, Mathilde Goudstikker, Sophias Schwester, sind unterschiedlich gestaltete Porträts von Personen verschiedener Altersstufen gruppiert.[216]

Es gibt keine schriftlichen Quellen darüber, ob Sophia Goudstikker die Fotografie strategisch für die Frauenbewegung eingesetzt hat. Die zahlreichen Porträts, die im Laufe der Jahre hier von Frauenrechtlerinnen und Schriftstellerinnen entstehen, von Anita Augspurg, Sophia Goudstikker, Ika Freudenberg, Hedwig Dohm, Elly Key, Emma Merk, Marie Haushofer, Helene Böhlau, Gabriele Reuter, Frieda von Bülow, Ricarda Huch, Emmy von Egidy, Maria Janitschek, Eva Gräfin von Baudissin und vielen anderen, sprechen jedoch dafür. Viele dieser Porträts weichen nämlich von den üblichen Frauendarstellungen deutlich ab: Sie zeigen keinen liebreizenden, sentimentalen oder melancholischen Frauentypus, keine typische bürgerliche Frau mehr. Stattdessen werden unterschiedliche weibliche Charaktere geradezu inszeniert, auch ironisierende Selbstfotografien sind überliefert. Diese neuartigen Aufnahmen wurden wahrscheinlich genau abgesprochen und nach individuellem Zuschnitt konzipiert. Während einem aus den Schriftstellerinnen-Porträts Neugier, Weltoffenheit, mondäne und elegante Weiblichkeit entgegenstrahlt, blicken einem die Frauenrechtlerinnen eher grübelnd und ernst entgegen. Ihr Nachdenken und ihre geistige Tätigkeit werden noch durch die Geste des aufgestützten Kopfes unterstrichen – ein Motiv, das bis dahin nur den Männern, insbesondere den Gelehrten, vorbehalten war. Ausdruck eines neuen Selbstverständnisses sind auch Aufnahmen vieler Frauen am Schreibtisch oder in ihren Arbeitszimmern. Viele dieser Bildnisse erscheinen damals in der Bildpresse, in literarischen Zeitungen und den Zeitschriften der Frauenbewegung. Auf diese Weise gelingt es Sophia Goudstikker, ein neues Frauenbild zu verbreiten und zu etablieren. Die Fotografie also als Bestandteil der Frauenbewegung. Erwähnt sei auch, dass Sophia Goudstikker in München eine Ausbildung für weibliche Lehrlinge im grafischen Gewerbe ins Leben ruft und selbst bevorzugt Mädchen ausbildet.[217]

Der Bildhauer und Visionär Hermann Obrist
kommt nach München

1894 kommen zwei Männer nach München, die hier innerhalb weniger Jahre große Bekanntheit erlangen werden: Thomas Mann und Hermann Obrist. Thomas Mann wird sich
zwar auch im Fotoatelier *Elvira* porträtieren lassen, hat aber
ansonsten nur am Rand Berührung mit der Frauenbewegung.
Anders verhält es sich bei dem Bildhauer und späteren Jugendstilkünstler Hermann Obrist. Er ist bereits mit Ernst von
Wolzogen bekannt, er wird in München August Endell kennenlernen, und zwar in der *Gesellschaft für geistige Interessen
der Frau*, und mit ihm und anderen den deutschen Jugendstil
begründen. Durch seine Beschäftigung mit Formprinzipien
und Theorien der ungegenständlichen Kunstauffassung gilt
er als Vorläufer der abstrakten Kunst und Inspirator der Stilwende um 1900; unter seinem Einfluss standen u. a. Franz von
Stuck, die Debschitz-Schule und Wassily Kandinsky.[218] Ungewöhnlich ist, dass Obrist, der eine somnambule Veranlagung
besitzt, sich bei der Gestaltung seiner Werke auf Visionen be-
ruft. Darüber hat er in einem autobiographischen Text Zeugnis abgelegt.[219]

Hermann Obrist wird am 27. Mai 1862 als zweites von vier
Kindern des Schweizer Arztes Carl Kaspar Obrist und der aus
altem schottisch-keltischen Hochadel stammenden Alise Jane
Grant Duff of Eden in Kilchberg am Zürichsee geboren.[220]
Bis zum Alter von sechs Jahren lebt er mit seiner Familie in
Zollikon bei Zürich. Nach dem Tod der Tochter beginnt die
Familie ein unstetes Wanderleben: San Remo, das französi-
sche Landerziehungsheim *Sainte-Barbe-des-Champs* in Fon-

tenay-aux-Roses, Lausanne, der Thunersee und das südfranzösische Hyères sind nur einige Stationen. In den Schweizer Alpen und am Mittelmeer erwacht in Obrist eine große Leidenschaft für die Natur, er empfindet »maßloses Glück« beim Durchstreifen von Landschaften und entwickelt ein Interesse für Botanik und Geologie.[221]

Am 13. September 1874 stirbt sein älterer Bruder Maximilian. Unmittelbar vor seinem Tod trifft Hermann »das erste occulte Geschehnis«: Er sieht »in dem großen Spiegel des Waschtisches ein blaßes, feines, vornehmes Gesicht«, das ihm entgegenblickt.[222] Nach der Trennung der Eltern zieht er mit der Mutter und dem Bruder Aloys nach Weimar. Ab 1877 erhält Hermann Obrist Privatunterricht. Seine naturwissenschaftlichen Interessen entwickelt er selbständig weiter. Auf Wanderungen treibt er botanische und geologische Studien, legt eine Sammlung von Pflanzen, Tiertrophäen, Mineralien und Versteinerungen an, besitzt »700 Stück Elitefossilien« und wird bald zum »Spezialisten der Flora des Großherzogtums«.[223]

Er liest Bücher von Charles Darwin, Ernst Haeckel, Gustav Theodor Fechner, Friedrich Schelling und Johann Gottlieb Fichte. Er entwickelt sich zu einem frühen Anhänger Darwins, wird zum »Vitalisten und Psychisten«. Mit seiner Mutter und seinem Bruder teilt Obrist die Liebe zur Musik, besucht Oper und Konzert und lernt in Weimar den Kult um Wagner kennen. Seit 1882 wird er von ersten Zeichen der Schwerhörigkeit heimgesucht, die Folge einer verschleppten Mittelohrentzündung.[224]

Ab 1884 studiert Obrist in Heidelberg Medizin und Naturwissenschaften, gelangweilt bricht er zwei Jahre später wieder

Abb. 8: Hermann Obrist

ab und wird jetzt mehr und mehr von Visionen heimgesucht, die ihn alle dazu auffordern, sich der Kunst zu widmen.[225]

Auf einer Reise nach England und Schottland 1887 lernt Obrist die Arts-and-Craft-Bewegung kennen. Nach einer weiteren dringlichen und unerbittlichen Vision fasst er nun den Entschluss, Künstler zu werden. Der Versuch, sich an der Kunstgewerbeschule in Karlsruhe Techniken anzueignen, scheitert, weil seine Lehrer sich nicht auf seine völlig neue Formensprache einlassen wollen. 1888 beginnt er eine Keramiklehre in einer »Bauerntöpferei« in Bürgel bei Jena. Als er im Herbst seine Arbeiten auf dem Weimarer Markt ausstellt und verkauft, führt dies zum Bruch mit der standesbewussten Mutter.

Gefördert vom Großherzog von Sachsen-Weimar, kann er in Bürgel nun erste eigene Töpfereiarbeiten verwirklichen. Der Besuch der Weltausstellung in Paris 1889 weckt in ihm das Interesse an der Plastik. 1890 nimmt er an der *Académie Julian* in Paris ein Studium der Bildhauerei auf. Auch hier bleibt er Außenseiter unter seinen Mitstudenten, »da er fleißig war, da er nie Absinth mit ihnen trank, keine Karten spielte, und die Bordelle nicht mit ihnen besuchte«.[226] Zurück in Berlin, schreibt er ab 1890 Zeitungsartikel, fertigt kunsthandwerkliche Arbeiten an und plastische Entwürfe.[227] Auf der Internationalen Kunstausstellung in Berlin wird die von ihm angefertigte Porträtbüste des Schriftstellers Ernst von Wolzogen gezeigt; mit ihm hatte er sich angefreundet, und mit ihm wird er später in München wieder in engem Kontakt stehen.[228]

Als am 22. August 1891 seine Mutter stirbt, stellt sich heraus, dass sein Bruder der Alleinerbe ist. Trotzdem teilt der sein großes Vermögen mit Hermann, der nun ein sorgloses Leben führen kann. Er geht nach Florenz – seit jeher Sehnsuchtsort vieler deutscher Künstler, die hier die Begegnung mit den unsterblichen Meisterwerken von Leonardo da Vinci oder Michelangelo suchen – und erlernt nun auch Marmortechnik, arbeitet als Bildhauer in Terracotta und Bronze.[229] Doch auch hier bricht er ab, folgt neuen Ideen: Jetzt steht Stickerei an. Noch in Florenz gründet er mit der früheren Gesellschaftsdame seiner Mutter, mit der aus der Salinenstadt Bex im Schweizer Kanton Waadt stammenden Berthe Ruchet (1855–1932), ein Stickereiatelier. Berthe Ruchet war nicht nur mit Handarbeiten bestens vertraut, sie war sogar eine hochbegabte Kunsthandwerkerin auf dem Gebiet der Paramentenstickerei. Diese spezielle Technik (nach lat. *parare mensam*: »den Tisch bereiten« bzw. *parare mentem*: »den Geist bereiten«) ist vor allem bekannt durch reich verzierte Gewänder und Textilien, wie sie bei der Liturgie im Gottesdienst gebräuchlich sind.

Eine kongeniale Zusammenarbeit zwischen beiden beginnt, ein fieberhaftes Schaffen setzt ein. Berthe Ruchet leitet das Atelier, das Obrists Zeichnungen in bisher nie gesehene, nie dagewesene Stickereien umsetzt. Obrist entwirft völlig neue Muster und Formen, die sich nach seiner eigenen Einschätzung weder an europäische noch an orientalische Traditionen anlehnen: »Die meisten Arbeiten waren freie, musikalische rhythmische Phantasien, voller Schwingungen, Curven, voller Verticalen, Horizontalen und Spiralen, wo die Pflanze und die farbigen Blüten nur das Material bildeten, auf das der Beschauer sich etwas dabei vorstellen könne.«[230]

Am 16. September 1894 übersiedeln Hermann Obrist und Berthe Ruchet mit dem Stickereiatelier nach München. Berthe Ruchet zieht mit dem Atelier in die Kaulbachstraße 51a, in die Wohnung zu Sophia Goudstikker, Obrist ein paar Straßen weiter in die Theresienstraße.[231] Im gleichen Gebäude befindet sich die Druckerei des Verlegers Albert Langen, 1896 werden sich im ersten Stock auch noch die Redaktionsräume des *Simplicissimus* befinden, der legendären Satirezeitschrift, die Albert Langen herausgeben wird.

Leider finden sich weder im Nachlass noch in der zeitgenössischen Literatur Hinweise darüber, wie der Kontakt zwischen Sophia Goudstikker, Berthe Ruchet und Hermann

Obrist zustande kam, auch über die Gründe für den Umzug von Florenz nach München kann nur spekuliert werden. Möglicherweise war Münchens Ruf als liberale Kunststadt ausschlaggebend, vielleicht lockten frühere Berliner Bekannte wie Ernst von Wolzogen, der ja seit 1893 in München lebte und den Kontakt zu Sophia Goudstikker, die ihrerseits aus einer Kunsthändler- und Stickereifamilie kam, vermittelt haben könnte.[232] Bald schon lässt Obrist sich von Sophia Goudstikker im *Elvira* in Szene setzen. Er selbst erhält von der Familie Goudstikker ein Jahr später als Bildhauer einen Auftrag für eine Porträtbüste.

Es ist davon auszugehen, dass sowohl Berthe Ruchet als auch Hermann Obrist noch im Herbst 1894 Mitglieder der kurz zuvor gegründeten *Gesellschaft für geistige Interessen der Frau* geworden sind. Auf der ersten überlieferten Mitgliederliste von 1896 jedenfalls finden sich beide Namen.

8.

1895: Das Recht auf Freiheit, Persönlichkeit und Selbstbestimmung

– Anita Augspurg – Carry Brachvogel –
Gabriele Reuter – Adine Gemberg –

Die moderne Schriftstellerin

»Modern – was heißt das überhaupt?«, fragt sich Christian Morgenstern. Er sitzt Mitte 1895 an seinem Berliner Schreibtisch und hält fest: »Es ist ein verfänglicher Ausdruck: bedeutet er doch wörtlich ›der Mode nach‹. Die Mode aber ist eine Eintagsfliege.« Doch dann fällt ihm etwas Klügeres, Originelleres ein, als den Begriff nur der neuesten Phase des Zeitgeschmacks gleichzusetzen. »Modern«, so stellt Morgenstern schließlich fest, bedeute eigentlich, ein Leben im »Geist der Freiheit« zu führen – nach der Entrümpelung bürgerlicher Haltungen in Literatur und Leben. »Die Wurzeln dieses Menschentums, das wir modern nennen, liegen überall, wo je eine große Kultur geherrscht hat oder doch angebahnt worden ist. Die Kulturen des alten Asiens, die Antike, das Christentum, die Renaissance, sie alle haben an den Anschauungen des neunzehnten Jahrhunderts mitgearbeitet, Anschauungen, die dahin gehen, eine Wiedergeburt des einzelnen und der Völker aus dem Geiste der Freiheit herbeizuführen. Traditionen sind etwas Ehrwürdiges, aber sie dürfen nicht Netze werden, aus denen niemand mehr herauskann. Wie viele solcher Netze drohen, die Entwickelung eines Individuums zu ersticken!«[233]

In seine Gedanken über die Moderne bezieht Morgenstern auch die Frau mit ein. »Moderne Frauen«, stellt er fest, sind solche, die »den Kampf mit sich aufgenommen haben, sei es, daß es nur ein Kampf geblieben, sei es, daß ein Sieg draus geworden ist«. Tatsächlich ist Morgenstern der Auffassung, dass eine Frau, will sie modern sein, die Auseinandersetzung mit sich selbst suchen muss, selbst wenn im Vergleich mit dem Mann dieses »Zurückgehen auf sich selbst« ungleich schwerer fällt, weil, so Morgenstern, ihr »starkes Gefühlsleben« ihr oft den Blick verwirre.

Und wie verhält es sich mit den modernen Schriftstellerinnen? Wie schreibt die moderne Frau eigentlich, fragt sich Morgenstern. Und wann ist eine Frau eine moderne Schriftstellerin? Gibt es Beispiele? Vier Namen fallen ihm ein: Elsa Bernstein, Carry Brachvogel, Fannie Gröger und Elsbeth Meyer. Er schreibt: »An dem vierblättrigen Kleeblatt moderner Frauenliteratur, das ich mir im Garten von S. Fischers Verlag in Berlin gepflückt, kann man die weibliche Seele von heute schon ein gut Teil studieren.«[234] Diesen Autorinnen bescheinigt Morgenstern das Schaffen »lebendiger Gestalten« und die Literarisierung eines zentralen Kriteriums der Moderne: authentisch zu sein und die Authentizität zur Befreiung von der dogmatischen Erstarrung der Tradition eingesetzt zu haben.

Dass Elsa Bernstein unter den Autorinnen ist, die Morgenstern 1895 anführt, verwundert nicht, sie ist ja längst und mehrfach prominent in Erscheinung getreten. Doch Carry Brachvogel? Er nimmt das junge Talent durchaus differenziert wahr: »Carry Brachvogel aus München« habe begonnen, »das Genre des humoristisch-satirischen Romans anzubauen. ›Alltagsmenschen‹ ist die Geschichte einer Ehe, die durch einen Dritten gestört und ihres Glückes« beraubt werde.[235]

Das Jahr 1895 steht tatsächlich – wie Morgenstern es auf den Punkt bringt – im Zeichen des Geistes der Freiheit, im Zeichen der Analyse des bürgerlichen Lebens im Kaiserreich, im Zeichen der Auseinandersetzung der modernen Frauen mit sich selbst. Zumindest bei den modernen Schriftstellerinnen.

Unterstützt von S. Fischer in Berlin, geht die Revolution modern gesinnter Schriftstellerinnen gegen die der Frau im Wilhelminischen Bürgertum zugewiesene Rolle massiv weiter. 1894 hat der Verlag damit begonnen, die Werke von Autorinnen herauszugeben, die für die Berufstätigkeit der Frau, für ihre Selbständigkeit, Selbstbestimmung und ihr Recht plädieren. Ein Jahr später hat S. Fischer bereits fünf Schriftstellerinnen in seinem Programm: Carry Brachvogel, Gabriele Reuter, Adine Gemberg, Fannie Gröger und Elsbeth Meyer-Förster.

Im Frühjahr erscheint Carry Brachvogels Roman *Alltagsmenschen. Eine Geschichte aus dem Münchener Gesellschaftsleben.* Außerdem von Elsbeth Meyer-Förster die Erzählung *Das Drama eines Kindes* und von der Wienerin Fannie Gröger die Erzählung *Adhimukti.* Während Carry Brachvogel in ihrem Buch satirisch das Leben und die Rolle einer Frau im Münchner Großbürgertum vorführt und Elsbeth Meyer-Förster die Leiden des kleinen Mädchens Anny präsentiert, hat es Fannie Gröger auf die nach außen tadellos glänzende Moral abgesehen, hinter der sich tatsächlich eine Welt voller Moder verbirgt. Im Herbst bringt S. Fischer dann von Gabriele Reuter den Roman *Aus guter Familie* heraus – in erschütternder Weise erzählt er die Leidensgeschichte eines bürgerlichen Mädchens – und den Novellenband *Morphium* von Adine Gemberg, der die Geschichte einer morphiumsüchtigen Frau im Großbürgertum erzählt, sich flammend für die Berufstätigkeit der Frau einsetzt und das Recht des Menschen auf Freiheit und Selbstbestimmung einfordert.

All diesen Büchern ist die Auseinandersetzung mit der Rolle des bürgerlichen Mädchens, der bürgerlichen Frau im Wilhelminischen Kaiserreich gemein, die Analyse der hier herrschenden Geschlechterbilder und der damit verbundenen Moral und Sittlichkeit. Dass mit Carry Brachvogel und Gabriele Reuter gleich zwei Autorinnen aus dem Umfeld der Münchner Frauenbewegung in diesem renommierten Verlag der Moderne präsent sind, ist ein kleiner Triumph.

München 1895

1895 leben in München 407 307 Menschen. In nur drei Jahren ist die Stadt um fast 35 000 Einwohner gewachsen, so dass hier das weltweit erste Städtische Arbeitsamt eröffnet wird, das unentgeltlich Stellen vermittelt.[236] Unter den vielen, die dieses Jahr in die bayerische Residenzstadt kommen, ist auch Wassily Kandinsky, der hier zu einem der bekanntesten Maler der Moderne werden wird. Doch auch der Mann, dem wir den Dieselmotor zu verdanken haben, Rudolf Diesel, beglückt dieses Jahr die Stadt mit seiner Ankunft. Und dann kommt auch noch der Schriftsteller Max Halbe. Er, der 1893 durch sein in Berlin uraufgeführtes Theaterstück *Jugend* berühmt geworden ist, zieht nun definitiv in seine Lieblingsstadt, in der er im vergangenen Jahrzehnt sowieso schon zweimal einige Zeit gelebt hat. Ihm wird die Stadt bald in mehrfacher Hinsicht »Jugend« zu verdanken haben.

Doch auch zwei Schriftstellerinnen ziehen im Herbst dieses Jahres nach München: Juliane Déry und Gabriele Reuter. Juliane Déry hat endgültig die Nase voll von Paris und den dortigen Affären, ihrem Dreiecksverhältnis mit einem berühmten Pariser Schriftsteller und seiner Frau. München hat für sie mehr zu bieten, hier will sie mit Ernst von Wolzogen, Oskar Panizza und Max Halbe das »Intime Theater« begründen und das »Seelendrama« schaffen – ein Gegenprojekt zu Naturalismus und Kapitalismus, denn, so finden die Beteiligten, langsam hat sich der Naturalismus selbst überlebt. Also auf zu neuen Taten: Neue Theater- und Kommunikationsformen müssen her. Das bereitet größeren Spaß, als ständig darauf zu hoffen, dass ihr Geliebter sich endlich dazu bequemt, sich von seiner Ehefrau zu trennen.

Auch Gabriele Reuter, die hier 1890 ihre persönliche Befreiung erlebt hat, siedelt im Herbst endgültig von Weimar nach München über, wo inzwischen zahlreiche ihrer Freunde leben: Ernst von Wolzogen, Hermann Obrist und Max Halbe, außerdem Emma Merk, mit der sie bei ihrem ersten Aufenthalt hier Freundschaft geschlossen hat.

Nur Anita Augspurg bleibt abwesend und setzt ihr Studium in Zürich fort. Die Münchner Polizei allerdings hat auch ohne sie genug zu tun: etwa mit dem Historiker Ludwig Quidde und seinem Buch *Caligula* über den Cäsarenwahnsinn der römischen Kaiser. Bei näherer Betrachtung entpuppt sich das Werkchen – seine Gegner nennen es ein Pamphlet – mit seinen Analogien zu Wilhelm II. als massiver Angriff auf das Kaiserreich. Noch im Erscheinungsjahr wird Quiddes Schrift staatsanwaltlich eingezogen und sein Verfasser strafrechtlich verfolgt. Der Haft entkommt er nur durch die Flucht ins Ausland.[237] Anders ergeht es Oskar Panizza, der vor Jahren schon in Paris wegen Unsittlichkeit mit der Polizei zu tun hatte. Mit seinem Stück *Das Liebeskonzil* (1894) startet er eine Attacke auf Obrigkeitsstaat und katholische Kirche und bricht mit allen sexuellen Tabus. In einem aufsehenerregenden Prozess wird er 1895 wegen Blasphemie verurteilt, landet im Zuchthaus und wird der Stadt verwiesen, in der er gerade noch das »Intime Theater« mitgegründet hat.

Anita Augspurg: Der Kampf für das Recht der Ehefrau

Währenddessen nutzt Anita Augspurg die ruhig-aufgeklärte Situation in Zürich, um sich in rechtliche Fragen zu vertiefen. Im Januar 1895 erscheint in Berlin die erste Nummer der Zeitschrift *Die Frauenbewegung*.[238] Sie wird von Minna Cauer und Lily von Gizycki herausgegeben, die beide Mitglied im Berliner Verein *Frauenwohl* sind. Von Zürich aus schickt ihnen Anita Augspurg einen Beitrag mit dem Titel *Gebt acht, solange noch Zeit ist!* Den Artikel hat sie in Hinblick auf das neue Bürgerliche Gesetzbuch geschrieben, das 1896 für das deutsche Reich verabschiedet werden soll. Ihr Artikel endet mit einem flammenden Appell zu Protest und Kampf gegen den vorliegenden Entwurf, vor allem gegen das geplante Eherecht: »Um unsere bisherigen Ehegesetzgebungen kurz zu charakterisieren … stehen dieselben durchweg auf dem Standpunkte, dasjenige Maß von Unrecht zu normieren, welches man, ohne mit ihnen in Konflikt zu geraten, seiner Ehefrau zufügen darf.«[239]

Gleichzeitig untersucht sie in einer Seminararbeit bei dem Philosophen Richard Avenarius die »Divergenz von Natur- und Familienrecht«. Anita Augspurg rüstet sich also für den politischen Kampf und findet in Deutschland durchaus Gehör.

Das bevorstehende Wintersemester wird sie in Berlin verbringen, weil nämlich die Berliner Königliche Friedrich-Wilhelms-Universität Frauen in diesem Semester erstmals als Gasthörerinnen zugelassen hat. Mal ein Semester Jura in Berlin zu studieren, diese Erfahrung will sie sich doch nicht entgehen lassen. Voraussetzung sind eine schriftliche Genehmigung des Rektors, des Kultusministers und eine persönliche Genehmigung des vortragenden Professors.[240] An der Berliner Universität belegt sie jetzt Vorlesungen zum deutschen Privatrecht und zur deutschen Rechtsgeschichte. Allerdings hält sie sich die meiste Zeit nicht im Vorlesungssaal auf, weil sich die Ereignisse in Sachen Bürgerliches Gesetzbuch gerade überschlagen.[241]

Kaum im Herbst in Berlin angekommen, wird Anita Augspurg Mitglied des Berliner Vereins *Frauenwohl* und referiert dort über den Entwurf des geplanten Bürgerlichen Gesetzbuches, der im Januar 1896 verabschiedet werden soll. Seit 1873 arbeiten verschiedene Kommissionen daran, das bisher auf viele Rechtsgebiete verteilte Privatrecht in eine einheitliche Gesetzesform zu bringen. Auch wenn man den Frauen im allgemeinen Teil des Entwurfs nun die generelle Geschäftsfähigkeit zugestand, so galt dies doch tatsächlich nur für die unverheiratete Frau. Im Familienrecht hatte man den Ehefrauen ihre Rechte nämlich wieder stark beschnitten und im ehelichen Güterrecht festgelegt, dass der Ehemann über das Vermögen seiner Frau bestimmen, es verwalten und nutzen darf, sofern die Gütertrennung zuvor nicht durch einen Ehevertrag geregelt worden ist. Ungeheuerlichkeiten gab es auch beim Elternrecht: Auch wenn man einer Mutter hier die Vertretung ihres Kindes zugestand, so wurde ihr im Unehelichenrecht die elterliche Gewalt über das Kind doch wieder abgesprochen. Außerdem billigte man hier auch dem Vater eines unehelichen Kindes das Recht zu, sich mit diesem als nicht verwandt erklären zu können. Durch die sogenannte »Einrede des Mehrverkehrs« hatte er zum Beispiel die Möglichkeit, sich seinen Verpflichtungen komplett zu entziehen, konnte einfach behaupten, die Mutter habe mit verschiedenen Männern sexuelle Beziehungen unterhalten.[242]

Völlig hingerissen von Anita Augspurg und ihren Ausführungen beschließt der Berliner Verein *Frauenwohl*, sie gegen das erste Bürgerliche Gesetzbuch auf eine ausgedehnte Agitationsreise ins Wilhelminische Kaiserreich zu schicken.[243] In möglichst vielen deutschen Städten soll sie die Frauen über ihre Rechtslage aufklären, darüber, wie es sich mit der Stellung der Frau im vorgesehenen Bürgerlichen Gesetzbuch verhält.[244] Sie habe, schreibt sie im Herbst 1895 an Hedwig Kettler, ihren Vortrag »bereits in einigen Städten: Dresden, Breslau, Danzig, Königsberg gehalten, werde ihn im Lauf der nächsten Zeit aber noch viel öfter halten, z. B. in München, Ulm, Stuttgart, Potsdam, Berlin, Wiesbaden, Hamburg etc. … das Thema des event. Vortrages lautet: ›Die Frau im Entwurf des neuen Bürgerl. Gesetzbuches‹.«[245]

Anita Augspurgs große Kritik zum Entwurf des BGB gilt dem Familienrecht, der Tatsache, dass die Ehefrau hier als Mensch zweiter Klasse behandelt wird, dass dort, wo es um ihr Recht geht, Freiheit, Gleichheit, Allgemeinheit der Gesetze und Garantie des Eigentums plötzlich keine Gültigkeit mehr haben.[246] Sie findet es juristisch eine Katastrophe, dass dem Ehemann tatsächlich das Entscheidungsrecht in allen das gemeinschaftliche, eheliche Leben betreffenden Angelegenheiten zugestanden wird. Anita Augspurg ist völlig überzeugt davon, dass nur die »Wahrung des Männerinteresses ... der Vater solcher juristischer Mißgeburten« ist.[247] Unter einer solchen Gesetzgebung, so wird Augspurg in ihrer Rede auf einer vom Verein *Frauenwohl* einberufenen Volksversammlung in Berlin Anfang 1896 kundtun, bedeutet die Ehe den bürgerlichen Selbstmord für die denkende Frau.[248]

Es ist vor allem eine Abänderung des Entwurfs, die Anita Augspurg und andere Vertreterinnen der hier sehr geschlossen auftretenden deutschen Frauenbewegung in ihren Petitionen, Reden und Aufrufen erreichen wollen: Die Gütertrennung der Ehegatten muss als gesetzliches Güterrecht verankert werden.[249]

Der Kampf für die Erwerbstätigkeit der Frauen

Während Anita Augspurg tourt, geht es in München mit der *Gesellschaft zur Förderung der geistigen Interessen der Frau* erfreulich voran. Im Laufe des Jahres 1895 gelingt es der Gesellschaft sogar, etwa 146 Mitglieder zu gewinnen, wie die erste überlieferte Mitgliederliste aus dem Jahr 1896 beweist.[250] 1895 steht vor allem im Zeichen der internen und externen Organisation der *Gesellschaft*, die erste Mitgliederversammlung und die erste Generalversammlung finden jetzt statt.[251]

Es ist das illustre Münchner Kunstgewerbehaus, das sich die *Gesellschaft* für all ihre größeren künftigen Aktivitäten aussucht. Anfang Februar 1895 findet hier ihre allererste Generalversammlung statt, auf der der Vorstand den Beschluss fasst, fortan massiv öffentliche Propaganda für die Ziele der Frauenbewegung zu betreiben. Um die Ideen der Frauenbewegung in möglichst weite Kreise zu tragen und viele Mitglieder zu gewinnen, plant man, noch im gleichen Jahr im großen Saal des Kunstgewerbehauses sogenannte »Gesellschaftsabende« zu veranstalten. Vor einem größeren Publikum mit geladenen Gästen sollen Vorträge über möglichst alle Aspekte der »Frauenfrage« gehalten werden, im Anschluss daran soll eine Diskussion stattfinden.

Auf der ersten Mitgliederversammlung am 10. Mai 1895 wird schließlich der Beschluss gefasst, das Engagement nicht nur auf Agitation zu beschränken, sondern sich sofort um die Bildung und Erwerbsfähigkeit von Frauen und Mädchen zu kümmern, und zwar mit einem konkreten Projekt: Weibliche Lehrlinge sollen in das Gewerbe und höhere Handwerk eingeführt werden. Mit der Ausgestaltung dieses Projektes wird sofort eine Kommission von acht Mitgliedern beauftragt.

1895 finden fünf »Gesellschaftsabende« statt: Aus Dresden kommen die Frauenrechtlerinnen Marie Stritt und Gertrud Gräfin von Dennewitz. Erstere hält einen Vortrag über *Verschiedene Wege zum gleichen Ziel*, Letztere spricht über *Das ewig Weibliche.* Die Münchnerin Ika Freudenberg referiert über *Die Frauenbewegung in verschiedenen Ländern,* die Berlinerin Minna Cauer äußert sich in ihrem Vortrag über *Worte und Thaten.* Doch auch Anita Augspurg ist unter den Rednerinnen. Im großen Saal des Münchner Kunstgewerbehauses hält sie genau den Vortrag, den sie in diesem Jahr im ganzen Kaiserreich hält: *Die Stellung der Frau im neuen bürgerlichen Gesetzbuche.*[252]

Die Tatsache, dass es prominente Rednerinnen, prominente Vertreterinnen der bürgerlichen Frauenbewegung aus ganz Deutschland sind, die im Münchner Kunstgewerbehaus auftreten und Vorträge halten, zeigt, wie stark vernetzt die Münchner Frauenbewegung damals schon ist. Diese Vernetzung ist vor allem Anita Augspurg zu verdanken, die ständig unterwegs ist, Hunderte von Kontakten hat und Mitglied in so vielen relevanten Frauenvereinen ist, nicht nur im deutschen Reich, sondern auch in der Schweiz.

Seit dem Winter 1895 beginnt die *Gesellschaft* auch damit, interne Mitgliedsabende zu veranstalten. Jeden Donnerstag trifft sich fortan ein kleiner Kreis von Mitgliedern im bekannten Café Eckel, nahe dem Marienplatz. Diese Treffen haben verschiedene Funktionen. Zum einem sollen sie der rhetorischen Schulung dienen. Die Frauen sollen lernen, Vorträge zu halten, und sich im Diskutieren über alle Themen der Frauenfrage üben. Außerdem sollen sie auch ein neues Miteinander erlernen, einen solidarischen Umgang, der auf gemeinsamen geistigen und intellektuellen Interessen beruht, so wie es unter Männern längst praktiziert wird. In den Worten eines Mitglieds: »Die Ungezwungenheit eines so kleinen und naturgemäß vertrauten Kreises wirkt ungemein anregend und ermutigend auf die Neigung zum Diskutieren und zum Hervortreten mit eigenen Ansichten, und so werden diese intimeren Abende aufs beste ihrer doppelten Bestimmung gerecht: erstens jedem Mitgliede, sich zu einer tüchtigen Vertreterin der Frauensache zu schulen, die gerüstet ist, überall dem Vorurteil, der Gleichgiltigkeit oder gar Feindseligkeit gegen unsere Bestrebungen schlagfertig, besonnen und mit genügender Sachkenntnis entgegenzutreten, zweitens aber ein kameradschaftliches Verhältnis der Mitglieder untereinander anzubahnen und jene edle Art der Geselligkeit zu pflegen, die auf der Gemeinsamkeit geistiger Interessen beruht. Diese frühere Geselligkeit hat unter Frauen im Allgemeinen bisher gefehlt. Sie muß aber einen der notwendigsten Bestandteile einer Bewegung bilden, die darauf ausgeht, dem weiblichen Geschlechte mehr und mehr seine eigenen, lange verschütteten geistigen Hilfskräfte zu erschließen und das Frauenleben wahrhaft zu bereichern.«[253]

Zur Revolution mit der Feder

Die Münchner Emanzipationsbewegung betreibt die Propaganda jedoch fortan nicht nur mit dem Munde, nicht nur durch die Rede, durch Vorträge und Diskussionen. Die Schriftstellerinnen unter ihnen entdecken weitere Möglichkeiten und betreiben, wie bereits gesehen, explizit auch Revolution mit der Feder. Sie schreiben Theaterstücke, Romane und Novellen, in denen sie inhaltlich die Kritik und die Ziele der Frauenbewegung aufgreifen, darstellen und transportieren. In diesem Punkt ist die Münchner Frauenbewegung absolut singulär: Hier engagieren sich von Anfang an und an vorderster Front zahlreiche Schriftstellerinnen, die nur wenige Straßen auseinander wohnen und in engem geistigen Austausch miteinander stehen. Sie schreiben in den 1890er Jahren Bücher, in denen sie sich mit dem Frauenbild und dem Geschlechterverhältnis auseinandersetzen, in denen sie den Ausbruch aus den herkömmlichen Rollen propagieren und neue Bilder von Frau und Mann entwerfen: modern, progressiv und radikal. Sie sind es, die diese Themen der bürgerlichen Leserschaft zumuten: Carry Brachvogel, Elsa Bernstein, Emma Merk, Gabriele Reuter, Helene Böhlau, Maria Janitschek, Juliane Déry und Emmy von Egidy.

Die Münchnerinnen waren überzeugt davon, dass die Revolution, mit der die Geburt der modernen Frau ausgelöst werden soll, gerade – wegen der damit einhergehenden großen Verbreitung – mit Büchern betrieben werden musste. Der gezielte Einsatz von Literatur und Theater war, wie wir bereits wissen, eine Strategie, die ursprünglich von Anita Augsburg angeregt wurde. Sie, die eine Karriere als Schauspielerin hinter sich hatte und literarisch hochgebildet war, vertrat die Überzeugung, dass literarische Werke und inszenierte Stücke für die Verbreitung neuer Ideen und für die Durchsetzung politischer Ziele höchste Priorität hatten. Literatur konnte veranschaulichen, konnte Konflikte und deren Überwindung erzählerisch darstellen, konnte eine theoretische Frage in eine greifbare Geschichte verwandeln, dem erlittenen privaten Leid eine Öffentlichkeit geben. Und sie konnte Vorbilder schaffen, Loyalität erzeugen und Utopien entwerfen.

Zwei Schriftstellerinnen, die ganz in diesem Sinn 1895 ihren literarischen Durchbruch schaffen, sind Carry Brachvogel und Gabriele Reuter.

Carry Brachvogel: *Alltagsmenschen*

»Wolzogen der hilfreiche und nachsichtige Kollege, las, ›fand, daß es gut sei‹ und empfahl mich an S. Fischer=Berlin, damals der berühmte Verlag aller ›Drangvollen‹.«[254] Mit Ernst von Wolzogen stand Carry Brachvogel ein einflussreicher, perfekt vernetzter Förderer zur Seite. Er, der bereits 1890 bei S. Fischer in Berlin *Er photographiert* veröffentlicht hatte, nahm die junge Carry Brachvogel unmittelbar nach seiner Ankunft in München unter seine Obhut. Er nimmt in diesen Jahren eine zentrale Stellung im literarischen Leben der Stadt ein. Als Spielleiter des *Akademisch-Dramatischen Vereins*, damals Forum der modernen Theaterkunst, als Mitglied der Dichtergemeinschaft *Krokodil*, und zuletzt als 2. Vorsitzender der *Münchner Literarischen Gesellschaft*, für deren 1. Vorsitz er den populären Schriftsteller Ludwig Ganghofer gewinnt, fällt ihm eine einflussreiche Position im Münchner Kulturbetrieb zu. Werke wie *Die Weber* von Gerhart Hauptmann, *Jugend* von Max Halbe, *Die Macht der Finsternis* von Lew Tolstoi, *L'Intruse* von Maurice Maeterlinck, *Musotte* von Guy de Maupassant und *Leonce und Lena* von Büchner werden in München von ihm inszeniert.[255] Er also vermittelt Carry Brachvogel mit ihrem ersten Roman an den S. Fischer Verlag, der damit seine Plattform für die Frauenliteratur ausbauen kann.

Mit ihrem Debütroman *Alltagsmenschen* blickt Carry Brachvogel, inzwischen 31 Jahre alt, auf das Leben einer jungen Frau, auf ihre Erziehung als junges Mädchen und auf ihre spätere Rolle in der Ehe. Und sie nimmt satirisch das Verhalten der Männer und der sogenannten »guten Gesellschaft« unter die Lupe. Mit ihrer Protagonistin Elisabeth veranschaulicht sie exemplarisch die gravierenden Folgen bürgerlicher Erziehung von Mädchen für ihre Charakterbildung und ihr weiteres Leben, zeigt, wie dadurch völlig weltfremde Frauen »produziert« werden, Frauen die keinen wirklichen Zugang zum Leben haben und aus lauter Langeweile die seltsamsten fantastischen Vorstellungen entwickeln, – dies alles begleitet von dem Bedürfnis, etwas ganz Außergewöhnliches, etwas ganz Abenteuerliches zu erleben. Das allerdings kann unter den gegebenen gesellschaftlichen Verhältnissen und bei dieser Art von Frauen eben »nur« eine Affäre, nur ein Ehebruch sein.

Im Einklang mit der Frauenbewegung kritisiert sie den monotonen Alltag bürgerlicher Frauen, zeigt, wie sie in einem Gefängnis leben und dahinvegetieren.[256] Abgeschirmt vom wirklichen Leben, vergeht jeder Tag mit den gleichen sinnlosen Tätigkeiten. »Das ›Lilienaufdemfelddasein‹ bedrückte sie schwer – sie wäre gerne ein Mann gewesen, der nutzbringend leben und arbeiten, all seine Kräfte freudig und befriedigend bethätigen konnte.«[257]

Die Monotonie ihre Existenz führt dazu, dass Elisabeth auch als Frau das bleibt, was sie bereits als Mädchen war: eine phantastische Träumerin, denn »an das unreife, junge Weib konnte das Leben mit seiner erziehenden Gewalt nicht herankommen, sie lernte ja nur die Gesellschaft kennen, nicht aber die Welt«.[258] Daran ändert auch die Heirat nichts, das große Ereignis, das jedem bürgerlichen Mädchen Form und Inhalt verleihen soll. Aber die Eintönigkeit setzt sich fort: »dann blieb sie wieder allein, bis endlich … Friedrichs Arbeitstag zur Rüste ging und er Zeit fand, mit seiner Frau ein Theater oder ein Konzert zu besuchen, wenn anders sie nicht zu Hause blieben und vor dem Essen noch ein Stündchen mit einander lasen oder musizierten. Recht häufig aber kam er so müde heim, daß nichts ihm so gut behagen wollte, wie sein Lehnsessel und seine Cigarre … ein Frösteln befiel zuweilen die junge Frau, wenn sie bedachte, daß es nun immer so weitergehn würde.«[259]

Carry Brachvogel führt vor, wie sehr Elisabeths Beziehungsleben einem spezifisch antrainierten Geschlechtermodell im Bürgertum entspricht – wie ein Leitmotiv zieht sich dieses durch den Roman: Es ist der Märchentraum vom »sonnenmatten Adler und der jubelnden Gefährtin«.[260] Doch leider erfüllt ihr Ehemann Friedrich das Sehnsuchtsbild des Helden – des sonnenmatten Adlers – in keiner Weise, und so aktualisiert sich Elisabeths Traum in der Affäre mit dem Freund ihres Mannes, mit Max Heßling.[261]

Der Titel *Alltagsmenschen* legt nahe, dass es Carry Brachvogel um die Darstellung fehlbarer, durchschnittlicher Charaktere ging. Selbstbezogen und bequem – wie Max Heßling – oder dem bürgerlichen Familienethos und der elterlichen Verantwortung so sehr verpflichtet, dass Lebensalternativen gar nicht denkbar sind, was im Fall von Elisabeth und Friedrich zutrifft. Alltagsmenschen sind egoistisch, ängstlich und in Rollenvorstellungen gefangen. Elisabeth, die ausbrechen möchte, sieht sich selbst als »Alltagsfrau«, als »Spießbürge-

Abb. 9: Carry Brachvogel, 1903

rin« voller Ängste und »nicht groß genug, um ihr Thun nur
vor den Gesetzen ihres eigenen Ichs verantworten zu können«.[262]

Mit großer Eindringlichkeit zeigt Carry Brachvogel die
dauerhafte Prägung durch Milieus, die bis in intimste Berei-
che und Rollenvorstellungen wirksam bleibt. Möglicherweise
ist sie dazu durch Émile Zolas Romane angeregt worden. Zola,
der in *Alltagsmenschen* auch mehrfach Erwähnung findet,
hatte 1867 seinen Durchbruch mit dem im kleinbürgerlichen
Milieu spielenden Roman *Thérèse Raquin* erzielt. In ihm hatte
auch er die Geschichte einer sexuellen Leidenschaft erzählt.
Nicht nur Zola, sondern auch Ibsen, Tolstoi und Hauptmann,

die Hauptvertreter des Naturalismus, gehören im Roman *All-tagsmenschen* zu Elisabeths Lieblingsautoren.

Alltagsmenschen fügt sich in eine Reihe bedeutender Ehe- und Ehebruch-Texte des ausgehenden 19. Jahrhunderts; Gustave Flaubert, Lew Tolstoi, Henrik Ibsen, Theodor Fontane und Arthur Schnitzler sind ihre Autoren. Doch Carry Brachvogel setzt neue und andere Schwerpunkte als ihre Vorgänger und Zeitgenossen. Ähnlich wie in Flauberts Roman *Madame Bovary* offenbart die außereheliche Affäre zwar auch bei ihr nach einigen Monaten ihren banalen Charakter, doch am Ende steht keine menschliche Katastrophe. Die Beteiligten sind vielmehr froh, ihre Affäre ohne großes Aufhebens beenden zu können. Tatsächlich geht es auch um Möglichkeiten des Miteinanders nach einer großen Krise. Bemerkenswert ist auch, dass Carry Brachvogel der Situation des betrogenen Ehemannes besondere Aufmerksamkeit widmet und dessen emotionale Verfassung ausführlich wiedergibt.

Carry Brachvogels Debütroman wird deutschlandweit begeistert von der Kritik aufgenommen.[263] Die Rezensenten stellen fest, dass ihr Erstling aus der Fülle der Romanproduktion markant hervorsticht. Ungewöhnliches Darstellungstalent, herausragende psychologische Scharfsichtigkeit, großes poetisches Können und bedeutende erzählerische Fähigkeiten werden ihr attestiert, und man prophezeit, dass ihr eine große Karriere auf dem Gebiet der Sitten- und Charakterisierungskunst bevorsteht. Die Zeitschrift *Ethische Kultur* schreibt: »Ihr Blick ist scharf! Nicht der kleinste Schatten, nicht die unscheinbarste Krümmung der Linie entgeht demselben, und mit der Objektivität des Naturforschers teilt sie uns mit, was sie gesehen. Heute malt sie in ihren ›Alltagsmenschen‹ ein ödes Flachland. Hoffen wir, in ihrer nächsten Arbeit einen stolzen Hochwald, eine schattige Oase oder das weite grenzenlose Meer zu finden.«[264]

Aus guter Familie: Gabriele Reuters Erfolg und ihre Rückkehr nach München

Während Carry Brachvogel in ihrem Roman einen Gesamtangriff auf die bürgerliche Rolle der Frau unternimmt, Elisabeth nicht nur als junges Mädchen, sondern auch als verheiratete Frau, Mutter und Ehebrecherin vorführt, tritt im Buch von Gabriele Reuter ausschließlich und in aller Ausführlichkeit die Erziehung eines bürgerlichen Mädchens und ihr Leben als unverheiratete junge Frau ins Blickfeld – und dies in so erschütternder Weise, dass ihr Roman nicht nur ganz Deutschland aufrüttelt, sondern bald nach seinem Erscheinen auch zum Kultbuch der Münchner Frauenbewegung wird.

Noch 1899 wird S. Fischer in seinem Verlagskatalog über Gabrieles Reuters literarischen Durchbruch und dieses Buch schreiben: »Das Interesse für sie und ihre Werke wurde mit einem Schlage lebendig, als ihr großer Roman ›Aus guter Familie‹ erschien. In ihm ist mit rückhaltloser Offenheit und großem Muth das Leben und die Entwicklung eines jungen Mädchens geschildert, das an der Philoströsität und Heuchelei der gesellschaftlichen Moral verkümmert und zu Grunde geht. Das Buch übte eine Wirkung aus wie ein Dokument.«[265]

Wir erinnern uns: 1890 war Gabriele Reuter erstmals nach München gekommen und hatte hier mit ihrer Mutter ein halbes Jahr gelebt. Inspiriert von der Stadt, ihrem Aufbruch in die Moderne und all den Menschen, denen sie hier begegnete – auf der Straße, in Emma Merks Salon, im Café *Isarlust* und in Georg Michael Conrads *Gesellschaft für modernes Leben* –, war ihr mit einem Schlag ihre Lebensaufgabe bewusst geworden: Sie sollte ein Buch schreiben und in ihm das Leiden bürgerlicher Mädchen im Wilhelminischen Kaiserreich schildern. Noch in München hatte sie damit begonnen, musste aber Mitte 1891 die Stadt wegen ihrer pflegebedürftigen Mutter verlassen und nach Weimar zurückkehren. Mit Emma Merk und ihrem Kreis blieb sie weiter in Kontakt. Inzwischen setzte sie die Arbeit am Roman fort, hielt sich in Berlin auf, erlebte die Uraufführung von Max Halbes *Jugend* und betrat den Friedrichshagener Kreis, wo sie unter anderem den Verleger Samuel Fischer kennenlernte: »An Sklavenhalter dachte man bei diesen klugen, gütigen Augen gegenüber wahrhaftig nicht. Man fühlte sofort die Zuverlässigkeit. Er hatte, obgleich noch jung, doch damals schon etwas Väterlich-Fürsorgliches, etwas Ruhig-Überschauendes im Verkehr mit all dem unruhigen, revolutionären Dichtervolk, das sich um ihn sammelte.«[266]

Im Frühjahr 1895 ist der Roman abgeschlossen: »Endlich – endlich war das Buch vollendet. Mir erschien es fast als ein Wunder, daß ich es fertig gebracht hatte. Nun hieß es einen Verleger finden, denn Wilhelm Friedrich und Pierson, die man bezahlen mußte, damit sie so gnädig waren, die Bücher zu drucken – die waren für mich abgetan. Man mußte weiter kommen. Wieder ging ich nach Berlin, um selbst zu suchen.«[267]

Einige Wochen hält sie sich also wieder in Berlin auf und führt ein Bohemeleben in den literarischen Kreisen. Mit der

Verlagssuche allerdings kommt sie nicht so recht voran, an S. Fischer traut sie sich damals nicht einmal zu denken. Sie erhält viel Zuspruch von ihren Freunden – Rudolf Steiner etwa oder John Henry Mackay, der ihr schon 1890 geraten hatte, Weimar zu verlassen und sich mit Haut und Haar dem Schreiben hinzugeben. Andere wiederum, deren Namen sie nicht nennt, reagieren an einem Abend sehr verletzend und geben lauter Obszönitäten von sich. Gabriele Reuter ist fassungslos: »Was war ihnen die heilige reine Begeisterung für die Wahrheit, die mich getrieben nach den Untergründen allen menschlichen Seins zu graben? Die Enthüllung von Sexualitäten – nichts weiter. An dem Abend zerriß für mich der letzte Schleier, hinter dem ich die Wahrheit verhüllt gewähnt und hinter dem nichts als platte Wirklichkeit mit einer widerlichen Fratze verborgen hockte.« Sie war kurz davor, ihr Manuskript zu vernichten, konnte sich aber doch nicht dazu entschließen: »Vernichten, was mir Befreiung gebracht von innerer Qual? Und ich hatte gehofft, es solle auch vielen andern Mädchen Befreiung bringen! Nein – ich konnte nicht. Auch dies mußte durchlitten werden –: zu begreifen, daß die Wahrheit, wie Gott selbst, für jeden Menschen etwas Verschiedenes bedeutet. Ich sollte zu dem Wissen reifen, daß man auch auf der Insel der Wahrheit ganz allein – ganz einsam wohnen mußte.«[268]

Es ist schließlich John Henry Mackay, der die Verbindung zu S. Fischer herstellt und ihr außerdem rät, den ursprünglichen Titel, *Agathe Heidling*, zu ändern.[269] Aufgrund seiner Empfehlung, aber auch weil Samuel Fischers Ehefrau, Hedwig Fischer, zur Veröffentlichung drängt, entscheidet sich S. Fischer schließlich, *Aus guter Familie* im Herbst 1895 herauszubringen,[270] und landet damit den ersten Bestseller seines Verlags.[271]

Im Herbst 1895 zieht Gabriele Reuter, wieder mit ihrer Mutter, nach München. Hier kann sie sich dem Ärger entziehen, der in Weimar nach der Publikation ihres Romans zu erwarten ist; und hier lebten inzwischen viele ihrer Freunde, Alteingesessene wie Emma Merk und der Kreis um das Atelier *Elvira*, aber auch Neuhinzugezogene wie Max Halbe, Ernst von Wolzogen und Hermann Obrist. Sie zieht in die Seestraße nach Schwabing, in ein Haus mit Garten in engster Nähe zum Englischen Garten.[272]

Kaum in München, bewegt sie sich wieder im alten Kreis von Emma Merk, in der Frauenbewegung rund um das Fotoatelier *Elvira*. »Groß und schlank, ein wenig vornüber geneigt, das reiche Haar schon silbernfarb, im glatten rosigen Gesicht aber junge blanke Augen unter schöngezogenen dunklen Brauen – so trat sie in unseren Kreis.«[273] Nur wenige Wochen später erscheint *Aus guter Familie*. Es macht ihren Namen auf einen Schlag in ganz Deutschland berühmt, wie sie selbst festgehalten hat: »Es weckte einen Sturm in der Frauenwelt – die wildeste Erregung unter Vätern und Müttern. Ernste, reife Männer haben mir noch nach Jahren versichert, die Lektüre habe ihr Herzensverhältnis zu ihren Töchtern von Grund auf verändert. Die Verwandten erklärten das Buch für ein Teufelswerk. … den kulturellen Einfluß, den mein Buch auf die Entwicklung des deutschen Mädchens, der deutschen Familie haben würde, konnte ich nicht voraussehen!«[274]

Die *Breslauer Morgenzeitung* schreibt: »Alles ist an diesem Buche bedeutend: Eigenart, Erfindung, Sprache, Gedankenwelt. Gabriele Reuter besitzt den Mut der Wahrheit in ganz ungewöhnlichem Maße. Es fällt Gabriele Reuter nicht ein, im Romane pädagogische Forderungen zu stellen, aber durch die kühne Anschaulichkeit ihres Gemäldes klingt es wie ein Weheruf über die verkehrte Einseitigkeit unserer Erziehung. ... Es ist mehr als ein gutes, es ist ein großes Buch, mit dem Gabriele Reuter die deutsche Lesewelt beschenkt hat.«[275]

Gabriele Reuters Roman schilderte die Not der ohne Beruf und Liebe verkümmerten Haustochter so erschütternd, dass es zum Buch der deutschen Frauenbewegung schlechthin wurde.[276] Ernst von Wolzogen, der damals selbst begeisterte Rezensionen über das Buch schreibt, erzählt, dass nach dessen Erscheinen eine geradezu revolutionäre Begeisterung die junge gebildete Frauenwelt Münchens erfasste: »Man brachte der weißhaarigen und dabei doch so anmutvoll jugendfrischen Dichterin mit den großen weichen mütterlichen Augen begeisterte Ovationen dar, und sie wurde mit sanfter Gewalt in die Frauenbewegung hineingezogen, ja als große Paradenummer bei allen feierlichen Gelegenheiten verwertet.«[277]

So ist es nur folgerichtig, dass Gabriele Reuter Mitglied der *Gesellschaft zur Förderung der geistigen Interessen der Frau* wird. Und nicht nur das: Sie tritt sofort dem Vorstand bei, um zusammen mit Sophia Goudstikker, Emma Merk, Ika Freudenberg und weiteren Frauenrechtlerinnen an vorderster Front der Münchner Frauenbewegung zu wirken.[278] Noch 1895 beteiligt sie sich an der gegen den Entwurf des Bürgerlichen Gesetzbuches entwickelten Propaganda und der Bereitstellung einer Petition mit Tausenden von Unterschriften der »besten Deutschen, Männer und Frauen für den Reichstag«. »Der Erfolg war kaum nennenswert, was wir eigentlich wollten, die Beseitigung der gefährlichen Paragraphen erreichten wir nicht – doch viele Menschen waren aus ihrer Gleichgültigkeit aufgerüttelt und begannen zum erstenmal über diese Frage nachzudenken. Das war schon etwas.«[279]

Das Recht auf Persönlichkeit und Freiheit: Gabriele Reuter und Adine Gemberg

Die einzige positive männliche Figur, die Gabriele Reuter in *Aus guter Familie* vorstellt, ist der Sozialdemokrat Martin, Agathe Heidlings Cousin: »Nur ein freier Mensch war er geworden. Weiter nichts. Und was das heißen wollte – ein freier Mensch. Welche Kluft zwischen einer ganz auf sich gestellten Persönlichkeit, die nach eigenem Gesetz und eigener Wahl das eigene Leben führt, und den Kreisen ihrer Gesellschaft!«

Er, der Gegner jeglicher Autorität und ein Advokat der Freiheit ist, führt Agathe nicht nur die Verlogenheit des Bürgertums vor Augen, er fordert sie explizit dazu auf, ihre Leidensgeschichte aufzuschreiben. Nicht mit der Absicht, ein Kunstwerk zu schaffen, sondern mit dem Ziel, damit einen Beitrag zu leisten für den Kampf um das Recht auf Persönlichkeit und Freiheit. »Kümmere Dich nicht um die Form! Sag' Deinen lieben Mitschwestern nur ehrlich und deutlich, wie ihr Leben in Wahrheit beschaffen ist. Vielleicht bekommen sie dann Mut, es selbst in die Hand zu nehmen ... – Na – lockt Dich das nicht? mitzuarbeiten für das Recht der Persönlichkeit? – Komm, stoß an – es lebe die Freiheit.«

Genau das ist es, worum es Gabriele Reuter auch mit ihrem Buch geht und dem sich der S. Fischer Verlag anschließt.

Er bringt im Herbst 1895 nicht nur *Aus guter Familie* heraus, sondern auch ein Buch von Adine Gemberg mit dem auf den ersten Blick skandalösen Titel *Morphium*.[280] Im Verlagskatalog von 1899 wird die Autorin wie folgt vorgestellt: »Geboren am 28. April 1860 in St. Petersburg, lebt in Wittenberg. Ihre Werke zeichnen sich aus durch die interessante Erweiterung des Stoffgebietes der realistischen Erzählung. Sie hat mit Schärfe und Wahrheit das so verborgene Schicksal der Diakonissinnen behandelt und die Tragödien körperlicher Leiden dargestellt.«[281]

Adine Gemberg hat eine illustre Herkunft. Sie wurde am russischen Zarenhof geboren, als Adine von Baker. Ihre Mutter war eine Prinzessin und hieß Wera Gevachoff. Ihren Vater hat man, nachdem er Sprachlehrer für Deutsch und Englisch in der kaiserlichen Familie geworden war, zum Staatsrat befördert. Zudem erhielt er einen Adelstitel, später dann auch noch auch den Titel »Exzellenz«. Nach dem frühen Tod ihrer Mutter siedelte Adine mit ihrem Vater nach Karlsruhe über. Später heiratete sie einen Offizier mit Namen Gemberg. Nachdem er 1888 pensioniert worden war und sie keine gesellschaftlichen Verpflichtungen mehr hatte, gab sie sich ganz ihren schriftstellerischen Neigungen hin. Außerdem arbeitete sie in Karlsruhe in einem Krankenhaus als Diakonissin.[282]

Der Novellenband *Morphium* ist ein Plädoyer für Freiheit und Selbstbestimmung in jeder Hinsicht, auch aus der Perspektive ihrer langjährigen Erfahrungen als Krankenschwester. Er enthält drei im Stil des Naturalismus verfasste Novellen. Im Mittelpunkt der ersten beiden steht das Rauschmittel Morphium, als Arznei- und auch als Genussmittel. In der dritten wird die berufstätige Frau propagiert, wird eine Frau vorgeführt, die sich aus ärmlichen Verhältnissen zu einer berühmten Ärztin hocharbeitet.

Mit den beiden ersten Novellen setzt sich die Schriftstellerin und Krankenschwester massiv für den freien Verkauf des Rauschmittels Morphium ein. Und dies nicht nur in schweren Krankheitsfällen, sondern auch als Genussmittel. Vehement wendet sie sich gegen die Gesetzeslage im Wilhelminischen Kaiserreich, prangert das Gesetz und die Polizei an, die den freien Verkauf von Morphium verbieten. Um das ganze Ausmaß der katastrophalen Folgen dieser Gesetzeslage deutlich zu machen, führt sie in ihrem Buch das Leben und Sterben mehrerer Morphinisten vor: einer reichen Frau aus großbürgerlichen Verhältnissen, eines jungen Arztes, eines Apothekers und stark verwundeter Menschen. Sie alle wollen Morphinisten bleiben, wollen sich keineswegs heilen lassen, weder von ihrer Sucht noch von ihrem Genuss. Das Handlungsgeschehen macht deutlich, dass es die Gesetzeslage in Sachen Morphium ist, die letztlich alle Protagonisten in den Selbstmord führt!

Mit ihren genauen Schilderungen schafft Adine Gembergs nahezu ein Kompendium in Sachen Morphium. Hier erfährt der Leser alles über den Gebrauch dieses Rauschmittels, über die Gesetzeslage und über seine Konsumenten, er lernt, wie und wo es vertrieben wird und welche Berufsgruppen Zugang haben. Der Nutzen des Rauschmittels wird dabei genauso beschrieben wie seine Wirkung als Genussmittel. Morphium wird als ein Genuss der Nerven vorgestellt, als ein Genuss präsentiert, der höher ist als der sinnliche, geschlechtliche Genuss.

Wie Carry Brachvogel und Gabriele Reuter kritisiert auch

Adine Gemberg in ihrem Buch die herrschenden Geschlechterbilder im Bürgertum. Gleich in der ersten, der titelgebenden Novelle *Morphium* wird uns Lydia vorgestellt, die zur Bekämpfung ihrer Migräne Morphium bekommt und dem Rauschmittel mit Haut und Haar verfällt. Sie erträgt ihr Leben nur noch dank dieses Rauschmittels und findet in dem jungen Arzt Turnau einen Verbündeten, der ihr nicht nur das Morphium verschafft, sondern sich für die Liberalisierung des Rauschmittels einsetzt. »Genuß als Lebenszweck«, das ist das Selbstverständnis von Lydia und Turnau.

Adine Gemberg muss sich lange bemühen, um einen Verlag für ihre Novelle zu finden.[283] Umso bemerkenswerter, dass S. Fischer sich bereit erklärte, gleich ein ganzes Buch mit Novellen zu diesem Thema zu verlegen. Adine Gembergs Buch *Morphium* plädiert für Freiheit in jeglicher Hinsicht, auch für die Wahl des eigenen Lebenssinns. Viele Fragen kommen in ihrem Buch zur Sprache: Wofür lohnt es sich zu leben? Ist Genuss nicht genauso ein Lebenszweck wie die Arbeit? Wieso schwingen sich Menschen zu Bestimmern, zu Herrschern über andere auf und bevormunden sie? Wieso haben Menschen so wenig Mitleid mit dem realen Leid anderer Menschen? Darf man sich selbst umbringen, wenn einem das Leben nicht mehr lebenswert erscheint? Ja, man darf. Erst begeht Turnau Selbstmord, dann auch Lydia, die reiche Bürgersfrau: »Wie wonnig ist doch die Freiheit, das edelste Menschenrecht – – – Sie hatte die Freiheit benutzt.«

9.

1896: Die Münchner Frauenbewegung und der Jugendstil

Hermann Obrist – Berthe Ruchet – August Endell – Anita Augspurg – Emmy von Egidy

Der Naturalismus findet einen neuen Ausdruck

»Auf den Teppichen von Obrist, von Eckmann schien auf einmal die ganze Feldblumenpracht der Wiesen von Rottach und Tegernsee zu erblühen. Unvergeßlich wie diese blühenden Wunder plötzlich vor unseren Augen erschienen! Es war, als habe gerade hier, auf dem Felde der angewandten Kunst, der Naturalismus sein Bestes, sein Stärkstes zeigen wollen … Mit einem Schlage wurde eine ganze Reihe neuer Namen bekannt …«[284] Was Max Halbe hier im Rückblick beschreibt, ist die sensationelle Geburt einer neuen Kunstrichtung, die man später als »Jugendstil« bezeichnen wird[285] und die er als einen neuen Ausdruck des Naturalismus betrachtet. Es werden kräftige Farben, neue Formen, schwingende Linien, florale Ornamente verwendet, das Künstlerische verbindet sich mit dem Handwerk, mit der Architektur und besetzt alle Lebensbereiche: »Jugendstil heißen sie jeden Topf, auf dem eine schauerlich stilisierte Lilie, oder ein Frauenzimmer mit verrückter Friseur, oder eine Orchidee abgebildet ist. … Jugendstil heißen die Stühle, auf denen man nicht sitzen, Schränke, in die man nichts hineinthun, Gläser aus denen man nicht trinken,

Löffel mit denen man nicht essen kann! Es ist um aus der Haut zu fahren«, so die spöttische Beschreibung des Dichters Hanns von Gumppenberg im Rückblick.[286]

Der Jugendstil, die deutsche Variante einer Bewegung, die in England *Arts and Crafts* und in Frankreich *L'Art Nouveau* heißt, erhält seinen Namen um 1900, und zwar bezogen auf die Zeitschrift *Jugend*, die 1896 gleichzeitig mit dem berühmten *Simplicissimus* in München gegründet wird.[287] Nicht nur deshalb gilt München als Geburtsstadt des deutschen Jugendstils, sondern auch wegen der beiden Protagonisten Hermann Obrist und August Endell, von denen 1896 zwei wegweisende Werke in die Öffentlichkeit gelangen: der sogenannte *Peitschenhieb* von Obrist und Endells Schrift *Um die Schönheit*.

Die zentrale Bedeutung, die die Künstlerkolonie in Schwabing und in der Maxvorstadt für die Entwicklung des Jugendstils einnimmt, ist kein Geheimnis, nahezu unbekannt jedoch ist die gewichtige Rolle, die die Frauenbewegung dabei spielt. Obrist und Endell lernen sich bei einem Vortrag im Frauenverein kennen. Die Stickerei von Hermann Obrist befindet sich seit seiner Ankunft in München 1894 in der Wohnung von Sophia Goudstikker und Anita Augspurg. Von Anfang an also bewegt er sich vornehmlich im Kreis der Frauenrechtlerinnen um das Atelier *Elvira*. Obrist ist ein Beispiel für jene Männer, die sich ganz früh schon in der Emanzipationsbewegung engagiert haben und Mitglied in der *Gesellschaft zur Förderung der geistigen Interessen der Frau* geworden sind (Obrist höchstwahrscheinlich ab 1894).

Alpenveilchen heißt die revolutionäre Stickerei von Hermann Obrist, die seit Ende März 1896 alle modern gesinnten

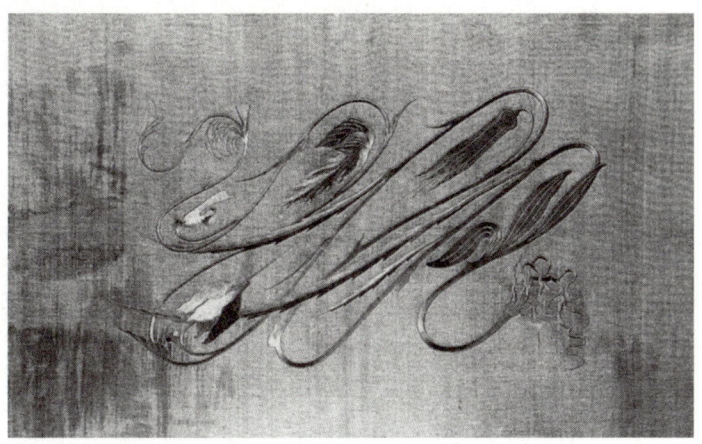

Abb. 10: Hermann Obrist: Wandbehang *Alpenveilchen*
(»Der Peitschenhieb«)

Menschen in München, Berlin und London begeistert und die bald, ja bis heute, nur noch als *Der Peitschenhieb* bekannt sein wird.

Über einen großformatigen Wandbehang schlängelt sich mit kühnem Schwung eine kunstvoll ausgeführte Kalligraphie. »Wie die jähen, gewaltsamen Windungen der Schnur beim Knallen eines Peitschenhiebes erscheint uns diese rasende Bewegung«, beschreibt Georg Fuchs in der Kunstzeitschrift *Pan* dieses sich auf einem Wandteppich befindende goldfarbene Ding, das wie ein lebendes Etwas wirkt, sich zu bewegen und zu vibrieren scheint. Dieser Effekt wird durch das goldgelb gefärbte Seidengarn erzeugt, das je nach Lichteinfall und Standort des Betrachters schillernd zu changieren beginnt. Obrist erzielte seine Wirkung »nicht durch Verwendung verschieden gefärbter Fäden oder Garne, sondern durch sinngemäße Abänderung der Stichrichtung, woraus durch Reflexwirkung

177

die gewollten Lichtstufen entsprungen«.[288] Diese meisterliche Ausführung von Obrists künstlerischem Entwurf ist Berthe Ruchet zu verdanken, die die Stickerei in dem gemeinsamen Atelier in der Kaulbachstraße 51a ausgeführt hat.[289]

1896 ist Hermann Obrists großes Erfolgsjahr, er wird zum führenden Kopf des Münchner Kunstgewerbes. *Alpenveilchen* wird als Teil eines aus 29 Wandteppichen bestehenden Zyklus im Kunstsalon Littauer (Odeonsplatz) vom 12. bis 15. März 1896 gezeigt, Ende März folgt eine Ausstellung mit ornamentalen Stickereien im Lichthof des Kunstgewerbemuseums Berlin, er ist auf der Internationalen Kunstausstellung in Berlin ebenso vertreten wie auf der Kunstausstellung der *Secession* in München. Schließlich schafft er es nach London, wo *Alpenveilchen* von der *Arts and Crafts Society* ausgestellt wird. Im Herbst wird außerdem die *Villa Obrist* in Schwabing fertiggestellt, eine von ihm mitentworfene Jugendstilvilla. So bezieht er denn am Ende des Jahres sein eigenes Haus, nachdem er innerhalb von nur zwei Jahren fünfmal seinen Wohnsitz in der Maxvorstadt gewechselt hat.[290]

Anita Augspurg gibt den Vorsitz der *Gesellschaft* auf

Auf der zweiten Generalversammlung der *Gesellschaft zur Förderung der geistigen Interessen der Frau* erstattet der Vorstand Anfang Februar Bericht über den aktuellen Stand: die Gesellschaft hat mittlerweile 146 Mitglieder, anwesend sind 47; die Hauptaufgabe besteht weiterhin darin, die Ideen der Frauenbewegung in weite Kreise zu tragen und zu diesem

Zweck Gesellschaftsabende mit Vorträgen und Diskussion im Münchner Kunstgewerbehaus zu veranstalten.

Die (erste überlieferte) Mitgliederliste aus dem Jahr 1896 zeigt, dass der Großteil der Mitglieder aus den Künstlervierteln der Stadt stammt, aus der Maxvorstadt und aus Schwabing. 1896 stehen sechs Männer auf der Liste. Das gibt es zu dieser Zeit in keinem anderen Frauenverein in ganz Deutschland. Die Idee, Männer in die Frauenbewegung einzubeziehen, ihnen die Mitgliedschaft in der *Gesellschaft* zu ermöglichen, ist, wie schon ausgeführt, ursprünglich eine Strategie von Anita Augspurg. Unter den Männern, die zu diesem Zeitpunkt als Mitglieder verzeichnet sind, ist Hermann Obrist am aktivsten. Er, der wie Berthe Ruchet seit 1894 im Kreis der Frauenbewegung verkehrt, hält immer wieder im Rahmen des Münchner Frauenvereins Vorträge, sowohl auf internen Veranstaltungen als auch im Rahmen der Gesellschaftsabende. Als Themen wählt er ästhetische Fragen, die Situation im Kunstgewerbe und die Zustände der Frauenarbeit im Kunstgewerbe.[291]

Auf dieser zweiten Generalversammlung legt Anita Augspurg, die bisherige Vorsitzende des Münchner Frauenvereins, ihr Amt nieder. Und nicht nur das, sie scheidet auch aus dem Vorstand aus, was alle sehr bedauern. Fortan wird sie in der Mitgliederliste als ganz normales Mitglied weitergeführt. Warum tut sie das? Die Münchner *Gesellschaft* gilt als »gemäßigter« Verein, dessen Fortbestand sie mit ihren politischen Aktivitäten nicht gefährden möchte: »Frl. Augspurg wünscht nicht, durch ihre sozialpolitische Thätigkeit den Verein in Konflikt mit den Gesetzen zu bringen, welche es bekanntlich den Frauenvereinen streng verbieten, sich mit politischen

Dingen zu befassen.« Anita Augspurg wird erwidert, dass der Verein mit großem Bedauern und nur unter dem Zwange der Verhältnisse in ihre Amtsniederlegung einwilligt.[292]

Man diskutiert auch über den Antrag von Anita Augspurg, dass der Münchner Verein dem *Bund deutscher Frauenvereine* (BDF) beitreten soll. Die Versammlung nimmt ihren Antrag sofort an. Vorgeschlagen wird jetzt auch, für alle das mittlerweile führende Organ der Frauenbewegung, die Berliner Zeitschrift *Die Frauenbewegung*, zu abonnieren (zum Vorzugspreis für Münchner Abonnentinnen!). Bei der Vorstandswahl wird Ika Freudenberg zur ersten Vorsitzenden des Vereins gewählt und Emma Merk zu einer Schriftführerin. Auch Gabriele Reuter ist nach wie vor im Vorstand vertreten.[293]

Im Anschluss an diese Formalitäten legt die Kommission, die 1895 das Projekt einer Einführung weiblicher Lehrlinge in das Gewerbe und höhere Handwerk gestartet und ein Jahr lang die weiblichen Erwerbsverhältnisse untersucht und beobachtet hat, ihre Ergebnisse vor. Es ist denkbar und wäre naheliegend, dass Hermann Obrist, der zu diesem Thema Vorträge hielt, auch der Kommission angehörte oder sie zumindest beriet. Festgestellt wird, dass der künftigen Ausbildung von Mädchen in Handwerk und Gewerbe grundsätzlich nichts entgegenstehe – mit einer Einschränkung: »Während nämlich der Knabe vor und während seiner Lehrlingszeit in Fach- und Fortbildungsschulen aufs sorgfältigste mit denjenigen theoretischen Kenntnissen versehen wird, die ihn befähigen, den Geist seines Handwerks zu erfassen und zu den höheren Stufen aufzurücken, giebt es für die Mädchen keine derartigen Bildungsgelegenheiten. Sie sollen auch hier wieder mit dem auskommen, was ihnen die Natur verliehen hat, mit Gewandheit, Zierlichkeit, Geschmack, Geduld u.s.w.«[294] Alles in allem, so das Fazit, hapert es ganz grundsätzlich an der intellektuellen Schulung der Frau. Ohne eine theoretische Bildung werde die Frau immer nur eine untergeordnete Stellung einnehmen. Man plant deshalb, die Dinge gleich selbst in die Hand zu nehmen und eine gewerbliche Fortbildungsklasse für Mädchen zu gründen. In ihr sollen die Mädchen umfassend über den Wert und Nutzen einer gewerblichen Ausbildung und über die Unentbehrlichkeit des geometrischen Zeichnens aufgeklärt werden. Die Kommission berichtet, dass bereits der Rat Sachverständiger eingeholt wurde, der positiv ausfiel, und dass man sogar die Zustimmung der Schulbehörde und des Magistrats der Stadt München erwirkt habe. Noch während der Versammlung werden 800 Mark eingesammelt, mit denen ein Fonds für die neue Klasse gegründet wird. Sophia Goudstikker macht den Vorschlag, zu weiteren Werbungszwecken im Münchner Kunstgewerbehaus einen Vortragsabend über die Röntgen'schen Strahlen zu veranstalten, an denen allseits gerade ein so großes Interesse bestehe.[295]

Von diesem Abend sind keine Details überliefert, aber der einundzwanzigjährige Thomas Mann, der im Sommer 1896 einen Vortrag mit Diskussion zum Thema *Kann die Frau philosophieren?* besucht, vermittelt uns einen Eindruck von der turbulenten Atmosphäre, die im Kunstgewerbehaus herrschte. Es ist Ika Freudenberg, die Vorsitzende des Vereins, die den Vortrag hält, und Thomas Mann hält im Nachhinein fest: »Es war ein wild bewegter Abend, sogar ein Universitätsprofessor griff ein, und das Ergebnis war die sieghafte Bejahung der Frage, ob Frauen philosophieren können. Übrigens war man ja zu diesem Ende zusammengekommen. Ein bleicher und leidenschaftlicher Herr, der sich aufstellte und das Resultat aus gewissen Gründen anzweifeln zu müssen glaubte, ward niedergemacht; der Universitätsprofessor streckte ihn zu Boden.«[296]

Agitation gegen den Entwurf des Bürgerlichen Gesetzbuches

Anita Augspurg ist erschöpft von ihrer Vortragsreise und dem anstrengenden Leben in Berlin. Der Rücktritt von allen Ämtern in der Münchner *Gesellschaft* wird ihr sicher auch aus diesem Grund willkommen gewesen sein. Nach ihrem Gastsemester in Berlin kehrt sie im Frühjahr 1896 vorerst nach München zurück und hofft insgeheim, hier ein weiteres Gastsemester anschließen zu können.[297]

Ihr Antrag wird aber im Mai von der Universität abgelehnt. Die Fakultät hat nicht nur grundsätzliche Bedenken gegen das Jurastudium von Frauen, sondern sie lehnt auch Anita Augspurg als Person ab. Die bisherige »Reihenfolge der Vorlesungen« entspreche nicht den Anforderungen an einen »geordneten juristischen Studiengang«, außerdem habe sie durch Agitation gegen den Entwurf des Bürgerlichen Gesetzbuches »in nicht vorteilhafter Weise von sich bekannt gemacht«.[298]

Dass den Herren ihr Engagement gegen das Bürgerliche Gesetzbuch bedenklich erscheint, stört Anita Augspurg in keiner Weise – die Meinung der Männer war für sie nicht ausschlaggebend bei ihren Anliegen. Aber die Reaktion der Münchner Universität zeigt, wie aufmerksam das Treiben

Anita Augspurgs von den Münchner Obrigkeiten beobachtet wird und wie richtig ihre Entscheidung Anfang des Jahres war, den Vorsitz der Münchner *Gesellschaft* abzugeben.

Trotz ihres offiziellen Rücktritts arbeitet Anita Augspurg weiterhin mit der Münchner Frauenbewegung zusammen, eher im Hintergrund, manchmal verdeckt. Auf den Sachverstand der Juristin will man nicht verzichten. Sie macht Vorschläge, arbeitet sogar Anträge aus, die die *Gesellschaft* dann an den Berliner Reichstag schickt. Dort reagiert man verblüfft auf das »unverfrorene« Ansinnen aus München. Anita Augspurg hält im April 1896 in einem Brief fest: »habe auch hier diese verflossenen 4 Wochen wieder tapfer in unserer Protestsache gearbeitet. Jetzt sitzen die weisen Männer + brüten über unseren unverfrorenen Anträgen, die sie sich wahrscheinlich aus der ›gemässigten Münchener Frauenbewegung‹, die im Plenum des Reichstages soviel Anklang und Sympathie gefunden hat, in dieser Weittragfähigkeit nicht vorgestellt hatten. So mancher sieht aus einem harmlos aussehenden Hühnerei einen jungen Drachen ausschlüpfen.«[299]

Inhaltlich ist über diese Anträge leider nichts bekannt, aber mit Sicherheit richteten sie sich gegen die Stellung der Frau im Entwurf des Bürgerlichen Gesetzbuches. Bedauerlicherweise können die vielfältigen Interventionen der Frauenbewegung nichts ausrichten. Im Sommer 1896 wird das Bürgerliche Gesetzbuch in zweiter und dritter Lesung gegen die Stimmen der SPD vom Reichstag gebilligt. Die wesentlichen Forderungen der Frauen sind unberücksichtigt geblieben. In Kraft treten soll das BGB zu Beginn des neuen Jahrhunderts.

Doch Deutschlands Frauenrechtlerinnen lassen sich auch davon nicht einschüchtern und setzen ihren Kampf fort. Bereits im September 1896 tagt in Berlin im Roten Rathaus der erste *Internationale Kongress für Frauenwerke und Frauenbestrebungen*. Organisiert hat ihn eine kleine Gruppe von Frauen – unabhängig von ADF und BDF –, die sich seitdem als die »Radikalen in der Frauenbewegung« verstehen.[300] Als Vortragsrednerin für den sogenannten »Rechtstag« hat man auch die Jurastudentin Anita Augspurg nominiert, die über *Die Frau und das Recht* schlechthin sprechen soll: »Das Recht der Frau soll den Gegenstand meiner Besprechung bilden! – Wo herrscht es? Wo ist es zu finden? – Wo kann man es kennenlernen? – Das Recht der Frau ist heute noch fast überall ein theorethischer Begriff, praktisch vorhanden ist es in den Ländern der alten Welt nur in elementaren Ansätzen.« Während ihres Vortrags sitzt auch ihre spätere Lebenspartnerin, die junge Lida Gustava Heymann, im Publikum, sie erlebt die Rede wie eine Befreiung: »Die ersten Worte, die ich von Anita Augspurg vernahm, lauteten: ›Wo ist das Recht der Frau?‹ Diese mit Kraft und selten klangvoller Stimme in den mächtigen Saal gerufene Frage traf mich tief, ließ mich aufhorchen und aufschauen. Am Rednerpult stand ein Mensch in an griechische Art erinnerndem Gewande aus braunem Sammet. … Die Klarheit ihrer frei gehaltenen Rede, die Schärfe ihrer Beweiskraft und hernach in der Diskussion die kompromißlose Verteidigung der von ihr aufgestellten, von anderen angezweifelten Behauptungen – das alles imponierte mir restlos. Hier vereinte sich starkes Selbstbewußtsein mit einer völlig natürlichen, uneitlen Art sich zu geben.«[301]

Anita Augspurg formuliert zwar die Ansprüche der Frauen auf dem Gebiet des öffentlichen Rechts, den Begriff, die Forderung nach dem Frauenstimmrecht vermeidet sie allerdings, was beispielsweise die ebenfalls anwesende Sozialdemokratin Clara Zetkin bemängelt.[302] Bereits mehr als zwanzig Jahre zuvor hat Hedwig Dohm in ihren Schriften, darunter *Der Jesuitismus im Hausstande* (1873), neben der rechtlichen, sozialen und ökonomischen Gleichberechtigung zum ersten Mal auch das Stimmrecht für die Frauen gefordert. Nun ist die mutige und überaus bedeutende Akteurin des radikalen Flügels – die Mutter von Hedwig Pringsheim und die Großmutter von Katia Mann – ebenfalls auf dem Berliner Frauenkongress anwesend und fasst ihre Eindrücke für Maximilian Hardens Zeitschrift *Die Zukunft* zusammen.[303] »Solche Massen, wie wir sie im Rathause … sahen, setzen sich nur in Bewegung, wenn es sich um Angelegenheiten von großer und allgemeiner Tragweite handelt. Als ich einmal nach einer endlos langen Sitzung aus der drückenden Schwüle des Saales hinaus auf den Schlossplatz trat …, da wurde ich mir so recht des außerordentlichen Erfolges, den dieser revolutionäre Kongreß erzielte, bewußt. … Wie ein siegendes Licht brannte in Aller Herzen die erobernde Lust: hin zu dem Neulande! Und sie schuf eine ideale Gemeinsamkeit, eine Solidarität unter allen diesen Frauen. Alle, die da saßen, waren Schwestern, Schwestern in dem Glauben an ein Ideal. Freilich: wo blieben die Brüder? Kaum ein halbes Dutzend sah ich.«[304]

Hermann Obrist und August Endell lernen sich
im Münchner Frauenverein kennen

Im März 1896 hält Hermann Obrist in der *Gesellschaft zur Förderung der geistigen Interessen der Frau* einen Vortrag über seine Stickereien und sein Stickereiatelier. Unter den Zuhörern befindet sich August Endell. Fasziniert von Obrist selbst, von seinem Vortrag und den Stickereien, spürt er, dass sich hier etwas Neues, nie Dagewesenes Bahn bricht, und fühlt sich in seinem eigenen künstlerischem Sehnen und Ahnen bestätigt: »Diese Stickereien sind das Reifste und Herrlichste, was die Kunst seit dem Rokoko aufzuweisen hat. Kein Erzeugnis der modernen Malerei kann sich annähernd damit messen an Reife, Tiefe, Vollkommenheit und Schönheit. Diese Ornamentik steht neben den besten Erzeugnissen aller Zeiten. Sie ist der neue Stil, den alle suchen, dessen Möglichkeit manche bezweifeln. Hier ist das große Rätsel gelöst, spielend selbstverständlich. Das ist ganz neue, ganz unabhängige, ganz reife, ganz große Kunst. Dieser Formenreichtum, diese Farbenpracht. Das bedeutet den Anfang einer neuen Epoche.«[305]

Die beiden Männer lernen sich kennen, und schließlich lädt Obrist Endell ein, sich die Stickereien im Original anzusehen. »Es war der größte receptive Moment meines Lebens«, schreibt Endell an seinen Cousin. »Er fühlte, daß ich etwas davon verstand. Wir wurden vertraut. Ich konnte vermitteln, daß der ›Pan‹ in seinem nächsten Heft einen ausführlichen Artikel und Abbildungen bringt, leider nicht von mir. Und jetzt sind wir vertraute Freunde, ich verdanke ihm sehr viel. Ich bin ein Mann, seit ich ihn kenne. Er ist der erste, der mein Können wirklich schätzte, der so bedeutend ist, daß seine Schätzung wirklich Wert hat.«[306]

Die Begegnung dieser beiden Männer in der Münchner Frauenbewegung ist für die Kunstgeschichte ein großer Tag. Obrist und Endell fördern und beeinflussen sich fortan gegenseitig in ihrem künstlerischen Schaffen, revolutionieren die Kunst, gehören zu den Köpfen der neuen Kunstrichtung und treten 1896 mit wegweisenden Werken in die Öffentlichkeit. In Obrists Stickereien hat Endell die Formideen erkannt, die ihm bislang nur vage vorschwebten. Von Obrist ermuntert, beginnt er nun selbst mit künstlerischen Arbeiten und veröffentlicht kunsttheoretische Aufsätze. Der bereits etablierte Obrist empfiehlt seinen neuen Freund, wo er nur kann, zum Beispiel dem einflussreichen Harry Graf Kessler.[307] Endells Arbeiten gewinnen an Profil, sie werden von einem breiteren Publikum wahrgenommen. Noch 1896 fällt er der Kritik als junger, vielversprechender Künstler auf und wird fälschlicherweise als Obrists Schüler bezeichnet.[308] Tatsächlich handelt es sich aber um eine nahezu gleichzeitige Entwicklung der beiden Künstler.

Im Sommer 1896 finden in München zwei Kunstausstellungen statt, auf die Endell mit einem langen Aufsatz reagiert: *Um die Schönheit – Eine Paraphrase über die Münchener Kunstausstellungen 1896* erscheint in einem 29 Seiten umfassenden Heft im Querformat.[309] Der Umschlag ist mit einem Ornament geschmückt: mit einer tiefschwarzen Orchidee. August Endell selbst hat den Umschlag entworfen, hat dieses Ornament geschaffen.[310]

In seiner Schrift lässt der Autor kaum ein gutes Haar an den ausgestellten Münchner Künstlern, unter ihnen Max Liebermann, Franz von Lenbach und Richard Riemerschmid, und erstellt eine lange Liste ihrer Unzulänglichkeiten. Viel wichtiger jedoch ist, dass seine Kritik zugleich Wege zu einer neuen Kunst aufweist. Angesichts der »Zerrissenheit unseres Kunstlebens« und der »Kluft zwischen Künstler und Publikum« entwirft er ein ästhetisches Konzept, das sich in Anlehnung an Lipps Erkenntnistheorie auf die These einer unmittelbaren Gefühlswahrnehmung gründet: »wer nur einmal die Gefühlswirkung der Formen und Farben verspürt hat, der wird darin eine nie versiegende Quelle außerordentlichen und ungeahnten Genusses finden. … Wen niemals die köstlichen Biegungen der Grashalme, die wunderbare Unerbittlichkeit des Distelblattes, die herbe Jugendlichkeit sprießender Blattknopsen in Verzücken versetzt haben, wen nie … die große Ruhe weiter Blättermassen gepackt und bis in die Tiefen seiner Seele erregt hat, der weiß noch nichts von der Schönheit der Formen.«[311]

Das Sich-Versenken in Form und Farbe und die daraus resultierenden Gefühle stehen für Endell im Zentrum.[312] Es gibt »unendlich viele Formen, die am menschlichen Körper gar nicht vorkommen und die doch die stärksten Gefühle erwecken«, schreibt er. »Es giebt gewisse Orchideen, die zu dem Entsetzlichsten gehören, daß man sich denken kann, die uns direkt Furcht einflößen.«[313]

Tatsächlich liegt in diesem Satz die Wurzel zu seinem eindringlichen Buchumschlag: die stilisierte Form eines vielarmigen, zweiäugigen und sehr bedrohlich wirkenden Unterseeungeheuers, eine Art Schädel. Dass es sich um die Blüte einer Orchidee handelt, erkennt man nicht auf den ersten Blick.

»Es war eine Frauenschuhart, im Garten gezogen, und ich kam aus dem Staunen nicht heraus, über das bauchige glänzende Schiff mit den seltsamen Augen, das große Segel darüber, die beiden langen gewölbten Ruder mit den windigen Kanten und die vier sich krausenden warzigen Nebenblätter. Als die Blume im Glase auf meinem Schreibtisch stand,

Abb. 11: Die schwarze Orchidee von August Endell

staunte ich über die unheimliche Macht, die ein so kleines Gebilde mit unscheinbaren Farben über den Menschen haben kann.«[314]

Es ist genau diese Macht, die Endell an der Kunst interessiert, und mit seiner schwarzen Orchidee, mit seiner Schrift *Um die Schönheit* eröffnet er ihr neue Wege und legt damit einen Grundstein für den deutschen Jugendstil. In seiner Schrift, in der die Ästhetik des Gefühls eine zentrale Rolle spielt, adressiert er auch einen Vorwurf an die Frauenwelt.

Er kritisiert, dass sich die Frauen mit diesen zentralen Fragen nicht auseinandersetzten, obwohl sie aufgrund ihrer Gefühlsbetontheit doch eigentlich dazu prädestiniert seien. Er

wirft ihnen ihre Vorliebe für Liebliches und den Kitsch vor:
»Die Frauen kümmern sich wie billig um das alles nicht, sie
sind noch am ersten mit ihrem Gefühl dabei, aber sie haben
gewöhnlich nur für das Anmutige, Liebenswürdige Sinn, leider dann am meisten, wenn es in das Sentimentale, Süßliche
übergeht. Und so haben sie auch noch eine schlimme Katego-
rie geschaffen.«[315]

Das wird nicht unerhört und unbemerkt bleiben. Zumindest nicht von den Frauen, die in der Münchner Frauenbewegung engagiert sind, nicht von Anita Augspurg, nicht von
Sophia Goudstikker. In diesem Kontext wird in kurzer Zeit
eines der bedeutendsten Monumente des deutschen Jugendstils entstehen.

Emmy von Egidy: Künstlerische Ausbildung
bei Hermann Obrist

Originelle Geister wie Endell und Obrist strahlten eine unge-
heure Anziehungskraft auf die künstlerische Welt aus. Max
Halbe schreibt über die 1890er Jahre: »Gerade nun in jenen
Jahren sollte der Zustrom von künstlerischen Kräften jeder
Art, der schreibenden wie der bildnerischen, seine höchsten,
nachmals nie mehr übertroffenen Pegelstand erreichen. Für
die künstlerische Jugend aller Grade wurde das München der
Jahrhundertwende zu einer Art Mekka, bis dann nicht lange
vor dem Weltkrieg Berlin in scharfen künstlerischen Wett-
streit mit München zu treten begann.«[316]

Unter denen, die 1896 in dieses inspirierende »Mekka«

ziehen, befindet sich auch die vierundzwanzigjährige Emmy von Egidy. Wie so viele andere Menschen kommt sie aus Berlin und wird in München innerhalb von nur wenigen Jahren zu einem künstlerischen Star. Sie wird zu einer erfolgreichen Schriftstellerin, einer einzigartigen Künstlerin im deutschen Kunstgewerbe, einer Bildhauerin und Gestalterin von außergewöhnlichen Keramiken. Sie wird, angeregt von Hermann Obrist und August Endell, die konventionellen Gefäß- und Objektformen auflösen zugunsten neuer Gebrauchsobjekte in asymmetrischer und amorpher Ausführung. Auch ihr wird es um eine Auflösung der äußeren Gestalt gehen, die in der freien Kunst erst zehn Jahre später in München im Werk des Malers Kandinsky gänzlich gelingen wird.[317] Emmy von Egidy kommt vermutlich auf Anraten Obrists nach München, den sie aus den Keramikerkreisen in Bürgel kennt, wo auch sie eine Ausbildung absolviert hat.[318] Sie zieht in die Kaulbachstraße 32, in unmittelbare Nachbarschaft zu Anita Augspurg und Sophia Goudstikker, zur Stickerei von Hermann Obrist und Berthe Ruchet.[319]

Emmy von Egidy wurde am 5. April 1872 in Pirna bei Dresden geboren. Luise Charlotte Alexandrine Emmy von Egidy ist die älteste Tochter des Offiziers, Sozialethikers, Moralphilosophen und Pazifisten Moritz von Egidy (1847 – 1898) und seiner Frau Luise. Nach ihrer Schulzeit lässt sie sich als bildende Künstlerin in der Schule für Keramik und Modellierung in Bürgel ausbilden. 1889 muss ihr Vater aus dem Offiziersdienst ausscheiden, weil er politische Ämter angenommen hat – er ließ sich in den Stadtrat und in den Armenrat wählen – und sich außerdem schriftstellerisch betätigt hat. Sein Buch *Ernste Gedanken* war vornehmlich der Grund, warum er sich aus

Abb. 12: Emmy von Egidy

dem Offiziersdienst verabschieden musste.[320] Emmy von Egidy, die zu diesem Zeitpunkt (1889/1890) gerade in Dresden eine Zeichenausbildung und Unterricht in verschiedenen Sprachen erhält, tröstet ihren Vater und drängt ihn dazu, jetzt nach Berlin überzusiedeln,[321] was im Herbst 1891 – Emmy von Egidy war damals neunzehn Jahre alt – tatsächlich geschah. Moritz von Egidy gibt hier zahlreiche weitere Bücher heraus: *Ernstes Wollen*, *Die Versöhnung* und *Jugendblätter*, und korrespondiert mit Lew Tolstoi, mit Frauenrechtlerinnen wie Bertha von Suttner, Minna Cauer und Lily Braun (in erster Ehe Lily von Gizycki), die bald alle auch im Haus der Familie verkehren.[322] Den Einfluss Moritz von Egidys auf die Persönlichkeit Emmy von Egidys hat eine Literaturkritikerin 1902 wie folgt beschrieben: »Eins hat er ihr doch gegeben: das große Beispiel, wie man sich aus den Banden der Convention befreien kann und befreien muß, um sich selbst zu finden, den Muth zur Persönlichkeit, indem er ihr vorlebte, Persönlichkeit zu sein.«[323] Der vielseitig künstlerisch und literarisch veranlagten Emmy von Egidy bieten sich in Berlin vielfältige Möglichkeiten, ihre in Dresden gewonnene Bildung zu vervollständigen und ihren Gesichtskreis zu erweitern.

1896 verlegt sie ihren Wohnsitz nach München, weil sie sich dort im kunstgewerblichen Modellieren ausbilden lassen will,[324] nämlich bei Hermann Obrist. In engstem Kontakt mit diesem und August Endell stehend, entwickelt sie sich bald zu einer prominenten Vertreterin des Jugendstils. Und natürlich wird auch sie bald Mitglied des Münchner Frauenvereins.[325]

Zwei neue Zeitschriften: *Simplicissimus* und *Die Jugend*

In München werden 1896 zwei Zeitschriften aus der Taufe gehoben, die kulturgeschichtlich von höchstem Rang sind. Im Frühjahr erscheint das erste Heft des *Simplicissimus*, im Herbst folgen die ersten Hefte der *Jugend*.[326] Beide sind bald aus dem deutschen Kunst- und Geistesleben nicht mehr wegzudenken.

Der *Simplicissimus,* der vom Verleger Albert Langen herausgegeben wird[327] und sein Redaktionsbüro in der Kaulbachstraße 51a hat (wo im dritten Stock Sophia Goudstikker,
Anita Augspurg und Berthe Ruchet wohnen und sich Obrists
Stickereiatelier befindet),[328] wird sich schnell zum berühmtesten und gefürchtetsten Witzblatt Deutschlands entwickeln
und wird wegen der Skandale, die er auslöst, mit einem Bein
immer am Rand des Abgrunds stehen, bis dann die Jahre seines ganz großen Ruhmes vor der Tür stehen. »Wie mancher
Konfiskationen, Geldbußen und schließlich auch Gefängnis-
strafen hat es bedurft, um dem zähnefletschenden roten Mops
auf der Titelseite des Blattes die Türen der deutschen Bürger-
häuser zu öffnen und ihn zum Wappentier der bittersten und
giftigsten Opposition gegen das Deutschland des ›Kaisers‹ zu
machen!« Mit diesen Worten hat Max Halbe den Werdegang
dieses Blattes auf den Punkt gebracht.[329]

Am 1. November 1896 erscheint das erste Heft der Zeitschrift *Die Jugend. Münchner illustrierte Wochenschrift für
Kunst und Leben.* Sie wird sich zu einem der bedeutendsten
deutschen Organe für die Kunst und Literatur der Jahrhundertwende entwickeln, sie wird zum Sprungbrett für eine
große Anzahl junger Talente in der Literatur, Graphik und der
Malerei werden, die durch abgedruckte Texte oder Illustrationen berühmt werden[330] wie z. B. Otto Erich Hartleben, Juliane Déry, Max Slevogt, Ernst Barlach, Otto Eckmann, Hans
Christiansen, Peter Behrens und Max Klinger.[331] Auch Max
Haushofer, Emma Merk und Carry Brachvogel werden Bei-
träge für die *Jugend* schreiben. Die Zeitschrift wird vor allem
zur Namensgeberin der neuen Stilrichtung werden, die sich
im Umfeld unserer Protagonisten entwickelt: dem *Jugendstil.*

Vermutlich hat sich der Verleger Georg Hirth bei der Namensgebung an das Theaterstück *Jugend* von Max Halbe angelehnt, das 1892 uraufgeführt wurde. Abgesehen davon, dass Hirth[332] und Halbe eng befreundet sind, fällt auch die begriffliche Analogie auf. »Erde, Boden, Blut, Frühling, Liebe und Jugend«, so bezeichnete Halbe die Sehnsuchtsbegriffe seiner Generation.[333] Und im ersten Heft der *Jugend* lesen wir: »Jede Sprache hat ein paar solche Worte. In der deutschen heißen sie: Jugend, Frühling, Liebe, Mutter, Heimath! Sie klingen, – man nimmt sie auf – und vor unseren Blicken öffnet sich eine Welt. Und die weiteste von allen diesen Welten ist jene, die das Wort Jugend erschließt … Jugend ist Daseinsfreude, Genußfähigkeit, Hoffnung und Liebe, Glaube an die Menschen – Jugend ist Leben, Jugend ist Farbe, ist Form und Licht.«[334]

»Jugend ist Farbe, ist Form und Licht« – das erinnert auch an die Rhetorik August Endells in seinem programmatischen Essay *Um die Schönheit*, in dem er die Hingabe an Farben und Formen und an die dadurch ausgelösten Gefühle gefordert hat. *Die Jugend* entwirft ein völlig neues Erscheinungsbild, ein maßgeblicher Einfluss auf die künstlerische Gestaltung der frühen Jahrgänge geht damals auch von den Malern Arnold Böcklin, Franz von Stuck und Hans Thoma aus – verfolgt aber kein konkretes Programm.[335] Sie versteht sich als gegenwärtig und modern. Modern ist auch ihr Frauenbild. Schon das erste Heft wendet sich gegen den herkömmlichen bieder-brav-bürgerlichen Mädchentyp, gegen Mütter und Töchter, die an eine gute Partie denken – »von Pensionatsvorsteherinnen hochgeschätzt, von Primanern nie angehimmelt, eckig bis in die Seele hinein, und im Uebrigen alles Schöne und Gute – nur nicht jung!« Stattdessen propagiert die *Jugend* einen leidenschaftlichen Wildfang als Frau: »ein Mädchen, das zu tanzen liebt, und durch die Welt zu jagen, auf Stahlschuh oder Stahlrad, Pferd oder Bott, ein Mädchen, dem jene Damen vielleicht auch einmal ein shocking! nachrufen, denen nicht mehr Alles rein ist!«[336]

10.

1897: Die erste promovierte Juristin Deutschlands

– Anita Augspurg – Carry Brachvogel und ihr Salon –
Und: Männer in der Frauenbewegung

Die Mitglieder der Münchner Emanzipationsbewegung:
Frauen und Männer

»Starke Temperamente, künstlerische Naturen, warme leidenschaftliche Herzen, feurige Seelen – eine lebendige bewegte Aufbruchsstimmung voll Kraft, Humor, Geist und Geschmack. Eine temperamentvolle Emanzipation voll Herzensanteil, ein tapferes und zugleich frohes Erschaffen neuer Lebensformen«, so hat Gertrud Bäumer rückblickend aus dem Jahr 1933 die Münchner Frauenbewegung charakterisiert,[337] diese einzigartige Verschmelzung von politischem Anliegen, künstlerischem Ausdruck und origineller Lebensgestaltung. Die Verzahnung von künstlerischem und literarischem Milieu mit der Frauenbewegung spiegelt sich auch in den Mitgliederlisten wider.[338]

Während auf der Liste von 1896 erst 144 Personen stehen, finden sich 1897 bereits 237 Namen.[339] Da damals Frauen ganz selbstverständlich die Titel und Berufsbezeichnungen der Ehemänner tragen, lassen diese, jedenfalls bei den verheirateten Frauen, Rückschlüsse auf den gesellschaftlichen Status der Mitglieder zu.[340] Der größte Teil kommt aus der gebildeten und wohlsituierten bürgerlichen Oberschicht und wohnt in der Münchner Innenstadt. Dreizehn Professorenfrauen gehören 1897 dem Verein an: die Ehefrau des Physikers Leo Graetz, die des Philosophen und Psychologen Theodor Lipps und die des Mediziners und Anthropologen Johannes Ranke. Auch Frau Prof. Hedwig Pringsheim steht auf der Liste, die Tochter von Hedwig Dohm und spätere Schwiegermutter Thomas Manns. Dann auch die Frau des Zoologieprofessors Emil Selenka, die damals selbst an Forschungsreisen teilnimmt und später eine führende Rolle in der pazifistischen Bewegung spielt.[341]

Auch Frauen aus adligen Familien sind unter den Mitgliedern: Baronesse von Barth, Frau Belli di Pino, geborene von Aretin, Baronin von Gumppenberg und Baronin von Wolzogen, die Ehefrau Ernst von Wolzogens, der in München mittlerweile wieder geheiratet hat. Auch Frauen von Hofbeamten und Offizieren stehen auf der Liste, darunter Martha Haushofer. Sie, die aus der bekannten jüdischen Familie Mayer-Doss stammt und bald auch im Vorstand des Münchner Vereins tätig sein wird, ist die Frau von Karl Haushofer, dem später so bekannten Professor für Geopolitik. Er wiederum ist der Sohn des Dichters Max Haushofer und der Bruder der Dichterin und Malerin Marie Haushofer.[342]

Dann finden sich auf der Liste die Ehefrauen von Anwälten, Ärzten, Geschäftsleuten und Bankdirektoren und die Namen von Ehefrauen und Töchtern von Schriftstellern und Malern, von Architekten und Designern: die Frau des Dichters Paul Heyse, die Frau des Verlegers Friedrich Hanfstaengl, Freifrau von Debschitz oder die Frau von Richard Riemerschmid.

Auch bildende Künstlerinnen, Malerinnen und Kunstgewerblerinnen sind zahlreich vertreten. Außer Gabriele Münter, die dem Verein zwei Jahre angehört, sind heute allerdings viele kaum mehr bekannt. Weder die Textilkünstlerin Margarethe von Brauchitsch noch die Künstlerin Eda Metger noch die Puppenmacherin Hermine Moos. Dann finden sich auch viele Lehrerinnen auf der Liste. Einige sind längst im Vorstand des Vereins tätig, so zum Beispiel Therese Schmid, Seminaroberlehrerin an der Kreislehrerinnenbildungsanstalt, oder Anna Freund, Hauptlehrerin an der städtischen höheren Mädchenschule. Und wie wir ja bereits wissen, ist ein Großteil von Münchens Schriftstellerinnen schon lange an vorderster Front des Vereins engagiert und aktiv: Emma Merk, Gabriele Reuter, Elsa Bernstein, Emmy von Egidy, Carry Brachvogel, Marie Haushofer und Helene Böhlau, Helene Raff und viele weitere.[343]

Der Verein ist von Anfang an überkonfessionell angelegt und durch die Zusammenarbeit von Frauen aller Konfessionen geprägt. Frauen jüdischer Herkunft bilden von Anfang an einen hohen Prozentsatz der Mitglieder. Während der jüdische Bevölkerungsanteil in München um die Jahrhundertwende nur etwa 1,8 Prozent betrug, lag in der *Gesellschaft* der Anteil von Frauen jüdischer Herkunft um ein Vielfaches höher. Carry Brachvogel, Elsa Bernstein, Sophia Goudstikker, Martha Haushofer und viele andere waren jüdischer Herkunft, auch wenn sie den Glauben weder pflegten noch sich damit identifizierten. Sie haben sich alle als konfessionslos begriffen, befürworteten die Assimilation oder sind sogar, wie z. B. Sophia Goudstikker, später zum protestantischen Glauben übergetreten.[344]

Ein Spezifikum der *Gesellschaft zur Förderung der geistigen Interessen der Frau* besteht darin, dass sie ganz gezielt auch

Männer aufnimmt. Man will nicht nur von ihren Netzwerken profitieren, sie sollen auch selbst die emanzipatorischen Ideen verbreiten – eine Strategie, die ursprünglich auf Anita Augspurg zurückgeht. Sophia Goudstikker wird die Beteiligung von Männern 1902 so auf den Punkt bringen: »Es muß als ein besonderes Charakteristikum der Münchner Frauenbewegung hervorgehoben werden, daß es ihr gelungen ist, die Anteilnahme von Männern, Gelehrten, Künstlern und Industriellen für ihre Arbeit zu gewinnen.«[345] Während 1896 erst sechs Männer die Mitgliederliste schmückten, darunter der Bildhauer und Jugendstilkünstler Hermann Obrist und der Schriftsteller Hugo Steinitzer, hat sich die Anzahl der Männer 1897 nahezu vervierfacht. Zweiundzwanzig Männer sind Mitglieder: Künstler, Schriftsteller, Gelehrte, Professoren, Ärzte, Rechtsanwälte und Industrielle. Nicht nur August Endell, sondern auch der Dichter Rainer Maria Rilke, Carl von Thieme, der Direktor der Münchner Rückversicherungsgesellschaft, der Dichterphilosoph und Ökonom Max Haushofer und der uns schon allseits bekannte Schriftsteller und Theatermanager Ernst von Wolzogen finden sich unter diesen Männern, die Teil der Münchner Frauenbewegung geworden sind.[346] Wie eng die Verknüpfung, wie vielschichtig der Austausch zwischen den Frauen und den Männern in diesem Kreis sind, zeigen einige Beispiele.

Hermann Obrist und August Endell, die beiden Jugendstilkünstler und Frontmänner der Frauenbewegung, stellen im Sommer 1897 erstmals ihre Werke auf der 7. Internationalen Kunstausstellung im Münchner Glaspalast aus. Obrist ist dort nicht nur mit seinen Stickereien vertreten, sondern auch mit Möbeln.[347] Auch Endell, der in den vergangenen Monaten

Möbel, Stuckfriese, Wandteppiche und Zeitschriftenvignetten entworfen hat, ist mit einigen Exponaten vertreten.[348] Die Ausstellung, die am 1. Juni eröffnet wird, wird als sensationeller Durchbruch der modernen angewandten Kunst gefeiert,[349] denn erstmals werden hier dem Kunstgewerbe im »neuen Stil« zwei kleine Kabinette zugestanden, die als »Kinderstuben der modernen dekorativen Kunst« in die Kunstgeschichte eingehen werden. Die jährlich stattfindende Glaspalastausstellung wird von der *Münchner Künstlergenossenschaft* und der *Münchner Secession* veranstaltet. Bis zum Ausstellungsjahr 1897 hat man hier ausschließlich Arbeiten aus dem Bereich der bildenden Kunst präsentiert. Verschiedene Umstände führten dazu, dass jetzt, im Jahr 1897, auch das moderne Kunstgewerbe Aufnahme fand, das man damals gleichsetzte mit angewandter Kunst, Kunsthandwerk, dekorativer Kunst, Kunstindustrie oder technischer Kunst. An vorderster Stelle ist bestimmt der ideelle Anspruch und Wille zu nennen, die angewandte Kunst endlich der sogenannten freien Kunst gleichzustellen.

Obrist und Endell feiern in diesem Jahr allerdings nicht nur ihren sensationellen Durchbruch als Künstler, sie vertiefen ihr Engagement auch in der Frauenbewegung. Während Hermann Obrist seine Vortragsreihe im Frauenverein fortsetzt und über ästhetische Fragen und die Frauenarbeit im Kunstgewerbe referiert und reflektiert,[350] berät August Endell die beiden Frauenrechtlerinnen Anita Augspurg und Sophia Goudstikker in der Neugestaltung des Ateliers *Elvira*, die im Folgejahr realisiert wird und einen der bedeutendsten Bauten des deutschen Jugendstils entstehen lässt.

Dass auch der junge Rainer Maria Rilke als Mitglied der

Gesellschaft zur Förderung der geistigen Interessen der Frau verzeichnet ist, hat zweifellos mit seinem Kontakt zu den Goudstikker-Schwestern zu tun. Er war zeitweise mit Mathilde Goudstikker liiert, die ihn mit ihrer Schwester und der Frauenbewegung in Verbindung gebracht hat. Die Nietzsche-Biographin Lou Andreas-Salomé, die Rilke ebenfalls 1897 kennenlernt, schreibt am 14. Mai ins Tagebuch: »Nachts krank; später Endell, mit ihm die Premiere von Schewitsch ›Dunkle Nächte‹, wo Puck (Sophia Goudstikker) und Mathilde (Mathilde Goudstikker) und Frl. Freudenberg, mit ihnen und Rilke zu Schleich bis ½ 2 sehr heiter soupiert; mit Endell und Rilke nach Hause.«[351] Tatsächlich scheint Rilke, der auch in Carry Brachvogels Salon verkehrt, die Münchner Szene sehr gut zu kennen, wenn er schreibt: »Ich habe die Empfindung, dass man das Dekorative des neuen Stils, insoweit es in München seine Wiege hat und durch Otto Eckmann, Hermann Obrist, August Endell etc. vertreten wird, nur verstehen kann, wenn man einerseits dieses Milieu, andererseits die Einflüsse kennengelernt hat, welches es auf die Menschen, auf die Schaffenden ausübt.«[352]

Ernst von Wolzogen, der zuvor schon Carry Brachvogel gefördert und Gabriele Reuter mit hymnischen Besprechungen gefeiert hat, holt nun Elsa Bernsteins Stück *Dämmerung* nach München, das 1893 seine Uraufführung in Berlin erlebt hat. Nun soll auch hier die zum Ideal erhobene berufstätige Frau propagiert werden, und zwar im Münchner Volkstheater[353] – in einer Aufführung, die Ernst von Wolzogen selbst durchführt[354] und die finanziell mit einem Fonds der *Gesellschaft zur Förderung geistiger Interessen der Frau* mitgetragen wird. Im Jahrbuch des Vereins wird festgehalten: »Es galt die

Aufführung von Ernst Rosmers (Frau Dr. Bernsteins) Drama ›Dämmerung‹ zu ermöglichen, eines Werkes, welches außer seinem hohen künstlerischen und psychologischen Werte für uns noch dadurch von speziellem Interesse ist, daß es eine Frau als geschickte Ärztin auf die Bühne bringt.«[355]

Wolzogen kümmerte sich persönlich um die Besetzung des Stücks: »Ich hatte eigens, um eine möglichst vollkommene Besetzung dieses mit großem technischem Geschick und feiner Psychologie gearbeiteten Schauspiels zu erzielen, eine Reise durch die süddeutschen Theaterstädte gemacht und mir aus Stuttgart und Karlsruhe Darsteller geholt, von denen ich mir viel versprach. In erster Reihe von der damals noch gänzlich unbekannten *Gertrud Eysoldt*, in der ich eine ganz spezifische moderne Charakterkünstlerin heranwachsen sah. Das Unglück wollte es, daß die Eysoldt am Tage vor der Vorstellung von einer fürchterlichen Heiserkeit befallen wurde. Sie spielte trotzdem, aber die erwartete Wirkung mußte ausbleiben. Es gelang mir nachher, diese ganz eigenartige Schauspielerin nach Berlin zu bringen, wo sie dann ja auch meine großen Erwartungen völlig gerechtfertigt hat.«[356]

1897 wird auch der Ökonom und Schriftsteller Max Haushofer Mitglied der *Gesellschaft*. Er trat allerdings schon im Vorjahr als Förderer und Unterstützer der Emanzipationsbewegung in Erscheinung: Er hielt im Kunstgewerbehaus einen öffentlichen Vortrag über das Thema *Moderner Luxus* und spendete das eingenommene Geld dem Frauenverein zur Finanzierung der gewerblichen Zeichenklasse, die 1896 vom Verein ins Leben gerufen worden war.[357] Mit den Protagonistinnen der Szene ist er seit langem eng verbunden: Er führt eine Beziehung mit der Schriftstellerin Emma Merk, ist der

Vater der Malerin und Dichterin Marie Haushofer und ist befreundet mit Carry Brachvogel; zusammen mit Emma Merk und Marie Haushofer zählt er zu den Stammgästen ihres literarischen Salons.

1907, anlässlich seines Todes, wird ihn der Münchner Frauenverein als »großen Freund« der modernen Frauenbewegung würdigen, als einen Mann, der »seine geistige Kraft dem Verein für Fraueninteressen in München in hohem Maße zur Verfügung gestellt« hat, wie man damals in einem Artikel in den *Münchner Neuesten Nachrichten* erfährt. Betont wird dabei auch, dass Haushofer nicht nur offiziell für die Frauenfrage eingetreten ist, sondern dass er den Frauen stets ein treuer Beistand war, bei dem man sich immer Rat holen konnte.[358] Noch im Jahr 1933 wird die Frauenrechtlerin und Politikerin Gertrud Bäumer seine Bedeutung für die Frauenbewegung herausstellen: »es gab in Bayern gar keine andere mögliche Verbindung [für die Frauenbewegung] als die zum Liberalismus, der für die ältere Generation in Haushofer einen kultivierten und verständnisvollen Vertreter – man kann beinahe sagen: Verbindungsmann – zur Frauenbewegung darstellte.«[359]

Max Haushofer, der Sohn des Chiemseemalers Maximilian Haushofer und Gründers der Frauenwörther Künstlerkolonie, ist im Jahr 1897 längst ein in ganz Deutschland berühmter Professor für Volkswirtschaft. Als Wissenschaftler hat er in den vergangenen Jahren eine reiche publizistische Tätigkeit entfaltet: Er veröffentlichte ein Lehr- und Handbuch der Statistik und schrieb über *Die Zukunft der Arbeit*, über *Grundzüge der politischen Ökonomie*, aber auch über *Die Ehefrage im Deutschen Reich* und über *Frauenregiment in der Gegenwart*.

Abb. 13: Der Dichter und Professor für Volkswirtschaft Max Haushofer

Ein sehr populäres Werk war sein Buch *Der kleine Staatsbürger*. Er publizierte aber auch fortwährend zu kunstgewerblichen und ästhetischen Fragen und zur Natur und Landschaft
Bayerns und Österreichs. Zusammen mit seinem Bruder Karl
Haushofer, Professor für Mineralogie, gehört er zu den Grün-
dern des Deutschen Alpenvereins.

Außerdem trat Max Haushofer auch als Dichter in Erscheinung, beispielsweise mit den Versepen *Der ewige Jude* (1886)
und *Die Verbannten* (1890) sowie mit den *Geschichten zwischen Diesseits und Jenseits* (1888). Von seinem Biographen
wurde er gar als »deutscher Dante« bezeichnet.[360] Als Ver-

einsmitglied wird Max Haushofer sein Engagement für die Frauenbewegung fortsetzen und genau wie Hermann Obrist und August Endell in den kommenden Jahren weitere Vorträge halten. Er wird außerdem 1897 im Münchner Frauenverein einen Kurs über die Grundzüge der Volkswirtschaft abhalten und auf diese Weise zur Unabhängigkeit der Frauen beitragen.[361]

Ein Auftrag für das Atelier *Elvira*: Anita Augspurg, Sophia Goudstikker und August Endell

Für Anita Augspurg und Sophia Goudstikker wird die räumliche Situation zunehmend schwierig. Sie waren im Oktober 1892 in die Kaulbachstraße 51a umgezogen, während das Atelier *Elvira* im Parterre des Mietshauses in der Von-der-Tann-Straße 15 nach wie vor seinen Sitz hat.[362] Bereits seit 1893 verfolgen die beiden Frauen Pläne für einen Atelierbau, aber das Projekt blieb vorerst liegen. 1897 nehmen sie die Idee wieder auf, und Anita Augspurg und Sophia Goudstikker erwerben nun zu gleichen Teilen das gesamte Anwesen der Von-der-Tann-Straße 15. Ihr Plan ist es, direkt angrenzend ans Mietshaus einen eigenen kleinen Atelierbau zu errichten.

Im Mai reichen Anita Augspurg und Sophia Goudstikker die Pläne für den Neubau bei der Baubehörde ein.[363] Beide treten als gleichberechtigte Bauherrinnen und Mitunterzeichnerinnen auf. Auch wenn ihre Pläne im Laufe des Jahres mit einigen Auflagen genehmigt werden, nehmen sie das Vorhaben vorerst nicht in Angriff. Das mag zum einen daran liegen, dass Anita Augspurg in der ersten Jahreshälfte durch ihre Doktorarbeit vollständig absorbiert ist, zum anderen aber auch daran, dass sie im Laufe des Jahres beschließen, August Endell für den Neubau und die Gestaltung ihres neuen Ateliers hinzuzuziehen.

Spätestens im November 1897 hat August Endell einen Auftrag von Anita Augspurg und Sophia Goudstikker für das Ateliergebäude und ein neu zu erbauendes Wohnhaus in der Königinstraße 3a in der Tasche: »Für den Bau des Hofateliers Elvira lag der Grundriß bereits vor, ich hatte nur für die Ausgestaltung der Fassade und der Haupträume Sorge zu tragen«, erinnert sich Endell.[364] Auch in einem Brief an seinen Cousin vom November 1897 erzählt er von seinem allerersten Bauauftrag: »Ich werde voraussichtlich schon nächstes Frühjahr bauen. Nur klein, aber alles, die gesammte Innendekoration, Thüren, Fenster, Friese, Kapitäle, Simse, gemalte Ornamente, Treppengeländer, Gitter, schmiedeeiserne Thüren. Und für jede Art gleich viele Entwürfe, um Auswahl und Abwechslung zu ermöglichen.«[365]

Dem als Architekten vollkommen unerfahrenen August Endell die Bauvorhaben mit seinen neuartigen Ideen zu überlassen, ist ein mutiger Akt und ein besonderes Beispiel weiblichen Mäzenatentums gegenüber einem noch jungen Künstler. Möglicherweise lagen dieser Entscheidung auch private Gründe zugrunde, denn Sophia Goudstikker, die federführende Auftraggeberin, mag damals eine gewisse Zuneigung zu Endell empfunden haben, wie ein Brief von Frieda von Bülow an Lou Andreas-Salomé vom Juli 1899 nahelegt.[366]

Für Endell ist dieser Auftrag ein riesiger Sprung, denn er ermöglicht ihm die Schaffung eines »Gesamtkunstwerks«, eine Synthese von Innengestaltung und Architektur, wie sie nur wenigen Jugendstilkünstlern vor der Jahrhundertwende vergönnt sein wird.[367] Aber er trägt natürlich auch eine enorme Verantwortung gegenüber seinen Auftraggeberinnen, und die Arbeiten bringen ihn, der stets vor sich hin kränkelt, oft an den Rand seiner Kräfte: »Ich werde von Tag zu Tag einsamer und bin in einer Entwicklungs- und Arbeitshetze, die grenzenlos ist. An meine receptiven Interessen darf ich gar nicht denken. … Ich arbeite ja ziemlich rasch, aber jede Arbeit erfordert unendlich lange Vorbereitung, Überlegen, Probieren. Dazu kommen die geschäftlichen Sachen, wofür ich gar nicht geschaffen bin und die mir viel Zeit wegnehmen. Dann das Beaufsichtigen der Handwerker. Und ich habe auch äußerlich sehr viel zu thun. Und kriege jeden Tag mehr.« Durch die Vertiefung in seine Arbeit verliert er auch den Kontakt zu seiner Umwelt: »Ich bin in der Gesellschaft gar nicht zu gebrauchen. Ich bin überall zu extrem, außerdem habe ich gar keine Geistesgegenwart, um immer meine Ideen parat zu haben, und sie rasch mundgerecht zu machen. … Ich kann nur durch meine Produktion sprechen. Laß mich Kuh sein, wiederkäuen, träumen, denken und kalben. Darüber hinaus reicht's noch nicht.«[368]

Aber August Endell wird durchhalten und eines der bemerkenswertesten Bauwerke dieser Zeit schaffen, das auch ein neues Kapitel für das Fotoatelier *Elvira* und für Sophia Goudstikker als Fotografin aufschlagen wird.

Nach ihrer anstrengenden Vortragsreise durch Deutschland und dem aufreibenden Kampf gegen den Entwurf des Bürgerlichen Gesetzbuches kehrte Anita Augspurg zum Wintersemester 1896/97 nach Zürich zurück und meldete sich bei dem Staatsrechtler Gustav Vogt zur Promotion an. Dieser ist ganz verwundert, verblüfft: »Schon jetzt«, fragte er. »Rosa Luxemburg studierte 10 Semester, ehe sie sich zur Ablegung der Prüfung meldete.« Anita Augspurg arbeitete konzentriert und rasch; Eile war auch deshalb geboten, weil das deutsche BGB, dessen Entwurf unverändert genehmigt worden ist, zum Jahrhundertbeginn in Kraft treten sollte und die Zeit zur weiteren Agitation gegen die familienrechtlichen Zurücksetzungen der Frauen drängte.[369] Das Thema von Anita Augspurgs Doktorarbeit lautet: *Über die Entstehung und Praxis der Volksvertretung in England.* Hier vertritt sie die These, dass die Staatsbildung selbst nur dem Willen eines Volkes entkeimen kann. Konsequent zu Ende gedacht, impliziert diese These die Notwendigkeit einer Beteiligung der Frauen an der Staatsleitung, nämlich als unverzichtbarer Teil des Volkswillens.[370] Im Juni 1897 reicht Anita Augspurg beim Dekan der staatswissenschaftlichen Fakultät der Universität Zürich ihre Doktorarbeit ein. Die Arbeit wird angenommen – trotz der anscheinend etwas seltsam anmutenden neuen und ungewöhnlichen Disposition.[371] Noch im Juli wird sie zur mündlichen Prüfung zugelassen und erhält die Note *rite* (genügend). Damit ist ihr Studium in Zürich beendet. Das ist nicht nur ein großer Tag für Anita Augspurg persönlich, es ist auch eine Zäsur für die Frauenemanzipation in Deutschland. Denn Anita Augspurg ist die erste promovierte Juristin Deutschlands. Niemals zuvor hat eine deutsche Frau das erreicht, was Anita Augspurg mit Selbstbewusstsein, Selbstvertrauen und Selbstdisziplin geschafft hat.

Auf der Rückfahrt nach München reist sie über Schloss Syrgenstein und macht Station bei Gräfin Sophie von Waldburg-Syrgenstein. Hier wird sie mit Feuerwerk und Böllerschüssen gefeiert, ja, der örtliche Jäger unternimmt es sogar, ihre Heldentat im *Allgäuer Boten* mit einem dichterischen Erguss zu würdigen.[372] Seit dem 17. August 1897 ist Anita Augspurg polizeilich zwar wieder in München gemeldet, wie gewohnt bei Sophia Goudstikker in der Kaulbachstraße 51a,[373] aber bald schon zieht es sie weiter nach Berlin[374] – keine leichte Entscheidung, »denn Preußen und besonders die Berliner Atmosphäre wie die Berliner selbst mit … dem ewigen Getue, dem immer alles Besserwissenwollen«, sind ihr eigentlich verhasst.[375]

Zwei Gründe sprechen für den Wechsel nach Berlin: Einerseits kann sie hier mit ihrer frauenpolitischen Arbeit im Moment mehr bewirken. Andererseits kann sie ihrer persönlichen Situation, ihrer Partnerschaft mit Sophia Goudstikker, aus dem Weg gehen. Die beiden Frauen teilen zwar nach wie vor die Wohnung und haben mit dem Neubau des Fotoateliers gemeinsame Pläne, tatsächlich mangelt es aber schon länger an emotionaler Nähe zwischen beiden, seit einigen Jahren leidet Anita Augspurg unter der immer weiter zunehmenden Entfremdung von ihrer Lebensgefährtin.[376] Ganz abgesehen davon, dass Sophia Goudstikker längst ein enges Verhältnis zu Ika Freudenberg, der neuen Vorsitzenden des Münchner Frauenvereins, aufgebaut hat.

Nach einem kurzen Aufenthalt bei der Frauenrechtlerin Minna Cauer zieht Anita Augspurg in Berlin jetzt mit der jungen Ärztin Agnes Hacker zusammen, die sie aus Zürich kennt. Agnes Hacker arbeitet in der von Franziska Tiburtius mitbegründeten »Poliklinik für Frauen«, der sogenannten *Chirurgischen Klinik weiblicher Ärzte*, außerdem ist sie die erste deutsche Ärztin, die für die Berliner Sittenpolizei arbeitet.[377]

In Berlin nähert sich Anita Augspurg weiter dem radikalen Flügel der Frauenbewegung an. Sie orientiert sich an der von ihr bewunderten Minna Cauer, die damals als führender Kopf der radikalen Richtung der bürgerlichen Frauenbewegung gilt. Mit ihr arbeitet Anita Augspurg fortan eng zusammen. Minna Cauer, die 56 Jahre alt ist, ist die Mitbegründerin und erste Vorsitzende des Berliner Vereins *Frauenwohl*, in dessen Auftrag Anita Augspurg 1896 in ganz Deutschland gegen den Entwurf des Bürgerlichen Gesetzbuches auf Agitationsreise unterwegs war. Außerdem ist sie Herausgeberin der wichtigen Zeitschrift *Frauenbewegung*.[378]

Bald arbeitet Anita Augspurg nicht nur im Vorstand des Vereins *Frauenwohl* mit, sondern hilft Minna Cauer auch bei der Herausgabe der Zeitschrift, in der Anita Augspurg jetzt regelmäßig als Autorin vertreten ist. Anita Augspurg und Minna Cauer sind bald schon die führenden Köpfe der radikalen Frauenbewegung und treten mehr und mehr öffentlich als Paar auf: Sie gehen im Reichstag ein und aus und berichten über die politische Arbeit der Volksvertreter. Sie werden selbst politisch aktiv und schaffen sich ihre eigene politische Bühne. Sie halten Reden, leiten Diskussionen, verfassen zusammen Petitionen und organisieren deren Verbreitung. Einfallsreich und mutig, werden sie gemeinsam eine radikale, außerparlamentarische Opposition von Frauen aufbauen – was im politischen Leben des Kaiserreichs weder vorgesehen noch erwünscht ist.[379]

Anders als in der politischen Zusammenarbeit lockert sich die persönliche Beziehung der beiden Frauen bereits nach einem Jahr, was für Minna Cauer eine herbe Enttäuschung ist. Sie, die ein Kind und zwei Ehemänner verloren hatte, hoffte in Anita Augspurg noch einmal einen ihr zugehörigen Menschen gefunden zu haben. Aber Anita Augspurg kann diese Ansprüche nicht einlösen.[380]

Carry Brachvogel erntet

Carry Brachvogels literarischer Salon am Siegestor findet immer am Freitagnachmittag statt. Hier wird über die neuesten Vorgänge in Politik, Theater, Literatur und Kunst diskutiert, über neu erschienene Bücher, über gerade entstehende Theaterstücke, über all das, was gerade modern und literarisch angesagt ist. Schriftsteller lesen aus ihren aktuellen Manuskripten und beraten sich mit den anderen Gästen. Gereicht wird vorzugsweise Earl-Grey-Tee aus dem Hause Dallmayr, dazu ein hausgemachtes Gebäck: Dünn geschlagenes Ei wird auf »Matzen« (ungesäuerte Brotfladen) gestrichen, gehobelte Mandeln und Hagelzucker darübergestreut und das Ganze einige Minuten gebacken. Die Herstellung dieser Süßigkeit ist die einzige Reminiszenz Carry Brachvogels an ihre jüdische Herkunft – den Glauben, in dem sie aufgewachsen ist, hat sie nicht praktiziert.[381] In der Rundfrage *Lösung der Judenfrage*, die Julius Moses 1907 veranstaltet, bezieht sie Stellung: Sie glaubt an keinen persönlichen Gott, kann sich mit gar keiner Religion identifizieren, sondern begreift sich selbst als »Monistin«, als eine Art Pantheistin.[382]

In ihrem Salon geht es temperamentvoll zu, ihrer Schlagfertigkeit und Eloquenz muss man erst mal gewachsen sein: »jeder, der sich zu den Freunden Frau Brachvogels rechnen darf«, muss auf dem Posten sein, »um der geistreichen, wortgewandten Wirtin folgen zu können und eine Stellung zu den vielen Fragen, die aufgeworfen werden zu nehmen«.[383]

Der »Teetisch am Siegestor«, wie Ernst von Wolzogen den Salon bezeichnet, zählt auch für den jungen Rilke zu den ersten Anlaufstellen in München. Er, der sich damals noch René nannte und völlig unbekannt war, wich kaum von der Seite seiner mütterlichen Beschützerin Lou Andreas-Salomé. »In dem ganzen Gehaben dieses jungen Mannes kündigte sich ein neues Dichtergeschlecht an. Nichts mehr von dem bummeligen Zigeunertum der Naturalisten des vorigen Jahrzehntes und ebensowenig von der malerischen Inszenesetzung des klassischen Epigonentums: also weder Samtjoppe noch fliegende Krawatte, noch ausgefranste Hosen und trauernde Fingernägel, vielmehr der körperlich wohlgepflegte Jüngling aus gutem Hause, sehr korrekt angezogen mit unauffälligem Schick, sogar durch die Wahl dunkler Farben und eines aparten Rockschnittes ein wenig geistlich betont. Man hätte Rilke für einen jungen Abbé in Zivil halten können.«[384]

Rilke ehrt die Gastgeberin mit einem Gedicht, das vermutlich 1897 entstanden ist und 1898 in seinem Gedichtband *Advent* abgedruckt wurde, und zwar unter der Rubrik *Gaben an verschiedene Freunde*.[385]

Frau Carry Brachvogel

Ein weißes Schloss in weißer Einsamkeit.
In blanken Sälen schleichen leise Schauer.
Todkrank krallt das Gerank sich an die Mauer,
und alle Wege weltwärts sind verschneit.

Darüber hängt der Himmel brach und breit.
Es blinkt das Schloß. Und längs den weißen Wänden
hilft sich die Sehnsucht fort mit irren Händen …
Die Uhren stehn im Schloß: Es starb die Zeit.

Carry Brachvogel allerdings gehört 1897 nicht nur zu Münchens stadtbekannten Salondamen, auch literarisch hat sie sich weiter durchgesetzt. Da ihre Mutter sich nach wie vor um die Kinder kümmert – mittlerweile sind sie elf und zwölf Jahre alt –, konnte Carry Brachvogel weiter ihre Karriere als Schriftstellerin vorantreiben, denn immerhin finanziert sie ja mit dem Schreiben auch die Familie. Seit ihrem erfolgreichen Roman *Alltagsmenschen* von 1895 hat sie Theaterstücke und Novellen verfasst, und 1897 erscheint bei S. Fischer ihr Novellenband *Erntetag*. Im Verlagsprogramm Fischers steht sie in bester Gesellschaft, insgesamt neun Bücher von Autorinnen publiziert der Verlag in diesem Jahr, unter anderem von Juliane Déry, Sophie Hoechstetter, Maria Janitschek und Elsa Bernstein.

Mit ihrem Novellenband legt Carry Brachvogel ein Panoptikum, ein plastisches, lebendiges Zeit-, Sitten und Gesellschaftsbild der 1890er Jahre vor. Sie nimmt die Rollenmodelle und Geschlechterverhältnisse in unterschiedlichen Gesellschaftsschichten unter die Lupe, im Bürgertum, in Künstlerkreisen, im bäuerlichen Milieu.

Sie zeigt die Frau als Opfer des herrschenden Gesellschaftssystems, führt sie als die vom Mann Ausgebeutete, Benutzte und Misshandelte vor, präsentiert ihn umgekehrt als den Herrn und Herrscher der Welt. Tatsächlich findet sich in *Erntetag* kein einziger Mann, der gut wegkommt. Wie schon in *Alltagsmenschen* kritisiert sie das mangelnde Selbstwertgefühl der Frauen, die ihren Lebensinhalt allein darin sehen, den richtigen Mann zu finden, der ihre Bedürfnisse befriedigen wird. Wird dieser Lebensplan nicht realisiert, sind Selbstzerstörung und psychische Verwüstung die Folgen.

Doch Carry Brachvogel genügt sich nicht mit der Darstellung des Status quo. In einigen Novellen führt sie vor, wie die Frauen jetzt anfangen, sich gegen den Mann, gegen typisch männliches Verhalten zu wehren. Das beginnt mit der Selbstermächtigung, die sexuelle Libertinage der Männer zu kopieren und ihnen die Untreue auf diese Weise heimzuzahlen, bis hin zu einem Mord, den eine Frau nach dreißig Jahren Misshandlung an ihrem Mann begeht.

Blick auf Marie Haushofer und Emma Merk

»Marie Haushofer in dankbarer Freundschaft zu eigen.« Mit dieser Widmung lässt Carry Brachvogel 1897 ihren Novellenband drucken. Im gleichen Jahr malt Marie Haushofer ein Bild, das eine im Grünen sitzende Dame zeigt, die von der im Chiemsee gelegenen sogenannten Krautinsel aus über den See in die Landschaft blickt. Gehüllt in ein langes weißes Kleid in der Mode der Zeit, sitzt sie, deren Gesicht nur an der weichen Rundung ihrer Wange zu erahnen ist, auf einem grünen Klappstuhl. Ihren Hut hat sie am Boden abgelegt, ein langer weißer Schleierschal hängt lässig drapiert über der Stuhllehne. Der Blick öffnet sich für die Dame, ebenso wie für den Betrachter des Gemäldes auf ein Ensemble, das die ältesten Gebäude und Wahrzeichen der Fraueninsel zeigt, mit der Marie Haushofer eine lange und wechselvolle Geschichte verbindet.

Hier hat ihr Großvater die berühmte Frauenwörther Künstlerkolonie gegründet, hier hat sie Teile ihrer Kindheit verbracht. Ihr Bild *Blick der Frau* kann noch heute im Gasthof *Inselwirt* auf Frauenchiemsee besichtigt werden.[386] Mit der Malerei ist Marie Haushofer seit der frühsten Kindheit in Berührung. Ihr Vater Max Haushofer hat sie in die Künstler- und Gelehrtenkreise Münchens eingeführt. Sie war auch 1894 bei der Gründung der *Gesellschaft für geistige Interessen der Frau* dabei und wird dort bald eine zentrale Rolle spielen. Der Weg zum politischen Engagement ist für Marie Haushofer sowieso kurz: Ihr Vater ist selbst politisch äußerst engagiert. Nicht nur als Professor der Volkswirtschaft ist er in ganz Deutschland auf Vortragsreisen – wobei Marie ihn seit ihrer Jugendzeit auch oft begleitet –, sondern auch als Mitglied der Nationalliberalen Partei. Außerdem hat ihr Vater zahlreiche Artikel über die gesellschaftliche Stellung der Frau im Kaiserreich geschrieben, plädiert für die Erwerbstätigkeit der Frau, insbesondere auch angesichts der demographischen Bevölkerungssituation und der Vielzahl an unverheirateten bürgerlichen Frauen, deren Finanzierung für die betroffenen Familien zu einer großen Belastung wird.

Marie Haushofer konzentriert sich zuerst auf das Kopieren der großen Meister in der Pinakothek; mit diesen Auftragsarbeiten verdient sie ihren Unterhalt. Ab 1896 – da ist sie 25 Jahre alt – arbeitet sie als Malerin in ihrem eigenen Atelier und schafft in den folgenden Jahren eine Vielzahl an Landschaftsbildern und Porträts. Frauen, wie sie auf ihrem Bild *Blick der Frau* dargestellt sind – auf einem Stuhl sitzend, einen Gegenstand anblickend oder versunken in den Anblick einer Landschaft –, sind ein beliebtes Sujet in der Malerei des 19. Jahrhunderts. Ob Marie Haushofer bei der Konzeption des Bildes eine tiefere Symbolik im Sinn hatte, ist unbekannt. Gemalt hat sie es anlässlich eines Buches, das Emma Merk – mit ihr und Carry Brachvogel eng befreundet – 1897 veröffentlicht: *Chiemseenovellen.*

Die vier Erzählungen präsentieren die Tradition der Fraueninsel im 19. Jahrhundert: die Künstlerkolonie, das alte Fischereiwesen und die dortige Kloster- und Schulkultur. Gut möglich, dass Marie Haushofers Gemälde für Emma Merks Blick auf die Fraueninsel stehen sollte, die mit ihrem Buch zu einem Rundgang durch die Atmosphäre einer der berühmtesten Künstlerkolonien in ganz Europa einlädt. Die Erzählungen vermitteln ein idealisiertes Bild dieser Welt, trotzdem spiegeln sich in ihnen das »Recht der Frau« und die anstehende »Emanzipation« wider – wenn auch gemäßigt.

1891 hat Gabriele Reuter in einem Brief die Diskrepanz zwischen Emma Merks Wesen und ihrer Literatur festgestellt. Ihre große Persönlichkeit und Individualität sollte doch viel besser mit ihren literarischen Werken in Einklang zu bringen sein. Sie hat ihrer Freundin empfohlen, ein Alleinstellungsmerkmal zu entwickeln und vor allem über das Milieu zu schreiben, in dem sie aufgewachsen sei. Das alles hat Emma Merk beherzigt. In den *Chiemseenovellen* werden die Protagonistinnen nun als äußerst eigenwillig und auf der Suche nach sich selbst präsentiert.

11.

1898: Das Fotoatelier *Elvira* im Zeichen des Jugendstils

– August Endell – Sophia Goudstikker –
Anita Augspurg – Emmy von Egidy –

Eine Rechtsschutzstelle für Frauen

Am 1. Mai eröffnet in München die »Rechtsbelehrungs- und Rechtsschutzstelle« für Frauen. Sie geht auf eine Initiative der *Gesellschaft zur Förderung der geistigen Interessen der Frau* zurück und wird rasch zu einer stadtbekannten Einrichtung. Gegründet und geleitet wird sie von Sophia Goudstikker. Tatsächlich ist es die Stadt München, die dem Verein zu diesem Zweck kostenlos einen Raum zur Verfügung stellt, und zwar in der Frauenarbeitsschule, die sich in der Von-der-Tann-Straße 2 befindet, nur wenige Meter vom Atelier *Elvira* entfernt. Zweimal wöchentlich, am Mittwoch und am Samstag, werden nun Sprechstunden abgehalten, bis zu vierzehn Vereinsmitglieder arbeiten fortan in dieser Rechtsschutzstelle. Eine der engsten Mitarbeiterinnen ist Emma Merk.

1896, auf einem der öffentlichen Gesellschaftsabende des Vereins im Münchner Kunstgewerbehaus, hat Marie Stritt aus Dresden über Rechtsschutzvereine und ihre Bedeutung für die Frauenbewegung gesprochen. Rechtsschutzvereine waren damals eine gänzlich neue Einrichtung in der Frauenbewegung. Der allererste war 1894 von Marie Stritt und Adele Gemper in

Dresden gegründet worden. Marie Stritt reiste damals durch Deutschland, um in vielen Städten die Einrichtung solcher Rechtsschutzstellen für Frauen anzuregen. Im Anschluss an ihren Vortrag hat sich 1896 spontan eine Kommission gebildet, die sich bereit erklärte, die notwendigen Vorarbeiten zur Bildung einer solchen Rechtsschutzstelle in München zu übernehmen. Dazu gehörte vor allem die Aneignung von Rechtskenntnissen, die Frauen im täglichen Leben am häufigsten benötigten und die den Vereinsmitgliedern durch einen Anwalt vermittelt werden sollte.[387]

Sicher wird auch Anita Augspurg die Gründung dieser Rechtsschutzstelle befördert haben. Die promovierte Juristin ist 1898 immer noch Mitglied in der *Gesellschaft*, ihr ganzes Engagement zielte jahrelang auf die Rechtssicherheit der Frau. Zweifellos wird sie mit ihrem Sachverstand und ihrer Erfahrung mit für eine kompetente Umsetzung der Münchner Idee gesorgt haben.

Die Rechtsschutzstelle vertritt fortan die Interessen von Frauen in allen Rechtsgebieten, auch direkt vor Gericht. Die Frauenrechtlerin und Politikerin Gertrud Bäumer hat Sophia Goudstikkers Tätigkeit für die juristisch oft schutzlosen Frauen so beschrieben: »Viele Stunden habe ich in der Rechtsschutzstelle des Vereins zugehört, wie Sophia Goudstikker ganz autodidaktisch, aber mit ebensoviel Talent für die Verteidigung wie für die volkstümliche Behandlung an die Hunderte von Anliegen abwickelte. Sie war in dieser Eigenschaft eine populäre Figur in der Münchner Bevölkerung, gefürchtet von ›Kindsvätern‹ … und die Schutzgestalt von verlassenen Mädchen und gequälten Ehefrauen … Sie war an den Münchner Gerichten zur Verteidigung zugelassen und hat ein paar ganz sensationelle Fälle durchgeführt … Sie hatte eigentlich gar keine formaljuristische Begabung, aber eine fabelhafte Intuition für den ›Rechtskampf‹ und die Behandlung des Gerichtshofs mit volkstümlichen Argumenten.«[388]

Durch solche Maßnahmen erreichten Sophia Goudstikker und die *Gesellschaft* eine breite Öffentlichkeit, aber gleichzeitig setzte der Verein auch seine Arbeit im Innern fort. Seit 1895 werden im Café Eckel wöchentlich Mitgliederabende organisiert, um sich mit allen möglichen Themen und Fragen, die für die Emanzipation und die Frauenbewegung relevant sind, zu beschäftigen und sich dabei auch im Vortragen und Diskutieren zu üben. Ein aus dem Jahr 1898 stammendes Verzeichnis gibt einen Einblick über Themen und Referenten.[389]

Inhaltlich reicht das Spektrum vom *Rundblick über die Frauenbewegung* und der *Tochter im Elternhause* über das *künftige Erbrecht der Frau*, die *Frauenarbeit in der Fabrik* und *Verhandlungen auf d. Arbeiterschutz-Congress in Zürich* bis hin zu Themen wie *Intuition und künstlerische Produktivität der Frau* oder *Die Frau in der bildenden Kunst*.

Neben Referentinnen wie Emma Merk, Marie und Martha Haushofer halten auf diesen internen Veranstaltungen auch fünf männliche Mitglieder einen Vortrag. Während Max Haushofer *Ueber Dilettantismus* spricht, lässt sich ein gewisser Herr Lubarsch über *Nietzsche und das Christentum* aus, ein Herr Thudicum hält zwei Vorträge über Schopenhauer, einen über seine Ethik und einen über das Thema Willensfreiheit, und ein Herr Dr. Neustätter referiert über *Die psychologischen Unterschiede zwischen Mann und Weib*. In diesem Jahr spricht auch August Endell, und zwar über das Thema *Der Begriff der Arbeit bei beiden Geschlechtern*. Ob er sich dabei auf seine Erfahrungen in der Zusammenarbeit mit Sophia Goudstikker und Anita Augspurg beim Neubau des Ateliers *Elvira* bezieht, ist nicht bekannt.

Die Fassade des Ateliers *Elvira*:
ein Symbol für die Münchner Frauenbewegung

Im Frühjahr 1898 erscheint in der Zeitschrift *Jugend* die Erzählung *Wie ich ein moderner Kunstgewerbler wurde*, eine Satire auf den Jugendstil, die zeitgenössische Einfühlungstheorie und die gegenstandslose Kunst. Jeder, der August Endell kannte, wusste, dass mit dem geschilderten wild und genialisch arbeitenden Kunstgewerbler Emil nur August Endell gemeint sein konnte: »wir traten nun in's Atelier ein und ich befand mich unter dem direkten Einfluß der Werke des Künstlers, welche allenthalben die Wände bedeckten und tausend unheimliche Fangarme nach mir auszustrecken schienen. Mitunter glaubte man eine Lilie oder eine Kaulquappe oder sonstige Lebewesen zu entdecken – aber stets zerfloß die Sache bei näherer Betrachtung wieder in undefinirbare Flächen und Linien, die aber Alle etwas mehr oder weniger Unheimliches, Aggressives, an sich hatten, so daß ich mich fest in meinen Havelock einwickelte und an ihnen vorübersteuerte, wie der Seefahrer an den Polypen. ›Dieses hier ist eine meiner reifsten Schöpfungen‹, sagte Emil, indem er sich von hinten her schlangenförmig durch die Haare strich, und sodann mit der nämlichen Hand auf eine Fläche von Wirrsaal deutete. ›Bemerkst Du, wie die aufsteigenden Linien das Emporstreben der Empfindung verkörpern, welche nachher auf den horizontalen Flächen mit stolzer Ruhe dahinströmt ...?‹«[390]

Seit dem Herbst 1897 arbeitet August Endell an der Planung für die äußere und innere Gestaltung des Neubaus für das Atelier *Elvira*. Während des Winters hat er die Baupläne der beiden Frauen nach seinen eigenen Entwürfen überarbeitet, und so werden diese Anfang März 1898 der Lokalbaukommission erneut vorgelegt.

Zuerst gibt es Schwierigkeiten und Einwände. Die Baubehörde weist nämlich Endells Fassadenentwurf für das Atelier zurück. Er sei ungenau und mache nicht deutlich, wie die Fassade tatsächlich gestaltet werden solle. Auch wenn man sich von seinem künstlerischen Können überzeugt zeigte, so fordert der Sacharbeiter dennoch eine neue Skizze an.[391]

Am 18. März 1898 genehmigt die Lokalbaukommission schließlich die Pläne, am 16. April folgt die Baugenehmigung. Wie der Aktennotiz eines Beamten zu entnehmen ist, gibt es allerdings immer noch Empörung über die Mangelhaftigkeit von Endells neu vorgelegter und wenig anschaulicher hellblauer Zeichnung: »Der Unterzeichnete spricht sich entschieden gegen die Genehmigung der vorgelegten Façadenpläne aus, da deren Darstellung ein Hohn auf die Kunst des Zeichnens ist. Die Annahme, daß die Ausführung besser sein wird, erscheint unzuverläßig, da von dem genehmigten Plan nicht abgewichen werden darf. Wenn aber die Ausführung planmäßig erfolgt, werden der Baukommission gerechte Vorwürfe nicht erspart bleiben.«[392]

Es ist nicht auszuschließen, dass Anita Augspurg, Sophia Goudstikker und August Endell die Baubehörde bewusst im Unklaren lassen wollten über die tatsächliche Gestaltung der

Fassade. Der Vorwurf, eine ungenaue Skizze geliefert zu haben, war besser auszuhalten als eine Ablehnung der Genehmigung wegen Bedenken gegen das provokante und innovative ästhetische Konzept.

Im Sommer 1898 werden die Bauarbeiten am Atelier *Elvira* tatsächlich in Angriff genommen. Der genaue Ablauf ist im Protokoll der Zwischenbesichtigungen festgehalten. Wenig später wird auch mit dem Neubau des Wohnhauses für Sophia Goudstikker begonnen.[393] Für Endell war die Baumaßnahme eine riesige Belastung. Einerseits war er gleichzeitig schon mit den Planungen für den Bau des Sanatoriums Wyk auf Föhr, seinem nächsten Auftrag, beschäftigt. Andererseits aber gab es Differenzen mit den Auftraggeberinnen, die sich an der Gestaltung durchaus beteiligen wollten und es wagten, ihm ins Handwerk zu pfuschen. Es ist sogar die Rede davon, dass sie an seinen Formen für die Fassade herumkorrigiert haben. An seinen Cousin schreibt er verärgert, »daß die Arbeit an meinen Bauten hier in München und in Föhr mir durch Besserwissen, Corrigieren, Dreinreden, durch ständiges Ändern der ersten Pläne ungemein erschwert wurde. Es gab böse Streitigkeiten, die mich mehrfach krank machten. Zu verschiedenen Malen stand die ganze Sache auf dem Spiel. Sich nicht ärgern ist leicht gesagt, aber es soll mal einer fertigkriegen, dem man die mühevolle Arbeit von Monaten durch kindisches Anstreichen ruiniert, ja womöglich sogar die Formen corrigiert. Das Schlimmste ist vorüber, aber noch nicht alles, bis Weihnachten habe ich noch für die hiesigen Bauten zu zeichnen.«[394]

Die abschließenden Arbeiten an der Fassade erledigt der junge Bildhauer und später an der Städel-Schule in Frankfurt lehrende Josef Hartwig. In seinen Lebenserinnerungen berichtet er, wie Endell in eigenwilliger Weise das ganze Gebäude mit der gesamten Innenausstattung schafft und er, Hartwig, das geplante Fassadenornament auftragen soll. Endell kam mit einer Bleistiftzeichnung auf einem Briefbogen zu seinem Meister ins Atelier und fragte, ob er jemanden kenne, der so etwas an einer Fassade anbringen könne. Dieser habe mit dem Daumen auf Hartwig gedeutet und gesagt: »Der kanns.«

Am nächsten Tag steht er vor dem Neubau des Ateliers *Elvira* und lässt sich instruieren. Endell erklärt ihm die Formen und Strukturen des Jugendstilornaments als »Beziehungen zur Natur, zum Pfirsichkern, zu flatternden Bändern oder Meereswellen, die sich am Strand kräuseln etc.« Auf drei Gerüst-Etagen balancierend zeichnet er einen dreizehn Meter breiten und sieben Meter hohen »Jugendstildrachen« an die Fassade, für das Ornament muss er eine plastische Form finden und einen Maurer suchen, der ihm den Mörtel anrührt. »Man konnte die ganze Arbeit nicht im Groben anlegen und dann korrigieren und abändern, sondern mußte sie Stück für Stück – ähnlich wie bei der Freskomalerei – vorwärts treiben. Wenn die dazu vorgesehene Mörtelmasse abgebunden hatte, konnte man höchstens noch durch Kratzen verbessern. Ein weiteres Auftragen von frischem Material hätte die Witterungsbeständigkeit beeinträchtigt und solche Teile zum Abplatzen gebracht. So wuchs das Werk in etwa vier Wochen mitsamt den Ornamenten über dem Eingang und um das Treppenfenster seiner Vollendung entgegen und konnte farbig gestaltet werden, die Mauerfläche grasgrün, der Drache und die Ornamente in verschiedenen helleren Farben.«[395]

Bereits während der Bauzeit des Ateliers *Elvira* gerät das kunst- und bierliebende München in helle Aufregung und

Abb. 14: Die von August Endell gestaltete Fassade des Fotostudios *Elvira*

Empörung, es gibt viel Gelächter, und es wird erzählt, dass die am Bau beschäftigten Maurer sich zur Mittagszeit nicht in den Wirtschaften der Nachbarschaft sehen lassen wollten, weil sie von ihren Kollegen aufgezogen wurden. »Es war ähnlich wie in Wien, als Olbrich dort das neue Secessionsgebäude baute, als die Passanten auf der gegenüberliegenden Straßenseite stehenblieben und so laut schimpften, daß es im Bau zu hören war ... Was bei Olbrich der Eulenfries, das war auf Endells Elvira-Fassade ein großes, die Fläche füllendes Ornament, das wie ein phantastisch vergrößertes Seepferdchen wirkte. Das Publikum gewöhnte sich auch in der Folge nicht an dieses Polypenrokoko.«[396]

Nach der Fertigstellung ist Endell nicht nur wegen der Farbgebung unzufrieden – hierfür übernimmt er selbst die Verantwortung (»Die Farbe der Fassade geriet nicht ohne meine Schuld allzu aufdringlich«). Gegen seinen Willen haben seine Auftraggeberinnen nämlich über der Eingangstür noch ein zusätzliches Fenster einsetzen lassen, was seiner Meinung nach die Gesamtwirkung von Ornament und Fassade ganz wesentlich beeinträchtigte.[397]

Reaktionen zum Jugendstilornament auf der *Elvira*-Fassade

Tatsächlich ist die Fassade des Ateliers *Elvira* ein Skandal, aber auch eine Sensation. Über Nacht macht sie den siebenundzwanzigjährigen Endell einem breiten Publikum bekannt, wird das Fotoatelier *Elvira* im ganzen deutschen Reich berühmt. Dem Stillen, Bescheidenen, ja Schüchternen ist es gelungen, im Auftrag von Münchens prominentesten Frauenrechtlerinnen und in enger Zusammenarbeit mit ihnen das vielleicht repräsentativste Werk des Stiles jener Zeit zu schaffen.[398] Aber dieses Urteil kristallisiert sich erst mit der Zeit heraus.

Die zeitgenössischen Architekten reagieren damals alle einhellig mit Ablehnung. Etwa Felix Schumacher: »Als … der einstige Philosoph plötzlich architektonischer Prophet wurde und in genialischem Rasen die ganze bisherige Architektur dadurch entthronen wollte, daß er im Atelier ›Elvira‹ ein niegeschautes ornamentales Urgebilde quer über eine wehrlose Wand warf, da wurde ich dadurch weder überzeugt noch angeregt, sondern nur in dem Gefühl bestärkt, daß der Architekt, seine Freiheit auf einem anderen Wege … erringen müßte.«[399]

Maßlos subjektive Ornamentik, Überornament, übertriebenes Vertrauen in das eigene Ich, Disziplinlosigkeit – das sind die Schlagworte, mit denen Endell damals von Architekten angegriffen wird. In einer sogenannten *Kneipzeitung* des Münchner Architektenvereins wird Endell 1898 selbst als langes, schlangenförmiges Elend dargestellt. Doch man karikiert ihn nicht nur zeichnerisch, sondern stellt der Zeichnung einen Text zur Seite, der als von Endell stammendes Manifest zu seinem Ornament auf der Fassade ausgegeben wird.

Dieser Text ist deswegen relevant, weil er überliefert, welche Farben die Fassade und das Jugendstilornament ursprünglich hatten. Wichtig ist er aber auch, weil er eine weitere Interpretation von Endells Ornament bietet. Nachdem es bereits als »Jugendstildrache«, als »Seepferdchen« und »Polypenrokoko« bezeichnet wurde, wird es jetzt – in Nietzsche- und Wagner-Manier – als »Geruch des flammenden Meeres« vorgestellt.

Das Überornament oder
Der Geruch des Flammenden Meeres

»Seht, Freunde, ich lehre Euch das Überornament: das Ornament ist etwas, das überwunden werden soll. Eine hohle Nuß ist das Ornament: verhungerte Linien aus geleimter Natur gebacken, ein klapperndes kothiges Gelächter und ein gefrorenes rot strotziges Faß voll gewickelter Scham und büffelohrigen Schlangenunflats: ein süßlicher zerbrochener Gesindellustborn!

Ich aber lehre Euch das *Überornament*. Trächtig ward einst mein rauher Geist in einsamer Würde und Elvira baut mir nun den grünen breiten Rasen, auf dem ich mein violettes Kind bette. Dick gebläht vom heiligsten Unsinn stürmt nun dahin der inbrünstige Stier meiner Schönheit, Geruch des flammenden Meeres, so will ich dich heißen mein Kind!

So rase denn, lachenden Wahnsinns Wut, du tanzender göttlichster Wahn! Freunde, seht Ihr den Brausewind des Eberrüßels! Wie dahin flattert des ungestümen Haargezottels dampfender Eingeweide, wie das honigschwermütige, große Maul sich inbrünstig hebet, wie die umgekehrte Zunge seelig schwebet, Freunde seht Ihrs hört Ihrs nicht?

Zerbrechend die verschlafenen Wahnworte von Natur stemmet seinen hin reißenden Bauch der Dinge das Überornament gegen die spröden Disteln. –

Riecht Ihr nicht die Pflugschaar seines Hungers? Fühlt Ihr nicht den heißen Atem seines Pferdefußes wehen? Und die schwangere Bosheit der Schneeflocken und die nackte Begier des Meeres: wie sie sich hebt, gesaugt u. geküßt mit tausend Brüsten will sie sein von meiner lachenden brausenden Seele gleich einem Blitz in dem schwellenden Milcheuter. – – – – –

Sieg, – Triumph, – Offenbarung – Eierschalen!

Also ist das Überornament.«[400]

Dass die Fassade ursprünglich grasgrün war, wissen wir aus mehreren Quellen, zu dem Violett des Ornaments ist heute nur dieser Beleg aus der Zeitung des Münchner Architektenvereins überliefert. Der Neubau des Ateliers *Elvira* wird in den nächsten Jahrzehnten mehrfach fotografisch festgehalten, allerdings nur in Schwarzweißaufnahmen, die keinen Eindruck vermitteln, weder von der ursprünglichen Farbgebung noch von späteren farblichen Veränderungen.[401]

Zwar wird das Fotoatelier *Elvira* im Volksmund damals »Chinesische Botschaft« oder »Drachenhaus« genannt, aber für die tatsächliche Bedeutung des Ornaments scheint sich niemand wirklich interessiert zu haben.[402] Als Auftragswerk der Inhaberinnen Sophia Goudstikker und Anita Augspurg stellt die Fassade Graham Dry zufolge »ein Symbol der Frauenbewegung dar, der Endell nahestand: Als Anspielung an die beiden weiblichen Pioniere der Fotokunst saust eine formal stark reduzierte weibliche Figur mit zurückwehenden Haaren nach links, getragen von einer muschelförmigen Schale, die Teil der voranrauschenden Welle des Fortschritts bildet.«[403]

Weder Endell selbst noch Anita Augspurg oder Sophia Goudstikker haben je den wahren Gehalt des Ornaments öffentlich erklärt, zumindest ist dazu nichts Schriftliches überliefert. Als Verständigungs- und Verabredungsbegriff für die Gesellschaft taugte dem Endell-Experten Graham Dry zufolge der Begriff »Jugendstildrache« allemal, denn diese Konkretisierung war allgemein nachvollziehbar, mit dieser Vorstellung konnte sich die Öffentlichkeit arrangieren.[404]

Die *Gesellschaft zur Förderung der geistigen Interessen der Frau*, die 1899 den Namen *Verein für Fraueninteressen e. V.* erhalten wird, existiert noch heute in München. Ihr Emblem ist das lilafarbene Jugendstil-Ornament, das August Endell 1898 in Zusammenarbeit mit Anita Augspurg und Sophia Goudstikker für das Atelier *Elvira* geschaffen hat.

Hinter der kunstvollen Fassade befindet sich ein zweistöckiges Gebäude.[405] Während der vordere Gebäudeteil der Repräsentation und dem Kundenverkehr dient, sind im hinteren Teil die Werksatträume untergebracht. Im Parterre befindet sich der Empfangsraum für die Kunden, ein Vorzimmer, eine Garderobe und ein Zimmer für die Buchhaltung. Vom Empfangsraum aus schlängelt sich eine Treppe in das obere Geschoss, in dem das eigentliche Fotoatelier liegt. Es zieht sich über das gesamte obere Stockwerk, ist mit einem Glasdach versehen und bietet viel Raum für Gruppenaufnahmen.[406]

Gegenüber anderen Atelierbauten der Zeit nimmt das Atelier *Elvira* eine Sonderstellung ein.[407] Von der Anlage her entspricht es dem sogenannten Pultdach-Atelier, dessen Glasdach meist nach hinten zum Hof hinausgeht, während die zur Straße gelegene Seite mit Geschäftsreklame geschmückt und meist historisierend dekoriert ist. Die moderne Ornamentik, die August Endell im Austausch mit Anita Augspurg und Sophia Goudstikker für die Fassade schuf, widersprach radikal den gängigen Inszenierungen solcher Ateliers. Das neue Atelier *Elvira* glich weder einem Geschäft noch einem Handwerksbetrieb, es widersprach allen Regeln der Diskretion. Etwas wie die grellgrüne Fassade mit ihren bunten Ornamenten hat man bisher noch nie gesehen, sie war ein schreiender Blickfang im gutbürgerlichen Ambiente.

Warum diese Gestaltung? Erst einmal ist damit zweifellos ein Bekenntnis zum Jugendstil, zur Kunstrichtung der Moderne verbunden. Sophia Goudstikker konnte die Geburt des Jugendstils durch ihren engen Kontakt mit Hermann Obrist und August Endell unmittelbar miterleben, sie hat ihn unterstützt, wo sie konnte, eben auch durch den Auftrag an August Endell. Der befreiende Gestus der Jugendstilbewegung entsprach voll und ganz ihrem Kunst- und Lebensgefühl. Infolgedessen ist die Fassade auch als Symbol für die politische Haltung von Anita Augspurg und Sophia Goudstikker zu verstehen: als Symbol des Aufbruchs, der Unabhängigkeit, der Emanzipation. Ein deutliches Signum für die moderne Frauenbewegung, deren Keimzelle und Zentrale von Anfang an das Fotoatelier *Elvira* war.

Außerdem war die skandalumwitterte Fassade das beste Reklamemittel für ein Fotostudio, das sich als modern, extravagant und individuell verstand. Mit diesem Aushängeschild können sich die Inhaberinnen optisch deutlich von allen Konkurrenzunternehmen absetzen. Die Fassade lenkt die Aufmerksamkeit des Münchner Publikums und aller Reisenden sofort auf das Frauen-Fotoatelier.[408]

Schließlich sollte das extravagant gestylte Atelier *Elvira* auch für fotografische Neuerungs- und Aufbruchstendenzen stehen. In der *Allgemeinen Photographen-Zeitung* vom November 1899 wird es als »modernes Institut« vorgestellt und die neugestaltete Fassade als programmatischer Verweis auf die neue Bildästhetik interpretiert, die sich für den Verfasser in den aus dem Atelier *Elvira* stammenden Fotografien auch tatsächlich widerspiegelt: »Da ist gleich zu Anfang der Residenzstraße das Hofatelier Elvira mit einer Serie interessanter Aufnahmen des Sängers Dr. Wüllner; es sind zum Teil sehr eigenartige Arbeiten, besonders ein großes Porträt des Künstlers, etwa 18x 24, bietet viel Kunstvolles in seiner monotonen und doch vollständig transparenten Erscheinung; es ist ein durchgeistigter Zug, Leben und Wahrheit in diesem Bild. Die Porträts sind eigenartig kartoniert, auf ganz rauhem Büttenkarton, in der Ecke ist ein Wappen eingeprägt. Interessant wirkt auch in dieser Ausstellung ein Geschäftsplakat der Firma, ein düster gestimmter Frauenkopf, in tiefschwarz, auf schwarzem Grund kopiert mit modernem ornamentalen Schmuck. Man sieht, es ist hier viel neuzeitliches Empfinden vorhanden, das auch, dies nur nebenbei gesagt, in dem neuen Atelierbau des Hofatelier ›Elvira‹ einen geradezu monumentalen Ausdruck erreicht hat …«[409]

Sophia Goudstikker:
Die erste königlich-bayerische Hoffotografin

Einen gemeinsamen Haushalt führen Anita Augspurg und Sophia Goudstikker bis in die zweite Hälfte der 1890er Jahre,[410] die berufliche und private Partnerschaft der beiden Frauen hält bis ins Jahr 1898 an. Als 1899 das parallel zum Atelier *Elvira* errichtete Wohnhaus, das sich in der Königinstraße gleich um die Ecke befindet, fertig wird, zieht dort Sophia Goudstikker nicht mit Anita Augspurg, sondern mit ihrer neuen Lebensgefährtin ein, mit Ika Freudenberg, die seit 1896 die neue Vorsitzende der *Gesellschaft zur Förderung der geistigen Interessen der Frau* ist.[411] Nun ist Ika Freudenberg die offizielle Lebenspartnerin von Sophia Goudstikker – eine Tatsache, die für Anita Augspurg, die ja ihrerseits ein enges Verhältnis zu Ika Freudenberg pflegte, nicht leicht zu akzeptieren war.

Wann genau die Entfremdung zwischen Anita Augspurg

und Sophia Goudstikker eingesetzt hat, ist schwer zu datieren. Bereits Anfang der 1890er Jahre hat Anita Augspurg begonnen, ihre Mitarbeit im Fotoatelier einzuschränken. Aber noch während ihres Studiums in Zürich, also zwischen 1893 und 1897, hat sie zwischendurch immer wieder Wochen und Monate in München in der gemeinsamen Wohnung mit Sophia Goudstikker gelebt, 1897 war sie zu gleichen Teilen am Erwerb des Anwesens in der Von-der-Tann-Straße 15 beteiligt und trat auch beim Neubau des Ateliers als gleichberechtigte Bauherrin auf und hat sogar bei der Inneneinrichtung mitgewirkt.[412] Auf der wahrscheinlich von August Endell 1898 neu entworfenen Rückseite der Fotografien aus dem Atelier *Elvira* findet sich Anita Augspurgs Name nicht mehr. Gewerbesteuer für das Atelier zahlt sie noch bis 1898/1899. Sie tritt 1899 aus der von ihr mitbegründeten Münchner *Gesellschaft* aus – neben persönlichen spielen hier auch politische Gründe und die endgültige Hinwendung zur radikalen Frauenbewegung eine Rolle. Die letzte offizielle Verbindung zwischen den beiden Frauen wird 1907 gelöst werden, wenn Anita Augspurg ihren Anteil am Anwesen in der Von-der-Tann-Straße an ihre frühere Lebenspartnerin verkaufen wird.[413]

Über die Jahre konnte Sophia Goudstikker ihren Ruhm als Fotografin immer weiter ausbauen. Sie hat Prominenz aus der Gesellschaft, aus Künstlerkreisen und sogar vom Hof porträtiert. 1894 wird sie zusammen mit Anita Augspurg zur »Hofphotographin« ernannt,[414] 1895 wird sie in der *Photographischen Chronik* als einziges weibliches Mitglied in der *Münchner Photographischen Gesellschaft* erwähnt: »mein Nachbar war eine Kollegin. Gelt, da schauen's. Nun ja, Fräulein Goudstikker, deren Porträt Sie ja schon aus dem ›Atelier‹

her kennen, hat es sich nicht nehmen lassen zu erscheinen, und, ich muß sagen, sich recht lebhaft an der Debatte beteiligt.«[415] Das von dem Verfasser erwähnte Fotoporträt findet man im Beiblatt des *Atelier des Photographen* unter der Rubrik *Porträts berühmter Photographen der Gegenwart.* Es ist das erste Porträt eines Berufsfotografen in dieser Zeitschrift überhaupt und zeigt den ungewöhnlichen Typus einer Frau mit kurzgeschnittenen Haaren (Tituskopf), die sich im Profil dem Betrachter präsentiert.[416] 1898 erreicht Sophia Goudstikker endlich, wofür sie schon lange kämpft: Im Juni erfolgt ihre Ernennung zur »Königlich Bayerischen Hofphotographin«, sie ist die erste Frau, die in den Genuss dieses Titels kommt.[417] (Das dafür notwendige Gesuch haben Sophia Goudstikker und Anita Augspurg noch gemeinsam eingereicht, es ist durch eine polizeiliche Abschrift überliefert.[418]) Durch diese Auszeichnungen war das Renommee des Ateliers langfristig gesichert und die Gleichrangigkeit mit allen namhaften Ateliers der Zeit hergestellt.

Man muss es sich einmal vor Augen führen: Anita Augspurg ist seit 1897 Deutschlands erste promovierte Juristin und Sophia Goudstikker – eine in Rotterdam geborene Niederländerin – ab 1898 die erste Fotografin Deutschlands mit höchstem Prädikat. Kein Wunder, dass diese beiden Frauen zum Vorbild einer ganzen Bewegung avancierten. Erst 1886 sind sie als junge Frauen nach München gekommen, zwölf Jahre später haben sie mit Selbstbewusstsein, Willen, Ausdauer und Disziplin etwas geschafft, was vorher Frauen in Deutschland noch nie erreicht haben. Trotz emotionaler Entfremdung konnten sich die beiden Frauen der gegenseitigen Unterstützung im Realisieren ihrer beruflichen Ziele gewiss sein.

Sophia Goudstikker ist jetzt eine erfolgreiche Unternehmerin und steht finanziell unabhängig da. Emanzipation scheint für sie erst einmal bedeutet zu haben, sich an die (von Männern bestimmten) Normen der Gesellschaft anzupassen, die ihr als Frau zugänglichen Berufschancen optimal zu nutzen und sich der Konkurrenz zu stellen. (Dies mag einer der Gründe für die von Heymann geschilderte Herausbildung autoritärer Charakterzüge bei Goudstikker gewesen sein, wie sie auch von anderer Seite beobachtet worden sind.[419]) Sie erzielte eine gesellschaftliche Anerkennung als Frau durch ihre beruflichen Leistungen. Zu diesem Zweck war sie bereit, sich vollständig zu assimilieren, sich an die gesellschaftlichen Gegebenheiten in Bayern anzupassen. Sie tritt 1898 nicht nur vom jüdischen Glauben zum Protestantismus über, sondern erwirbt zugleich die bayerische Staatsbürgerschaft.[420]

Im Rahmen ihrer Anträge werden amtliche Ermittlungen angestellt: Ihre finanziellen Verhältnisse lassen keinen Zweifel an ihrer Selbständigkeit oder Dispositionsfähigkeit zu. Sophie Goudstikker wird ein unbescholtener Lebenswandel attestiert, Wohn- und Besitzverhältnisse werden registriert: Ihr Anwesen in der Von-der-Tann-Straße 15 wird auf 400 000 Mark geschätzt, die Einnahmen über das Atelier *Elvira*, dessen Besitzerin sie ist, werden auf jährlich 8000 Mark veranschlagt. Außerdem sei die Antragstellerin Mitglied der Unfallversicherung Allianz und habe ihr fotografisches Institut mit 36 250 Mark gegen Brand versichert. Das Fazit: Sophia Goudstikker ist in der Lage, sich auf Dauer selbst zu ernähren, sie ist eine unbescholtene Bürgerin, alle ihre Anträge werden gewährt.[421]

Tatsächlich ist Sophia Goudstikker 1898 Herrin über ein

Kleinunternehmen mit mehreren Angestellten. Je nach Geschäftskonjunktur sind hier bis zu acht Personen tätig; in der Hochsaison vor Weihnachten auch noch Aushilfskräfte.[422] Seit dem Rückzug von Anita Augspurg steht ihr ihre Schwester Mathilde Goudstikker als Fotografin zur Seite.[423] Sophia Goudstikker selbst konzentriert sich damals ausschließlich auf die Porträtfotografie. Daneben widmet sie sich nach wie vor der Kontaktpflege in möglichst viele gesellschaftliche Kreise hinein.

Das Doppeltalent: Emmy von Egidy als Schriftstellerin und Jugendstilkünstlerin

Emmy von Egidy ist in München längst heimisch geworden. Als Schülerin von Hermann Obrist hatte sie rasch Zugang zu den wichtigen Zirkeln, sie ist längst Mitglied in der *Gesellschaft zur Förderung geistiger Interessen der Frau* und ist zu einer zentralen Figur der Schriftsteller-, Künstler- und Frauenrechtlerinnenszene geworden, in deren Atelier allerhand Prominenz, darunter auch Ludwig Klages und Mitglieder des George-Kreises, verkehrt.[424]

Inspiriert durch dieses Umfeld, beginnt Emmy von Egidy mit dem Schreiben und veröffentlicht 1898 ihren ersten Roman *Marie-Elisa* im Verlag E. Pierson in Dresden. Das Buch stößt sogleich auf große Resonanz, auch wenn hier erst einmal die Herkunft der Autorin als Referenz dienen muss: »Wenn die Tochter eines so außerordentlichen Menschen, wie der verstorbene Oberstleutnant v. Egidy es war, ein Buch veröffentlicht, hat es schon um des Namens willen jeden Anspruch auf unser Interesse«, schreibt später der bekannte Rezensent Karl Federn und bezieht sich auf den Offizier, Moralphilosophen und Pazifisten Moritz von Egidy, der im Jahr 1898 stirbt.

Marie-Elisa ist die Geschichte einer Verlobung, einer jungen Ehe, eines Konfliktes zwischen zwei starken Persönlichkeiten. Ein Mädchen aus einem vornehmen Haus kommt mit der Verlogenheit ihrer bürgerlichen Welt nicht klar. Als Marie-Elisa bei einer Abendgesellschaft neben einem ernsten jungen Offizier sitzt, findet sie einen verständnisvollen Gesprächspartner: »Sie sprechen von Lüge – man kann es ebensogut Verzichtleisten nennen auf die eigene Persönlichkeit, das oft sehr wünschenswert ist ... oder denken Sie sich das schön, wenn hier jeder in seiner Urgestalt sich zeigte?« Seine Worte bringen Sicherheit und Ordnung in ihre verstörte Welt. Bald liebt sie den sympathischen, klugen und taktvollen Mann. Sie teilt ihm mit, wie sie sich eine Beziehung vorstellt. »Alles mußt Du mir geben, Wolf, daß ich alles mit dir teilen kann«, sagt sie sehnsüchtig, »ich möchte wachsen, ausstrecken möchte ich mich, bis ich alle deine Weiten ausfülle!«

Ihre Worte erschrecken den verschlossenen jungen Mann, und nach der Heirat fühlt er sich von den Ansprüchen der schrankenlosen Liebe seiner Frau völlig überfordert. Er zieht sich innerlich zurück und vertieft sich in die Erforschung seiner Familiengeschichte. In Marie-Elisa sträubt sich alles gegen eine solche Ehe, in der die Seelen nicht genauso miteinander verbunden sind wie die Körper. Schließlich ist es aber das Graben in der Vergangenheit, das ihrem Mann die Augen öffnet. Mit dem Wunsch nach einem geteilten Leben, nach verschränkter Zweisamkeit tritt er Marie-Elisa wieder gegenüber.[425]

Dieser poetische Roman, der für eine tiefe seelische Beziehung zwischen Mann und Frau plädiert, ist mit einem Vorwort des Dichters Wilhelm von Polenz erschienen, mit dem – Polenz war verheiratet – Emmy von Egidy ein Liebesverhältnis hatte.[426] Ob die Autorin im Roman ihre eigene Sehnsucht nach einer erfüllten Liebe zum Ausdruck brachte?

Emmy von Egidys Buch wird ein großer Erfolg und wird vielfach rezensiert. Marie-Elisa wird als »moderne Frau« wahrgenommen, der Roman als eine Art Manifest angesehen, das für eine neue Form der Geschlechterbeziehung plädiert. Jakob Wassermann schreibt in der *Wiener Zeit*: »In ›Marie-Elisa‹ dagegen tritt uns eine moderne Frau mit einer nahezu gewaltsamen Deutlichkeit entgegen. Losgelöst von allen Litteraturkonventionen, wirkt es in erster Linie nicht als Kunstwerk, sondern als eine Proklamation neuen Lebens. Ohne den geringsten Willen zu einer Tendenz ist es doch die schärfste Präzision der sogenannten Frauenfrage, die ich kenne. … Dies ist das Buch einer Frau, vielleicht das bezeichnendste, das in der neuen Litteratur vorhanden ist. Keine Zeile könnte von einem Mann herrühren. … Alles in allem: ein neues Buch.«[427]

Emmy von Egidy feiert aber auch als bildende Künstlerin große Erfolge. Sie ist eine der ersten Mitarbeiterinnen in Hermann Obrists *Vereinigten Werkstätten für Kunst im Handwerk*, die im April gegründet wurden,[428] und sie ist in diesem Jahr – neben Obrist und Endell – auch auf der *Internationalen Jahresausstellung* im Königlichen Glaspalast vertreten, wo dem Kunsthandwerk jetzt sechs Säle eingeräumt werden (gegenüber zwei Sälen im Vorjahr).[429]

Emmy von Egidy stellt einen Wandbrunnen aus. Im Gegensatz zu den üblichen mit Fischmäulern, Seegetier und Meerpflanzen verzierten Wandbrunnen des frühen Jugendstils, kommt er ganz ohne Ornament aus, ähnlich wie Obrists Brunnen.[430] Dass Emmy von Egidys Wandbrunnen der Kunst der Münchner Avantgarde um Obrist zuzurechnen war, erkannte die Zeitschrift *Dekorative Kunst* sofort. Egidys Wandbrunnen, »der die Linien des fließenden Wassers dekorativ verwendet«, wird hier ausdrücklich hervorgehoben.[431] Auch Emmy von Egidy geht es um die Auflösung der konventionellen Gefäß- und Objektformen zugunsten neuer Gebrauchsobjekte in asymmetrischer und amorpher Ausführung, um eine Auflösung der äußeren Gestalt, wie sie in der freien Kunst um Kandinsky erst zehn Jahre später gelingen wird.

Vermutlich ab 1898 ist Emmy von Egidy außerdem für die Kunsttöpferei von Jakob Julius Scharvogel als Gestalterin von Gebrauchsgerät tätig, denn im nächsten Jahr werden ihre Arbeiten mit zu den Ausstellungsstücken gehören, die Scharvogel auf der 9. Münchner *Jahresausstellung* im Glaspalast zeigen wird. Um 1900 wird Emmy von Egidy die treibende Kraft sein, die Siegfried Meinhold zu der Gründung der Thonbrand-Kunstwerkstätte in Schweinsburg ermuntern wird. Unter der Mitwirkung von Emmy von Egidy werden in der Schweinsburger Fabrik später »wirkliche Gebrauchsdinge« ohne Ornament entstehen. Ihre Vasen, Schalen, Kannen und Tintengefäße aus farbig glasiertem Steingut werden spiralförmig fließende und schmelzende Formen aufweisen, die als eigenständige Gebilde zwischen Plastik und Gebrauchsgegenstand schweben. 1902 werden sie bei der ersten internationalen Ausstellung für moderne dekorative Kunst in Turin gezeigt werden. Dry zufolge stehen Emmy von Egidys Münchner und

Schweinsburger Keramiken für den programmatischen Versuch, ein Kunstgewerbe der Abstraktion mit den Mitteln der Bildhauerkunst durchzusetzen.[432]

Blick auf Gabriele Reuter und ihren Roman
Frau Bürgelins Söhne

1898 erscheint der Schlüsselroman *Frau Bürgelin und ihre Söhne* von Gabriele Reuter.[433] Schlüsselroman? Kaum jemand weiß heute, dass es sich bei diesem Roman um die Lebensgeschichte von Hermann Obrist handelt.[434] Dass zur Zeit des Erscheinens das Werk als Schlüsselroman gelesen wurde, darauf lässt keine der wenigen erhaltenen Rezensionen schließen.[435]

Detailliert schildert der Roman die Jugendzeit und innere Entwicklung von Karl Bürgelin und seinem Bruder in Weimar. Gabriele Reuter charakterisiert die Mutter als tyrannische, besitzergreifende Frau, die mit aller Gewalt die Persönlichkeit und die Interessen ihres Sohnes zu unterdrücken versucht. Ausgiebig schildert sie die dramatischen Auseinandersetzungen zwischen Mutter und Sohn und hält sich dabei präzise an die biographischen Begebenheiten in Hermann Obrists Leben: die Mineraliensammlung und das Herbarium kommen vor, das Medizinstudium in Heidelberg ebenso wie die Gesellschafterin der Mutter, Mademoiselle Aubert alias Berthe Ruchet. In späteren Passagen werden Karl Worte aus Obrists eigenen Essays in den Mund gelegt: »Man muß wieder lernen, daß die Ausschmückung eines Gegenstandes seinen bequemen Gebrauch nicht hindern darf, sondern ihn unterstützen soll. Man muß den Sinn der Eigenart des Materials wieder erkennen, und daß eine zweckmäßige künstlerische Schönheit schon in einer zweckmäßigen harmonischen Raumverteilung liegen kann.«[436]

Gabriele Reuter lernte Hermann Obrist nicht erst im Kreis der Münchner Frauenrechtlerinnen kennen, sondern kennt ihn und auch Berthe Ruchet bereits aus Weimar.[437] In ihrer Autobiographie *Vom Kinde zum Menschen* erzählt Gabriele Reuter auch von ihren zahlreichen Besuchen bei »Frau O.«, beschreibt dort Obrists Mutter als kultivierte Frau, die stets ein offenes Haus pflegte. Ihr Bruder Martin Reuter war ein Jugendfreund Obrists, gemeinsam studierten sie in Heidelberg Medizin.[438]

Dass Gabriele Reuter und Hermann Obrist sich im Kreis der Münchner Frauenbewegung wiederbegegneten und nahestanden, darüber gibt es keinen Zweifel. Mit ihrem Roman setzt Gabriele Reuter dem großen Künstler ein Denkmal und überliefert ein weiteres Zeugnis für die enge Verflechtung von Kunstszene und Frauenbewegung. Seit 1895 lebt sie nun in München, inzwischen hat sie sogar eine kleine Tochter, die Elisabeth heißt, aber auch Lili genannt wird. Zur Welt gekommen ist das Mädchen am 18. Oktober 1897 im Geburtshaus für ledige Mütter in Erbach an der Donau, einem Ort in Baden-Württemberg. 1908 wird Gabriele Reuter den Roman *Tränenhaus* veröffentlichen, der eine Welle der Entrüstung auslösen wird. In diesem Roman wird sie provokativ und schonungslos die Zustände in einem Haus für ledig gebärende Frauen beschreiben und dabei aus den eigenen Erfahrungen schöpfen. Im Gegensatz zu der in den Wahnsinn getriebenen Protagonistin ihres Romans bewältigt Gabriele Reuter ihre Mutterschaft auch ohne Ehepartner.

Mehr als 100 Jahre war der Öffentlichkeit unbekannt, wer der Vater von Gabriele Reuters Tochter war. Als die Rassengesetze im Hitler- und Nazi-Deutschland alle dazu zwangen, ihre Vorfahren offenzulegen, ist es der in München ansässige Schriftsteller und Privatgelehrte Benno Rüttenauer (1855–1940), der im Geburtsregister Standesamt Erbach/Donau seine Vaterschaft beurkundet.[439]

Vermutlich haben sich Gabriele Reuter und Benno Rüttenauer 1896 im Seebad Leoni am Starnberger See kennengelernt, wo sich auch Emma Merk, Marie Haushofer und Carry Brachvogel regelmäßig aufhielten, wie die Gästebücher der Villa Weinmann verraten.[440] Über das Verhältnis zwischen Rüttenauer und Gabriele Reuter ist kaum etwas bekannt. Er verkehrte in den literarischen und künstlerischen Kreisen Münchens und schrieb 1895/1896 eine Rezension zu Gabriele Reuters Roman *Aus guter Familie*.[441] Seinem eigenen Roman *Zwei Rassen* stellt er 1898 eine Widmung voran: »Meiner guten Freundin Gabriele Reuter«. Geschrieben hat er diesen Roman wohl 1897, also in dem Jahr, in dem auch die gemeinsame Tochter Elisabeth zur Welt kam.

Paul, die Hauptfigur des Romans, trägt sich hier mit dem Gedanken, zu heiraten. Er überlegt:

»Louise gerade würde die Frau sein, wie er sie brauchte. Denn nichts anderes verlangte er von seiner Frau, als dass sie ihm das Bett und die Stube machte, und für einen warmen Herd und eine warme Suppe sorgte, dass ihre Körperlichkeit seinen Sinnen zur Freude und ihr ruhiges und heiteres Gemüt seinem angestrengten Geiste zum friedlichen Ausruhen gereichte.«

Sollten sich diese Vorstellungen mit jenen des Autors decken, ist leicht nachzuvollziehen, warum Gabriele Reuter darauf verzichtete, den Vater ihrer Tochter zu heiraten.[442] Ernst von Wolzogen, der Gabriele Reuter schon in der Weimarer Zeit kannte, hat ihre persönliche Entwicklung so auf den Punkt gebracht: »Dieselbe zart, todgeweihte Gabriele, die ich als junges Mädchen die Treppe hinaufgetragen hatte, weil sie zu schwach zum Steigen war, und in deren erster Novelle ein preußischer Leutnant mit im Sturm flatternden Locken durch die Nacht hinsprengte! Und kurze Zeit nachher vollbrachte sie dann jene Großtat des Frauenstolzes, indem sie nahe vor ihrer Hochzeit ihrem Verlöbnis entsagte und mit schlichtem Stolze sich zu ihrem Kinde bekannte.«[443]

1899 wird Gabriele Reuter mit ihrer Tochter und der kranken Mutter nach Berlin ziehen, aber sie wird der Münchner Frauenbewegung weiter verbunden bleiben. Ihr Name taucht auf allen erhaltenen Mitgliederlisten (bis 1916) des Münchner Vereins auf.[444] Ihre Karriere als Bestsellerautorin wird sie fortsetzen.

12.

1899: Der Bayerische Frauentag

– »Wir schaffen uns selber unser Recht!« –

Zur Vervielfältigung der Frauenbilder
am Ende des Jahrhunderts

1899 erscheinen mehrere Bücher, die das Rollenbild von Frau
und Mann kritisch reflektieren, die herkömmlichen Zuord-
nungen auflösen und Ahnungen der Zukunft formulieren.
Als Erstes ist Helene Böhlaus Roman *Halbtier* zu nennen.[445]
Dem anfänglich optimistischen Emanzipationspostulat der
Protagonistin Isolde: »Ein Kind und Arbeit!« – beides soll
der Frau möglich sein –, steht die bittere Desillusion der Realität gegenüber. Drastisch schildert die Schriftstellerin Fami-
lien- und sogar Entbindungsszenen, sie zeigt, wie verzweifelte
Mütter ihre kleinen Kinder instrumentalisieren und wie sie
von ihren halbwüchsigen Söhnen verachtet werden. In letzter Konsequenz scheint gar Männermord die einzige Lösung
zu sein. Isoldes Schwager, der die Frau für eine Art Tier hält
und der sich ihr mit der Absicht der Vergewaltigung nähert,
wird von Isolde erschossen. »Sie hat Gericht gehalten. Tief
ernst ist sie. Sie empfindet sich nicht als kleines Lebewesen,
als ein Tropfen im Nichts. Sie steht hier vor dem Toten als
der Begriff Weib. Sie hat einen großen Künstler, einen Geis-
tesmenschen, einen schöpferischen Menschen total brutal

Abb. 15: Helene Böhlau

getötet. Das beunruhigt sie nicht.« Am Ende steht Isoldes Freitod.[446]

In einer Radikalität und mit einem Potential an Aggression, das in dieser Zeit seinesgleichen sucht, formuliert Helene Böhlau am Ende des 19. Jahrhunderts noch einmal die weibliche Auflehnung gegen die herkömmliche Rolle der bürgerlichen Frau. Noch heute gilt *Halbtier* als einer der provozierendsten Romane der Jahrhundertwende.[447] Böhlaus Roman macht Furore und führt dazu, dass die Autorin fortan als Frauenrechtlerin betrachtet wird. »Man nannte mich nach letzterem Roman Frauenrechtlerin, hatte mich aber mißverstanden. Der Roman war der Ausdruck des Erstaunens, des Erschrecktseins. Ich hatte mit einem tiefen bestürzten Blicke gesehen, daß die Frau, die geistig leben und arbeiten will, ganz ohne Traditionen ist, mißachtet und belächelt. – Ich hatte mir das nicht so vorgestellt.·Ich erkannte, daß den Frauen keine geistige Vergangenheit zugehört, daß sie so wenig Spuren auf Erden hinterlassen hatten, wie die Wellen und die Tiere. Ein Weh sondergleichen! – Und ich suchte Worte – Bilder – Möglichkeiten, mich verständlich zu machen. Es war ein leidenschaftliches Ringen, hier Ausdruck zu schaffen.«[448]

Auch die Männer, die sich der Münchner Emanzipationsbewegung anschlossen, thematisieren in ihren Büchern die sich vor ihren Augen abspielende Vervielfältigung der Frauenbilder. *Das dritte Geschlecht* heißt der 1899 veröffentlichte Roman von Ernst von Wolzogen[449], ein Schlüsselroman, der kaum kaschierend Anita Augspurg, Sophia Goudstikker, Ika Freudenberg und die *Gesellschaft zur Förderung geistiger Interessen der Frau* (im Roman: »Agitationskomitee für die Evolution der femininen Psyche«) porträtiert. Anita Augspurg wird als Dr. Babette Girl gezeichnet, Sophia und Mathilde Goudstikker sind die Vorbilder für das im Roman geschilderte Schwesternpaar Hildegard und Martha Haider, und Ika Freudenberg wird als Meta Echdeler dargestellt.[450]

Wolzogen zeigt München als Experimentierstation für neue Lebens- und Liebesentwürfe von Mann und Frau, er versammelt die verschiedenen Positionen zur Frauenfrage, fasst die Einstellungen zu Ehe und Berufstätigkeit und die Geschlechterkonzepte am Ende des Jahrhunderts zusammen. »Es ist doch merkwürdig, was für interessante Frauentypen gerade unser eigener engster Kreis darbietet«, verkündet Hildegard

Haider. »Da ist Frau Katja Rau, das ewig zitternde Eheweib, das es in der geistvollen Heuchelei zur Meisterschaft gebracht hat; da ist Frau Claire Reithmeyer, das Weib mit der großen wissenschaftlichen Begabung, aber doch von starker Sinnlichkeit, das die Liebe für ihr seelisches Gleichgewicht braucht; da sind die starken Intelligenzen ohne Sinnlichkeit, für die der Mann gar keine Rolle mehr spielt, Babette Girl, die ein richtiger Mann, Meta Echdeler, die eine vollkommene Dame ist; da ist meine liebe arme Schwester, die süße Pflanz', noch ganz Weibchen alten Stils, … da bin ich – und mich rechnen sie alle zum dritten Geschlecht, weil ich so fest auf meinen zwei Beinen stehe wie nur irgend ein Mannsbild und mir von keinem ein X für ein U machen lasse.«[451]

Als »drittes Geschlecht« bezeichnet Wolzogen jene Frauen, bei denen die Geschlechtszuweisungen aus ökonomischen oder moralischen Gründen keine Rolle mehr spielen und die schlicht »Mitmenschen« sind und von der literarischen Figur Arnulf Rau despektierlich »Tanten« genannt werden.[452] Eingangsvoraussetzung ist ihm aber das »Entäußern des Geschlechts«, d.h. Frauenrechtlerinnen sind für ihn geschlechtsneutral.[453]

Weitere Männer werfen am Ende des 19. Jahrhunderts einen Blick auf Mann und Frau, beispielsweise der Berliner Schriftsteller und Naturalist Johannes Schlaf in seinem Artikel *Absinth*, der am 11. November im *Simplicissimus* erscheint. Absinth, auch als »grüne Fee« bezeichnet, gilt als Kultgetränk der Zeit, das aus Frankreich übernommen wurde und als phantasieanregend gilt. Es steht aber auch, wie viele Rauschmittel, für entgrenzende Erfahrungen, auch zwischen den Geschlechtern, fungiert angesichts der festgefahrenen Gesellschaft vor 1900 auch als ein Mittel, um gesellschaftliche Konventionen zu durchbrechen.[454]

Und so ist denn der Absinth auch Johannes Schlaf im Café bei seinem Nachdenken über Frau und Mann behilflich. Von Schluck zu Schluck verändern sich die Bilder vor seinen Augen, und er kommt dem »tragikomischen Tiefengeheimnis der Liebe« allmählich auf die Schliche: »Einer muß Engel, einer Satan sein. ... Voilà tout! Wir flirten miteinander! Ueber unsere Untergründe hin.« Nach einem neuerlichen Schluck hat er die Vision einer »mondänen Nervendame«. Ein modernes Paar sitzt sich ratlos gegenüber. Schlaf sieht »im Grunde das gleiche Ineinanderspiel männlicher und weiblicher kulturverfeinerter Eigenschaften. Die erreichte Gleichheit zwischen ihm und ihr am Ausgang einer Kultur! ... was sie suchen, ist die alte süße Ruhe und Sicherheit des Selbstbesitzes, die feste Konzentration erneuter männlicher und weiblicher Eigenschaften. Was sie rangieren wird, ist die Mystik einer unbestimmten Zusammengehörigkeit und das letzte übergewaltige Gebot der Natur.«

Ja, was ist männlich, was ist weiblich? Schlaf weiß es am Ende des 19. Jahrhunderts auch nicht mehr und stellt fest, dass er sich selbst wieder nach klaren Verhältnissen sehnt. Und dann, nach einem weiteren Schluck Absinth, eine erneute, diesmal ihn zufriedenstellende Vision: »Ich sehe ein Bild und ein Ziel. Ich will es Maria rusticana nennen. Die üppige, leuchtende Schönheit einer Sommerwiese. Und in ihr die stille, selige, beglückte Mutter, die Magd und Herrin, die – Mutter mit dem Kinde.«[455]

Im Gegensatz zu Wolzogens Roman zeigt sich hier eine Sehnsucht nach Übersichtlichkeit und klaren Rollenmustern, nach Eindeutigkeit, die schließlich bei Maria und ihrem Kind Zuflucht suchen muss. Max Haushofer entwirft ein nicht unähnliches Szenario. Mit seinem utopischen Roman *Planetenfeuer*[456] wirft er einen Blick in die Zukunft und zeichnet ein Szenario mit technischem und wissenschaftlichem Fortschritt, »Staatssozialismus und Narkose, Gedankenlesen und Luftsport, Verirrungen religiöser Schwärmerei und künstlerisches Experiment, internationales Gaunerthum und Weltfriedensfrage, Frauenemanzipation und thanatognostische Erkenntniß der letzten Räthsel«.[457]

Auf einem Frauenkongress lässt er zwei Frauen auftreten, die eine vertritt traditionelle Rollenbilder und Mutterschaft als einzige Berufung der Frau. Die andere propagiert Bildung, Beruf und Arbeit. Die Mehrheit schließt sich der Traditionalistin an: »Das Säugetier hat über den Gedanken gesiegt. War anderes zu erwarten?« Hier mag Haushofer durchaus eine Schwäche der frühen Frauenbewegung erkennen: Viele Frauen begnügten sich mit einer nur in Teilen verbesserten Rolle, sie gaben sich mit Teilzugeständnissen zufrieden und waren nicht wirklich bereit, eine aktive Rolle in der Gesellschaft zu besetzen.[458] Das wird zum Scheitern führen, und die alten Rollenmodelle werden mit aller Wucht zurückkehren. Was bei Johannes Schlaf ein Sehnsuchtsbild ist, wird hier zum Schreckensszenario, das sich spätestens ab 1933 einlösen wird.

Der erste bayerische Frauentag 1899 in München

Die *Gesellschaft zur Förderung geistiger Interessen der Frau* organisiert sich neu. Auf Anregung von Sophia Goudstikker nennt sich der Verein fortan kurz und bündig *Verein für Fraueninteressen*[459] und gibt sich damit ein neues Image. Es ist ein selbstbewusster, ein fordernder Name, einer der Spielräume zulässt, der Horizonte eröffnet. Für die vielfältigen Arbeitsgebiete, die der Verein nun auf seine Agenda setzt, werden 1899 spezielle Kommissionen und Abteilungen ins Leben gerufen: eine *Centralstelle für Wohlfahrtseinrichtungen,* eine *Auskunftsstelle für Frauenberufe,* eine *Abteilung für soziale Arbeit* und eine *Jugendgruppe.*[460] Unter dem Vorsitz von Ika Freudenberg beschließen die Mitglieder Anfang des Jahres, die Aktivitäten und Werbearbeit für die Frauenbewegung auf ganz Bayern auszudehnen, Frauen aus der ganzen Region einzuladen, um ihnen die Absichten der Frauenbewegung hier vor Augen zu führen.

Möglich macht das alles eine neue Rechtslage: 1898 hat der Gesetzgeber den Artikel 15 des bayerischen Vereinsgesetzes geändert. Zwar heißt es noch immer: »Frauenspersonen und Minderjährige können weder Mitglieder politischer Vereine seyn, noch den Versammlungen derselben beiwohnen.« Die Lockerung jedoch bestand darin, dass es volljährigen weiblichen Personen nun erlaubt ist, Vereinen beizutreten oder an Versammlungen teilzunehmen, die den Berufs- und Standesinteressen bestimmter Personenkreise oder den Zwecken der Erziehung, des Unterrichts und der Armen- und Krankenpflege dienen. Diese gesetzliche Liberalisierung will sich der *Verein für Fraueninteressen* geschickt zunutze machen.

Zum ersten Mal sollen sich Frauen aus ganz Bayern zu einem Frauentag versammeln und den Dialog um ihre aktuelle und zukünftige Rolle in der Gesellschaft eröffnen. Mitveranstalter werden sechs weitere Münchner Vereine, die sich gleichfalls dem Bund deutscher Frauenvereine (BDF) angeschlossen und damit zugleich zur modernen Frauenbewegung bekannt haben: Verein Arbeiterinnenheim, Verein zur Gründung eines Mädchengymnasiums, Handelsgehilfinnenverein, Kaufmännischer Verein für weibliche Angestellte, Künstlerinnenverein und Lehrerinnenverein.[461] Alle Vereine planen, auf dem Frauentag ihre Arbeit vorzustellen.

Bald erstellt man zusammen ein Programm, fügt es in ein Einladungsschreiben ein und verschickt es an Vereine und Frauenorganisationen in ganz Bayern. »Wir schrieben den ersten allgemeinen bayerischen Frauentag für den 18., 19., 20. und 21. Oktober aus.«[462] Im Mittelpunkt des Schreibens steht der Gedanke, dass sich Frauen und Frauenvereine bayernweit zusammenschließen sollen, um ein Frauennetzwerk zu bilden: »Überall reichen sich heute die Frauen die Hand zu einem gemeinsamen Wirken; überall regt sich der Drang an der Hebung ihres Geschlechtes zu arbeiten, seine vielfach brachliegenden Kräfte zu entwickeln und zu bilden. Es thut not, die wirtschaftlich Schwachen zu stärken, und den durch Bildung und Wohlstand Unabhängigen die Gebiete zu zeigen, auf denen sie eine wahrhaft gemeinnützige Tätigkeit entfalten, zur Heilung einiger der tiefsten Schäden unserer Zeit die helfende Hand anlegen können. Dieser Idee, der sich in unserem ganzen deutschen Vaterlande in Nord und Süd, Ost und West so viele Frauen bereits angeschlossen haben, in unserem bayerischen Lande Eingang zu schaffen; auch die bayerischen

Frauen aller Städte zu durchdringen mit dem Bewußtsein, daß Vereinigung stark macht.«[463]

Frauen aus vierzehn bayerischen Städten (Aibling, Augsburg, Bayreuth, Edenkoben, Gößweinstein, Herzogenaurach, Landau, Landshut, Langenbruck, Nürnberg, Regensburg, Starnberg, Neu-Ulm, Würzburg) folgen der Einladung und nehmen an dem aufsehenerregenden Kongress teil. Die Schriftstellerin und Künstlerin Emmy von Egidy kümmert sich zusammen mit Marie-Luise Obrist, der Ehefrau von Hermann Obrist, um die Unterbringung der Frauen. Auf der Einladung ist zu lesen: »Unsern geehrten auswärtigen Gästen steht eine große Anzahl privater Logirzimmer zur Verfügung; viele Vereinsmitglieder haben sich mit Freuden zur Beherbergung bereit erklärt. Wir bitten, sich zur Bestellung von Privatlogis an die Damen der Wohnungscomission (Frl. Emmy von Egidy, Amalienstr. 50c und Frau H. Obrist, Carl Theodorstraße 24) zu wenden.«[464]

Der erste bayerische Frauentag wird am 18. Oktober 1899, an einem Mittwochabend, um 8 Uhr eröffnet, im Prinzensaal, dem Festsaal des beliebten und angesagten *Café Luitpold*. Auch um Lobbyarbeit zu betreiben, dies sei angemerkt, wählt der Verein für seine öffentlichen Veranstaltungen seit 1899 nur noch repräsentative Lokalitäten, das Hotel *Vier Jahreszeiten*, den *Bayerischen Hof*, am häufigsten aber tatsächlich das *Café Luitpold*, damals ein großer Palast im Renaissancestil, später dann auch mehr und mehr das *Künstlerhaus* am Lenbachplatz. All diese Orte existieren noch heute.

Auf die Münchner übt die Eröffnung wie überhaupt der ganze Frauenkongress große Anziehungskraft aus. Frauen aller Schichten kommen zur Eröffnung, so zahlreich, dass Hunderte keinen Einlass mehr finden. Ernst von Destouches vermerkt später in der *Münchner Stadtchronik* ausdrücklich, dass bei der Eröffnung auch der Reichstagabgeordnete Georg von Vollmar und der bekannte Rechtsanwalt Max Bernstein anwesend sind.[465] Es ist Ika Freudenberg, die Vorsitzende des *Vereins für Fraueninteressen*, die die zahlreichen Gäste begrüßt und den Kongress mit einem programmatischen Vortrag eröffnet. Sie spricht über die Entstehung der modernen Frauenbewegung und über deren Ziele und Ideale. Ausgelöst wurde die Bewegung durch die wirtschaftliche Benachteiligung der Frauen und die rechtliche Ungleichbehandlung. Angestoßen durch die Französische Revolution, stellt sie die Suche nach Wahrheit und Gerechtigkeit, nach Freiheit, Gleichheit und Solidarität ins Zentrum. Nur so ließen sich alle individuellen Bedürfnisse in einer Gesellschaft stillen. Drei Ziele stellt sie in den Mittelpunkt: Die Erziehung der Frauen zur selbständigen Mitarbeit am Gemeinwohl, das Schaffen besserer Arbeitsbedingungen für alle Frauen und die Beseitigung der letzten Reste der rechtlichen Ungleichheit von Mann und Frau. Zur Umsetzung dieser drei Ziele beizutragen, das sei das Ziel dieses Frauenkongresses.

Die missliche soziale Stellung der Frauen führt Ika Freudenberg auf den Dreißigjährigen Krieg zurück. Hier habe die Selbstverleugnung der Frau eingesetzt, denn nur durch strikte Sparsamkeit und Zurücknahme aller Fraueninteressen sei es damals möglich gewesen, aus der totalen Verwüstung des Landes emporzukommen. Dass sich erst ab den 1880er und 1890er Jahren eine Frauenbewegung bilden konnte, dass der Zusammenschluss von Frauen im In- und Ausland möglich wurde, führt Ika Freudenberg auf die enorme Entwicklung im

Verkehrsbereich und auf die damit einhergehende Mobilität zurück. Sie berichtet von Spott, den sich die Frauenbewegung von Männern noch immer gefallen lassen müsse, erzählt, wie viele Menschen noch immer der Auffassung seien, dass die ungebildete Frau für den gebildeten Mann die bessere Gattin sei.

Anschließend spricht dann die Leiterin des *Münchner Künstlerinnenvereins*, Clementine von Braunmühl, in ihrem Vortrag über den *Zweck des Mädchengymnasiums*.[466] Sie listet die männlichen Ängste gegen die wissenschaftlich gebildete Frau auf und kritisiert, dass die vorhandenen weiblichen Lehranstalten in keiner Weise mit den männlichen mithalten können. Zwar dürften junge Frauen seit kurzem an zwei Gymnasien in Bayern ihre Abiturprüfung ablegen, trotzdem sieht sie keine Chancengleichheit und besteht weiter auf der Bildung von Mädchengymnasien.

Nach der Eröffnung im *Café Luitpold* finden alle weiteren Veranstaltungen und Vorträge im Saal des Alten Rathauses statt, den der Magistrat der Stadt den Frauen zur Verfügung gestellt hat. Das vielseitige Programm, mit morgendlichen Vorträgen, anschließenden Diskussionen, beratenden Sitzungen über die aktuellen Frauenfragen (Erwerbstätigkeit, Mädchenschulwesen, die Frau in der kommunalen Arbeit) und Besichtigungen in Münchner Organisationen und Betrieben ist so aufgestellt, dass die Frauen aus den kleineren Städten hier eine Einführung in Leitideen und allgemeine Ziele der Frauenbewegung erhalten, aber auch in die praktische Arbeit und in spezielle Einzelaufgaben der verschiedenen Vereine eingewiesen werden. So werden den Teilnehmerinnen zum Beispiel städtische Einrichtungen für Frauen gezeigt, aber auch Einrichtungen, die die Vereine selbst geschaffen haben (die Schule des Künstlerinnenvereins oder das Arbeiterinnenheim).

Die Vorträge und Diskussionen decken ein breites Spektrum ab.[467] Ein Schulinspektor informiert über die Notwendigkeit von Mädchenhorten, weil die misslichen sozialen Verhältnisse so vieler Eltern die Erziehung der Mädchen unmöglich machten. In vielen Fällen hätten sich die Mädchen an das Streunen gewöhnt und die Eltern seien »zu energielos, um ihre Kleinen den physischen und sittlichen Gefahren des Gassenlebens zu entreißen«.

In einem Vortrag mit dem Titel *Reform* des *Kostkinderwesens* geht es ans Eingemachte, nämlich um die Promiskuität im Wilhelminischen Kaiserreich, um das massive Fremdgehen, um die große Zahl von unehelichen Kindern, die es in Deutschland gibt. Die Zahl hat sich von 127 000 (1883) auf 170 000 (1890) erhöht und steht im Jahr 1897 auf 190 000. In München, so erfährt man, sind von hundert neugeborenen Kindern bereits 33 % unehelich. Weil nach der Geburt die Not vieler unverheirateter Mütter so groß sei, würden viele Mütter den Tod ihres Kindes als Erleichterung ansehen. Tatsächlich sei die Sterblichkeit dieser Kinder insgesamt doppelt so hoch wie bei ehelichen Kindern. Neun Zehntel aller unehelichen Kinder müssten in Pflegefamilien untergebracht werden, wozu insbesondere die Kellnerinnen oder Dienstmägde, der Großteil der betroffenen Mütter, gezwungen seien.

Weitere Vorträge handeln von der Zukunft der Bildung, von Arbeit und möglichen Berufsfeldern für Mädchen und Frauen, die Titel lauten *Fortbildungsunterricht für Mädchen* oder *Krankenpflege als Frauenberuf.*

Die beiden großen Abendveranstaltungen im Alten Rathaus erregen allergrößtes öffentliches Interesse. Auch hier kann der Saal den Andrang kaum bewältigen, bis auf den Gang hinaus drängen sich die Zuhörer, wie man aus den Zeitungen allseits erfährt. Grund dafür ist zweifellos die Prominenz der Vortragenden: Am Donnerstagabend, dem 19. Oktober, spricht der berühmte Dichter und Professor für Volkswirtschaft Max Haushofer als Mitglied des *Vereins für Fraueninteressen* über *Die Frau im Erwerbsleben*, am folgenden Abend die bekannte Dresdner Frauenrechtlerin Marie Stritt über *Die Stellung der Frau im Bürgerlichen Gesetzbuch*.[468]

Max Haushofer spannt in seinem Vortrag über die Stellung der Frau im Berufsleben[469] einen Bogen von der Vergangenheit in die Gegenwart, informiert die Zuhörer darüber, in welchen Berufsfeldern Frauen im deutschen Kaiserreich arbeiten, wie es sich statistisch mit dem Anteil der Frauen im Erwerbsleben verhält, speziell im Gewerbe, in Industrie, Handwerk und Handelsgewerbe. Dass die Frauen seit Jahrzehnten mehr und mehr danach strebten zu arbeiten, sei eine gesellschaftliche Realität, die der Mann selbst verursacht habe. Mit seinem Erfindungsgeist habe er die Frauen aus ihrem häuslichen Bereich und den damit verbundenen Tätigkeiten verdrängt. Ein Beispiel sei die Herstellung von Windeln, ursprünglich eine weibliche Tätigkeit, die inzwischen zu neun Zehnteln durch Männer erfolge. Die Nahrungsmittelindustrie sei ein weiteres Beispiel. Haushofer plädiert in seinem Vortrag für die berufstätige Frau – auch angesichts der demographischen Entwicklung und der prekären finanziellen Situation vieler Familien.

Haushofer zieht Bilanz: Die Beteiligung der Frau am Erwerbsleben sei von vielen Rückschlägen begleitet, durch die man sich nicht entmutigen lassen dürfe. Er gibt Ratschläge, ermutigt, ermahnt die Frauen aber auch. Sie müssten akzeptieren, dass es einige Jahrzehnte, ja Generationen brauchen werde, um die Verhältnisse zu ändern. Klagen über Tyrannei und Egoismus der Männer nützten wenig. Die Frauen müssten sich selbst in Position bringen, ein eigenes Selbstverständnis und »weibliche Arbeitstugenden« entwickeln: »Aufmerksamkeit auch im Kleinsten, Sorgfalt, Geduld, Geschmack«. Es sei unabdingbar, »daß sie die Fähigkeit zu organisiern und zu verwalten erlernen müssen, daß sie lernen müssen, Persönliches und Sachliches zu trennen, daß sie sich eiserne Disziplin aneignen, sich selbst diszipliniren müssen«. Wollten auch Frauen künftig Leitungspositionen einnehmen oder ein Unternehmen leiten, dann müssten sie zur Übernahme eines Risikos bereit sein, müssten Initiative, Ausdauer, Talent zur Organisation und Administration entwickeln. »Der Kampf ist schwer, aber er wäre ruhmlos, wäre er nicht schwer.«

Max Haushofers Vortrag erhält den allergrößten Beifall, erfährt auch in den sich anschließenden Diskussionen fast ausnahmslos Zuspruch, wie die *Münchner Neuesten Nachrichten* berichten.[470]

Am zweiten Abend spricht im Alten Rathaussaal die Dresdner Frauenrechtlerin Maria Stritt über *Die Stellung der Frau im neuen Bürgerlichen Gesetzbuch*. Über den Inhalt ihres Vortrags, die vorgetragenen Argumente und die leidenschaftlichen Reaktionen und Diskussionen der Zuhörerschaft wird in den *Münchner Neuesten Nachrichten* genauso ausführlich berichtet wie am Tag zuvor über den Vortrag von Max Haushofer. Marie Stritt gibt ihrer Empörung darüber Ausdruck, dass die Forderungen der Frauen im verabschiedeten Entwurf des Bürgerlichen Gesetzbuches unberücksichtigt blieben. Die Rednerin wird heiß gefeiert, und sie schafft es, dass die im Rathaus Versammelten sich nach dem Vortrag für eine Resolution aussprechen, nach der die deutschen Frauen dringend weiter auf die Änderung jener Paragraphen des neuen Bürgerlichen Gesetzbuches hinarbeiten müssen, die das eheliche Güterrecht, die elterliche Gewalt der verheirateten und unverheirateten Mutter und die Unterhaltspflicht des Vaters gegenüber seinem unehelichen Kind betreffen. Der Saal kann die »zustimmende Menge kaum fassen, und die fast einmütige, lebhafte Zustimmung zu der gefassten Resolution war von mächtigster Wirkung«.[471.]

Am Samstag, den 20. Oktober, hält der *Erste Allgemeine Bayerische Frauentag* seine letzte beratende Sitzung im großen Rathaussaal ab. In den drei Vorträgen, die am Morgen auf der Tagesordnung stehen, geht es um die Tätigkeit der Frauenkommission im städtischen Arbeitsamt, um die prekäre Lage der weiblichen Angestellten im Gastwirtschaftsgewerbe und als Dienstboten in Familien und verschiedenen Institutionen. Man erfährt von einer Petition, die zum Schutz junger Kellnerinnen von München aus an den Berliner Reichstag gestellt worden ist. Erfährt auch, dass man aus Berlin bisher keine Antwort darauf erhalten habe. Einer der Vortragenden berichtet, dass man in dieser Petition auf die große sittliche Gefahr des Kellnerinnenberufs, insbesondere für die Mädchen unter zwanzig Jahren hingewiesen habe, auf die erschreckend große Zahl von Syphilis-Erkrankungen unter ihnen sowie auf die gesundheitliche Schädigung durch die viel zu lange Arbeitszeit.

Am Samstagmittag wird der informelle Teil des Frauentags durch eine Ansprache von Ika Freudenberg beschlossen.

Das Finale des Frauentags übertrifft wohl alle Erwartungen: Die frauenpolitische Zusammenkunft endet mit einem großen Festabend zu Ehren der angereisten Gäste. Dem Programm zufolge soll er im berühmten *Hotel Bayerischer Hof* stattfinden, tatsächlich wird er dann aber ins *Hotel Union* verlegt, das auch unter dem Namen *Katholisches Kasino* läuft, in der Nähe der Pinakotheken liegt und – das ist das entscheidende Kriterium – mit einem großen Theatersaal ausgestattet ist. Die *Münchener Zeitung* berichtet später: »Schon vor dem angesagten Beginn des Festes war der Saal voll Frauen und Mädchen. Diesmal waren sie aber nicht mit ernsten Gesichtern und in Reformkleidern gekommen, sondern trugen heitere, lächelnde Antlitze zur Schau mit funkelnden Augen, waren in duftige Roben gekleidet.«[472]

An diesem Festabend tritt vollends zutage, was für eine große Rolle Literatur, Theater und Dichtung für die Münchner Frauenbewegung als politisches Instrument spielen. Im Mittelpunkt des Abends steht die Aufführung eines Festspiels, das im Programm mit dem Titel *Culturbilder aus dem Frauenleben* angekündigt wird. Verfasserin ist Marie Haushofer, die zu dem Zeitpunkt erst 28 Jahre alt ist.

Warum die Wahl auf die Malerin Marie Haushofer fiel, ist nicht bekannt. Frühere dichterische Aktivitäten legen ihre Präsenz in den literarischen Salons und eine enge Freundschaft zu den Schriftstellerinnen Carry Brachvogel und Emma Merk nahe. Abgesehen davon hat ihr Vater, der bekannte Schriftsteller Max Haushofer, seine künstlerisch begabte Tochter von klein auf gefördert und sie mit dem Schreiben und Dichten

Abb. 16: Marie Haushofer

vertraut gemacht. Fotos zeigen das junge Mädchen beim Mit-
wirken in Theateraufführungen literarischer Zirkel.

Regie führt bei dem Festspiel Sophia Goudstikker, die sich
auch als Schauspielerin beteiligt. Einen optischen Eindruck
der Aufführung am 21. Oktober 1899 vermitteln noch heute
vierzehn Szenenfotografien, die Sophia Goudstikker entweder bereits vor oder nach der Aufführung mit allen Darstel-
lern und Darstellerinnen im Fotoatelier *Elvira* angefertigt
hat.[473] Eingebunden sind diese Fotografien in ein ledernes
Fotoalbum, das Sophia Goudstikker selbst gehört hat. Nach

ihrem Tod 1924 ist es durch Marie Haushofer in den Besitz
der Familie Haushofer gekommen.[474] Wie die Szenenfotografien belegen, wirkt damals bei der Aufführung ein Großteil
der Protagonistinnen und auch der männlichen Unterstützer
der Frauenbewegung als Schauspieler mit: Emma Merk, Marie
Haushofer, Martha Haushofer, Carry Brachvogel, Sophia und
Mathilde Goudstikker, die Jugendstilkünstler August Endell
und Hermann Obrist und auch Max Haushofer. Aufgrund
der Verkleidung lassen sich nicht alle Beteiligten zweifelsfrei
identifizieren, außerdem ist nicht gesichert, dass die Porträtierten in jedem Fall identisch waren mit den Schauspielern
am Festabend.

Zentrales Thema von Marie Haushofers Dichtung ist die
Rolle der Frau in Geschichte und Gesellschaft. Das Festspiel
wird von der Figur der Klio eröffnet, der Muse der Geschichts-
wissenschaft. Sie begrüßt das bevorstehende 20. Jahrhundert
und beklagt die vielen Kriege und Kriegstoten der Vergangenheit, die der Verführungskraft »dämonischer Führergeister«
geschuldet sind. Vor allem aber ist sie verwundert über die
Einseitigkeit der Geschichtsschreibung:

Doch was auch Großes hier mein Griffel zeigt,
Eins ist, von dem mir die Geschichte schweigt;
Sie spricht von *einer* Menschheitshälfte nur –
Und von der andern fehlt mir oft die Spur!
Es ist der *Mann*, der kämpft, erfindet,
Der Mann ist's der den Staat gegründet
Und fügte der Kulturwelt Bau;
Was that in all' der Zeit die Frau?

Anschließend werden in zwölf »lebenden Bildern« historische Situationen heraufbeschworen, die verschiedene Rollen von Frauen in unterschiedlichen Kulturen und Epochen vorführen. Zuerst treten die klugen und törichten Jungfrauen aus der Bibel auf, dann stürmen die Amazonen auf die Bühne, die als freiheitsliebend, unabhängig, kampflustig und mutig vorgestellt werden und nach ihren eigenen Gesetzen in einer reinen Frauengemeinschaft leben; Männer werden nur als Knechte benötigt. Auf der überlieferten Szenenfotografie sind unter den Darstellerinnen Emma Merk und Martha Haushofer zu erkennen. Im dritten Bild erscheinen Orientalinnen und Haremsfrauen, die als dumm, eifersüchtig und kleinlich präsentiert werden, weil sie sich von einem Ehemann und Herrn beherrschen lassen – eine Anspielung auf die bürgerlichen Geschlechterrollen des 19. Jahrhunderts. Es folgt der Auftritt kämpferischer Germaninnen – unter ihnen zeigt die Szenenfotografie Carry Brachvogel –, danach erscheinen Benediktinerinnen, die Kinder unterrichten und erziehen, schließlich ein Trauerzug, der den mittelalterlichen Dichter Frauenlob zu Grabe trägt. Mit den Versen »Du brachst für uns die Lanze, wenn uns rauh mit schneidend scharfem Spott die Gegner höhnen« wird nicht nur der Dichter Heinrich von Meißen, alias Frauenlob (ca. 1250–1318), geehrt, sondern auch die männlichen Unterstützer der Münchner Frauenbewegung: Max Haushofer, August Endell, Hermann Obrist, Ernst von Wolzogen, der Anwalt Max Bernstein oder auch der Politiker Georg von Vollmar.

Monate später, am 23. April 1900, als der sozialdemokratische Abgeordnete Georg von Vollmar wieder einmal vehement für das Frauenstudium eintritt, erzielt der Zentrumsabgeordnete Dr. Zimmern in seiner Erwiderung einen

Heiterkeitserfolg, als er Vollmar spöttisch wünscht: »[E]r verdient einmal – ich wünsche aber, in möglichst ferner Zukunft – wie zu Mainz der berühmte Dichter Frauenlob von der Damenwelt zu Grabe getragen zu werden.«[475]

Auf der dazugehörigen Szenenfotografie ist unter den Darstellerinnen auch Katia Pringsheim, die spätere Frau von Thomas Mann, zu erkennen. Die nächste Szene zeigt die geistreich philosophierenden Damen der italienischen Renaissance, die sich mit dem Humanisten Ariost unterhalten (Marie Haushofer und August Endell können auf dem Szenenfoto identifiziert werden), dann folgt der Dreißigjährige Krieg: eine Ehefrau tröstet ihren entmutigten Ehemann. Es folgen noch die französischen Damen der Rokokozeit, die einen tändelnden, schwächlichen Kavalier beherrschen, die leidende und ihre Kinder tröstende Königin Luise und die Schwestern des Roten Kreuzes, die einen Verwundeten geleiten (das Szenenfoto zeigt u. a. Martha Haushofer und Hedwig Pringsheim).

Die unmittelbare Gegenwart, die Zeit um 1900, erscheint im Schlussbild. Berufstätige Frauen, eine Schar »moderner Frauen«, »Frauen von heute« betreten zuletzt die Bühne: Arbeiterinnen, Telefonistinnen, Buchhalterinnen, Gelehrte, Malerinnen und viele andere. Dazu die allegorische Figur der Arbeit, die alle Frauen befreit.

Ich bin die Arbeit, und ich führ' sie an,
Die Frau'n von heut sowie den heut'gen Mann!
O glaubt nicht, daß ich in vergang'ner Zeit
Den Frauen fern gewesen sei!
Nur aus der häuslichen Verborgenheit
Trat selten ich in's Leben, offen, frei!

Doch heute steht die Welt in meinem Zeichen!
Und Jung und Alt, die Armen und die Reichen:
Sie alle stehen unter meinem Bann,
Und Jeder thut von ihnen, was er kann!
Es ruht der Menschheit allerbeste Kraft
In dem was Jeder für das Ganze schafft;
Und kargt das Glück, ist ernst das Leben,
So heiligt Arbeit jedes Streben! …
Wenn Ihr Euch einmal habt an mich gewöhnt
Und mit des Lebens Forderung ausgesöhnt!
Wie weiß ich inneres Glück zu schenken
Für Wissensdrang, für ernstes Denken! …
Wie winkt für sie nach Tageslast
Am Abend wohlverdiente Rast!
So daß sich alle selber achten,
Wenn sie zum Schluß ihr Werk betrachten,
Für täglich treu erfüllte Pflicht
Geleit ich Euch hinan zum Licht!

Klio nimmt die Figur der Arbeit an der Hand, begrüßt die
Teilnahme der Frauen an der Kunst, der Wissenschaft und
dem Lehrberuf, ruft sie zur Zusammenarbeit und gegenseitigen Unterstützung auf. Begleitet werden diese arbeitenden
Frauen, denen Gegenwart und Zukunft gehören, von den alle-
gorischen Figuren Glaube, Liebe und Hoffnung:

So habt ihr endlich Euch gefunden
Von ernster Arbeit treu verbunden!
So mög' es bleiben und ein festes Band
Schling sich um alle Frau'n aus jedem Stand.

Ihr braucht es! Denn der Daseinskampf ist hart,
Und wird kaum einer Einzigen erspart!
Ihr legt die Arbeitshände voll Vertrauen
Hier in die Freundeshände all' der Frauen,
Die ihre volle Kraft, ihr ganzes Leben
Gewidmet einem ernsten, großen Streben,
Der Kunst, der Wissenschaft, dem Lehrberuf,
Dem regen Treiben, das die Neuzeit schuf!

Nach einer musikalisch umrahmten Pause werden im zweiten Teil des Festabends Gedichte vorgetragen von Ada Negri, Lou Andreas-Salomé, Alberta von Puttkamer, Anna Ritter, Ricarda Huch, Maria Janitschek und Emmy von Egidy. Beschlossen wird der Festakt mit dem Chorsatz *Mailied* des Münchner Komponisten Josef Rheinberger.[476]

Die Presse jubelt. In der *Münchner Zeitung* werden Marie Haushofer und Sophia Goudstikker hochgelobt: »Rauschender Beifall lohnte sowohl Dichterin wie Regisseurin«.[477] Die *Münchener Neuesten Nachrichten* schreiben: »kurz, das Weib, wie es sich aus Knechtschaft und Unkultur zu Wissen, Arbeit und Freiheit emporringt, zieht in seiner sozialen und geistigen Entwicklung vorüber. Die Dichtung von Frl. Haushofer ist eine werthvolle, von poetischem Empfinden und dichterischer Kraft erfüllte Gelegenheitsdichtung, die stürmischen Beifall fand.«[478]

Und das konservative Münchner Adelsorgan *Salonblatt* stellt beruhigt und selbstgefällig fest: »Daß es übrigens mit der Frauenbewegung nicht gar schlimm bestellt sei, zeigte das überaus gelungene, vorerwähnte Abendfest. Schon das vorzügliche Festspiel brachte zur Erkenntnis, daß die Frau ihre größten Triumphe doch im Mann feierte, war doch das schönste, in künstlerischer Beziehung herrliche Bild die Beerdigung Heinrich Frauenlobs … Als zu später Abendstunde Walzerklänge durch den Saal klangen, da sahen wir die gefürchteten Frauenrechtlerinnen sich im melodischen Reigen durch den Saal bewegen und die schwach vertretene Herrenwelt konnte sich über den Mangel an tanzlustigen Damen nicht beklagen …«[479]

Einordnung von Marie Haushofers Festspiel

Es lebe die Freiheit, es lebt, wer gewann
Im Kampfe den Sieg, im Siege den Mann!
Und ist er besiegt, so ist er uns Knecht,
Wir schaffen uns selber unser Recht.

Diese Zeilen sind das Herzstück in Marie Haushofer Festspiel. Tatsächlich spiegelt sich in ihrem Theaterstück das Selbstverständnis der bürgerlichen Frauenbewegung um die Jahrhundertwende wider. In ihm wird das weibliche Publikum zur Arbeit und zum Zusammenschluss aufgerufen, zur aktiven Gestaltung von Gegenwart und Zukunft in Bildung, Wissenschaft und Kunst. Helen Watanabe-O'Kelly, Expertin für Theater- und Festspielkultur um 1900, sieht in Marie Haushofers Festspiel ein bedeutendes Zeugnis der deutschen Emanzipationsbewegung. Theateraufführungen, Umzüge und Festspiele werden um 1900 in der englischen und deutschen Frauenbewegung als politisches Instrument genutzt, um die traditionelle Rolle der Frau mit theatralen Strategien zu hinterfragen.[480] Festspiele dieser Art, so Watanabe-O'Kelly, boten der Frauenbewegung eine erste, zaghafte Möglichkeit, ihre Forderungen zu formulieren. Marie Haushofers Festspiel, das 1901 mit großem Erfolg auch in Nürnberg und 1902 im Opernhaus in Bayreuth aufgeführt wird,[481] sei bemerkenswert, weil hier weder Mutterschaft noch Ehe als Bestimmungen der Frau hochgehalten, sondern berufliche Tätigkeit und aktive Gestaltung der Gesellschaft durch die Frau propagiert würden. Das Theaterstück versuche, die Frauen zur Arbeit und Eigenständigkeit aufzurufen und dabei möglichst viele verschiedene Gruppen anzusprechen: Lehrerinnen und Krankenschwestern, jüngere Frauen in modernen Büroberufen sowie traditionelle Katholikinnen.

Subversives Potential liegt für Watanabe-O'Kelly in der Amazonenszene, die für alle Kenner der Münchner Frauenbewegung einen Subtext haben musste. Ika Freudenberg, Vorsitzende des *Vereins für Fraueninteressen* und Leiterin aller Sitzungen auf dem Frauentag, lebte ja in lesbischer Partnerschaft mit Sophia Goudstikker. Und dass die berühmte Fotografin zuvor jahrelang in einer Beziehung mit Anita Augspurg gelebt hatte, wusste damals nicht nur in München jeder, sondern das hatte sich – eben auch aufgrund der Bekanntheit von Anita Augspurg – hinter vorgehaltener Hand längst in ganz Deutschland herumgesprochen. Die Idee eines Amazonenstaates, so wie er im Festspiel präsentiert wurde, habe diesen Frauen eine verlockende Alternative zur patriarchalen bürgerlichen Gesellschaft geboten, in der die Ehe als Hauptinstrument zur Entmündigung der Frau diente, meint Watanabe-O'Kelly.[482]

Marie Haushofers Schauspiel sollte unterhalten, aber auch

belehren und das Wirken der Frauen in der Geschichte sichtbar machen – es sollte vor Augen führen, dass die gesellschaftliche Lage von Frauen das Ergebnis der historischen Entwicklung und der jeweiligen Zeitumstände und keineswegs biologisch bedingt war. Es sollte die Gäste auch dazu animieren, die Ideen der Frauenbewegung mitzunehmen und in die Welt zu tragen.

Der abschließende Bericht über den Frauentag lässt deutlich spüren, welche Euphorie auf dieser Veranstaltung geherrscht haben muss. Ika Freudenberg stuft die Bedeutung solcher Großveranstaltungen für das Ansehen der Frauenbewegung in der Öffentlichkeit sehr hoch ein: »Es ist eben notwendig, daß die Frauenbewegung stattlich und achtungsfordernd dasteht, ihren ganzen reichen Ideengehalt, ihre verzweigten Interessen in solchen ansehnlichen Versammlungen von der Welt entfaltet, damit endlich einmal das thörichte Gerede derer verstummt, die in dieser großen und ernsten Bewegung immer noch die unbedeutende, halb lächerliche Ausgeburt einiger überspannter Köpfe erblicken wollen.«[483]

Nach dem großen Erfolg des ersten bayerischen Frauentags sollten Frauentage fortan zu einer festen Einrichtung der Frauenbewegung werden. Bis 1913 finden sie alle zwei Jahre in verschiedenen bayerischen Städten statt, 1901 in Nürnberg, 1903 und 1909 wieder in München. Der Ausbruch des Ersten Weltkriegs 1914 löst eine jahrelange Unterbrechung aus. Erst ab 1921 werden wieder fünf Frauentage veranstaltet. Der letzte bayerische Frauentag findet 1930 in Kaiserslautern statt (die Pfalz gehörte damals zu Bayern). Ab der Machtübernahme der Nationalsozialisten 1933 werden derartige Veranstaltungen völlig unmöglich.[484]

Ablehnende Reaktionen: Ludwig Thoma und
Franziska zu Reventlow

Es gibt natürlich auch Gegner der Frauenbewegung. Dazu gehören die Männer, für die ein Frauenbild losgelöst von der Abhängigkeit des Mannes undenkbar ist. Einer von ihnen ist Ludwig Thoma. Die Frauenbewegung, schreibt er im April 1899 im *Simplicissimus* hämisch, »ist die Bewegung jener unverheirateten Frauenzimmer, welche nichts Besseres zu tun haben. Sie geht hervor aus dem Weltschmerze der Grete, die keinen Hans hat, und richtet sich insbesondere auf das ›Recht der Frau‹, welches da anfängt, wo das ›Recht auf den Mann‹ schwindet.«[485] Zwei Wochen nach Abschluss des Frauentags beglückt Thoma die Leserschaft des *Simplicissimus* mit einem lyrischen *Bekenntnis* zu seiner Art der Frauenliebe mit gleichzeitigem Spott, mit Häme für die Frauenbewegung. Auch Rosa Luxemburg kriegt ihr Fett ab.[486]

Bekenntnis

Ich bin fürwahr kein Feind der holden Frauen,
Soweit sie rund sind, nett und appetitlich.
Ich zähle in der Lieb' nicht zu den Lauen
Und pfeife auf das Prädikatum »sittlich«. …

Nur eines giebt es, was ich wirklich hasse:
Das ist der Volksversammlungsrednerinnen,
Der Zielbewußten tintenfrohe Klasse.
Ich bin der Ansicht, daß sie alle spinnen.

Sie taugen nichts im Haus, nichts im Bette.
Mag Fräulein Luxemburg die Nase rümpfen,
Auch *sie* hat sicherlich, – was gilt die Wette? –
Mehr als *ein* Loch in ihren woll'nen Strümpfen.

Während Männer mit Häme und Spott reagieren, trifft die
Frauenbewegung bei manchen Zeitgenossinnen auf direkte
Ablehnung. Zu den erklärten Gegnerinnen zählt Franziska
Gräfin zu Reventlow. Sie lehnte die moderne Frauenbewegung und ihre Ziele ab, verweigerte die Unterstützung des politischen und gesellschaftlichen Engagements und hatte kaum
Berührung mit dem künstlerischen Milieu der Moderne, das
so eng mit der Frauenbewegung verbunden war. Sie segelte
allein unter der Fahne der Selbstverwirklichung, sah in der
sexuellen Selbstbestimmung das einzige Befreiungspotential
und plädierte für ein neues Hetären-Dasein der Frau mit der
Mutterschaft als höchstem Heiligtum.[487]
Franziska zu Reventlow, die 1895 endgültig nach München
zog, verkehrt damals in völlig anderen Kreisen, vornehmlich
im Kosmikerkreis um Ludwig Klages, Karl Wolfskehl und Stefan George. In den künstlerischen Kreisen der Moderne von
Schwabing und Maxvorstadt spielt sie keine Rolle. Als sie Anfang der 1890er Jahre erstmals nach München kam, lebte hier
bereits eine ganze Anzahl an emanzipierten Frauen, Schriftstellerinnen und Künstlerinnen, darunter an vorderster Stelle
die Protagonistinnen dieses Buches. Sie haben lange vor Franziska zu Reventlow ihr Dasein als höhere Töchter abgestreift,
sind aus der traditionellen Rolle der Frau ausgestiegen, lebten lange vor ihr selbstbestimmt und unkonventionell. Dass
ausgerechnet Reventlow diejenige gewesen sein soll, die der

Freiheit und Selbstbestimmung den Weg geebnet habe, wie es gerne von Reventlow-Biographen dargestellt wird, ist unzutreffend und zeugt von Unkenntnis der damaligen Münchner Verhältnisse.[488]

Nahezu unbekannt ist, dass Franziska zu Reventlow 1899 ein ausgesprochen bösartiges Pamphlet gegen den bayerischen Frauentag und gegen die Frauenbewegung geschrieben hat. *Was Frauen ziemt* wird von der Reventlow-Forschung fast immer unterschlagen, und wenn der Text überhaupt erwähnt wird, dann wird er schöngeredet.[489] Aus heutiger Sicht muss man ihn als reaktionär und undifferenziert bezeichnen, er zeugt von Reventlows Unkenntnis aller Ziele, allen Wirkens und allen Engagements der Frauenrechtlerinnen. Er zeigt, dass sie die Frauenrechtlerinnen und Schriftstellerinnen gar nicht richtig kannte und in keinem intellektuellen Austausch mit ihnen stand.

Oskar Panizza, der wegen seines antikatholischen Dramas *Das Liebeskonzil* und dem daraus resultierenden Skandal aus München verbannt wurde, veröffentlicht Reventlows Text *Was Frauen ziemt* Ende 1899 in seinen *Zürcher Diskußionen* unter dem Titel *Viragines und Hetären*.[490] Hier beschimpft Reventlow die Frauenrechtlerinnen als »Bewegungsweiber«, »sexuelle Zwischenform« und »hermaphroditische Geister«, sieht die Frauenbewegung als eine Feindin der »erotischen Kultur«. Explizit wendet sie sich in ihrem Artikel gegen die auf dem ersten bayerischen Frauentag propagierten Werte, lehnt ab, dass Arbeit und Beruf für die Frau ein Ziel seien. Sie erklärt, was eine richtige Frau tatsächlich sein sollte: Mutter und Hetäre (sie selbst hat 1897 ihren Sohn Rolf geboren[491]). Es ist das reaktionäre Frauenbild des Münchner Kosmikerkreises, das sie hier propagiert und öffentlich zur Schau trägt. Den Männern galt sie ihres unehelichen Kindes und ihrer erotischen Freizügigkeit wegen als »heidnische Madonna«, als »Wiedergeburt der antiken Hetäre«. Reventlow rückt allein Erotik und Sinnlichkeit als emanzipatorisches Thema in den Vordergrund. Für sie ist die »volle geschlechtliche Freiheit …, die freie Verfügung über seinen Körper« das zentrale Thema.[492] Dieses gesellschaftliche Tabu meint Reventlow auch in der Frauenbewegung als ausgespartes Thema aufzufinden, weshalb sie diese als eine »Feindin der erotischen Kultur« bezeichnet.[493]

Bedauerlicherweise liegt Franziska zu Reventlow mit ihren Einschätzungen der Münchner Frauenbewegung völlig falsch. Die Kämpferinnen haben zwar keinen Erotismus gepredigt, aber sie haben, lange bevor Franziska zu Reventlow die Bühne betrat, ihre sexuelle Freizügigkeit gelebt, Formen der Sexualität ausprobiert, Beziehungen ohne eheliche Bindung geführt. Auch Carry Brachvogel oder Gabriele Reuter sind alleinerziehende Mütter, aber sie haben daraus keinen Kult gemacht. Reventlows Äußerungen zeigen auch, dass sie die literarischen Werke der Schriftstellerinnen der Münchner Bewegung gar nicht kannte. Sie alle haben Sexualität und Freizügigkeit in keiner Weise ausgeklammert, Maria Janitschek galt lange vor Reventlow als »Erotikerin«.[494]

Der Bruch von 1933 –
Was die Nationalsozialisten vernichten

Alle Visionen, Ideen und Netzwerke, die in der Frauenbewegung entwickelt wurden, fanden spätestens 1933 mit der Machtübergabe an die Nationalsozialisten ein Ende. Der Großteil der engagierten Frauen wird von den Nationalsozialisten in den beruflichen und persönlichen Ruin getrieben, viele von ihnen: verfolgt und getötet. Ihre Bücher werden verbrannt, ihre Nachlässe und Netzwerke vernichtet, die Häuser, in denen sie sich einstmals getroffen haben, zerstört. Ab 1933 wird in München eine liberale, progressive und moderne Frauenkultur ausgelöscht. Dieses Zerstörungswerk der Nationalsozialisten wirkt sich bis heute aus, ist sichtbar und unsichtbar zugleich, ist dafür verantwortlich, dass die in diesem Buch vorgestellten Frauen mit ihren Werken und Ideen zum großen Teil aus dem öffentlichen Gedächtnis gelöscht sind.[495] Die Bücher dieser einst deutschlandweit bekannten Frauenrechtlerinnen und Schriftstellerinnen kann man allenfalls antiquarisch erwerben oder in Bibliotheken und Archiven finden. Neuauflagen erfolgen bis heute nur sehr vereinzelt. Noch vorhandene Nachlässe und Akten der damaligen Netzwerke und Vereine schlummern seit 1933 nahezu unerforscht in Archiven und Bibliotheken.

Tatsächlich bedeutet die Machtübergabe an die Nationalsozialisten 1933 das definitive Ende der modernen bürgerlichen Frauenbewegung in Deutschland. Um der Gleichschaltung zu entgehen, löst sich 1933 der 1894 gegründete *Bund deutscher Frauen* (BDF) auf. Der Münchner *Verein für Faueninteressen e. V.* bleibt zwar bestehen, wird aber in seiner Arbeit stark beschnitten. Möglicherweise entgeht er der Auflösung, weil 1935 Gisela Mauermayer-Schmidt zur Vorsitzenden gewählt wird, ein Mitglied der NSDAP. Damit genügt der Verein zumindest äußerlich den Anforderungen der Partei. Über die Zeit von 1933 bis 1945 gibt es im *Verein für Fraueninteressen* kaum Informationen.[496]

All das, was die Frauenbewegung propagiert hat, wird ab 1933 kein Thema mehr sein. In der nationalsozialistischen Ideologie ist kein Platz für die selbstbestimmte und politisch engagierte Frau, so wie sie von der modernen Frauenbewegung entworfen wurde. Die Frau wird nun wieder auf ihre »natürliche« Rolle als Mutter, »Kampf- und Lebensgefährtin des Mannes« zurückgeworfen – ein Rückfall in die traditionellen Geschlechterverhältnisse des 19. Jahrhunderts. In einer Rede, die Hitler am 13. Mai 1935 vor dem Frauenkongress in der Luitpoldhalle Nürnberg hält, äußert er sich umfassend zu seiner Vorstellung über die Rollenverteilung von Mann und Frau: »Zunächst stehen wir der Frau gegenüber als der ewigen Mutter unseres Volkes und zum zweiten stehen wir ihr gegenüber als die ewige Lebens-, Arbeits- und auch Kampfgefährtin des Mannes. Aus diesen beiden Gesichtspunkten heraus ergibt sich die besondere Einstellung, die der Nationalsozialismus der Frau gegenüber einnimmt. Sie ist sehr verschieden von der Einstellung unserer jüdisch-marxistisch internationalen Welt. … Die Frau hat auch ein Schlachtfeld. Mit jedem Kind, das sie der Nation zur Welt bringt, kämpft sie diesen Kampf durch. Das ist ihr Kampf für die Nation.«[497]

Ab 1933 stehen die Frauen, die in der modernen Frauenbewegung engagiert waren, mit dem Rücken zur Wand. Viele von ihnen werden jetzt als »Jüdin« gebrandmarkt, selbst wenn sie nicht jüdischer Herkunft sind. Für die Nationalsozialisten ist die moderne Frauenbewegung, ist die Emanzipationsbewegung ganz generell, ein nationaler Fremdkörper: »Es gab eine Zeit, da kämpfte der Liberalismus für die Gleichberechtigung der Frau, aber das Gesicht der deutschen Frau und des deutschen Mannes war damals hoffnungslos, trübe und traurig. … Dieses Vorgehen, das ist typisch jüdisch, es ist liberalistisch, es ist bolschewistisch, aber nicht deutsch. Das heißt nicht Gleichberechtigung. Die Gleichberechtigung der Frau, die besteht darin, dass sie in den ihr von der Natur gezogenen arteigenen und wesenseigenen Lebensgebieten jene Hochschätzung erfährt, die ihr zukommt.«[498]

Antisemitische Hetzparolen sind zu diesem Zeitpunkt allerdings nichts Neues. Schon vor der Jahrhundertwende haben Zeitungen mit antisemitischen Tendenzen wie die *Staatsbürgerzeitung* die Frauenbewegung als »jüdische« Bewegung dargestellt, die führenden Vertreterinnen als »entartet« diffamiert, die Begriffe »jüdisch«, »feministisch«, »international« verknüpft. Nach 1900 betreiben besonders die *Deutsch-Sozialen Blätter* Hetzpropaganda dieser Art. Die Nationalsozialisten konnten daran fast nahtlos anschließen. Eine verhetzende Darstellung der angeblich »jüdischen« Physiognomie Anita Augspurgs findet sich schon 1919 auf einem deutschnationalen Flugblatt.[499]

Als die Nationalsozialisten 1933 die Macht übernehmen, befinden sich Anita Augspurg und ihre Lebensgefährtin Lida Gustava Heymann auf einer Urlaubsreise. Beide begeben sich sofort nach Zürich ins Exil. Als Kämpferinnen für Frieden und Freiheit haben sie Hitler von Anbeginn bekämpft. Bereits seit November 1923 standen sie im Fall eines siegreichen Putsches auf der Liste der zu liquidierenden Personen. Niemals wieder werden sie nach München zurückkehren: »Es wäre Wahnsinn gewesen, uns den Hitler-Schergen auszuliefern, diesen sadistischen Psychopathen.«[500]

Anita Augspurgs gesamter Besitz wird von den Nationalsozialisten in München konfisziert, ihr gesamtes Schriftgut vernichtet. Dabei gehen auch die Bibliothek und alle Unterlagen über Heymanns und Augspurgs Wirken in der deutschen und internationalen Frauenbewegung verloren. In Zürich werden sie von einem Frauennetzwerk unterstützt, von hier aus versuchen sie, gegen Hitler und später gegen den Zweiten Weltkrieg zu agieren. Erfolglos. In Anita Augspurgs und Lida Gustava Heymanns Lebenserinnerungen von 1941 finden sich folgende Worte: »Gewalt aber kann niemals durch Gewalt überwunden werden, sondern nur … durch Vernunft und Geist. Diese einzig richtige Erkenntnis hat sich nicht rechtzeitig durchsetzen können … eine in ihrer Mehrheit dem Wahnsinn verfallene Menschheit ist weder durch Verstand noch Vernunft zu meistern; sie muß letzten Endes an ihrer eigenen Torheit zerschellen.«[501] 1943 werden Anita Augspurg und Lida Gustava Heymann verarmt in Zürich sterben.[502]

Die Machtübergabe an die Nationalsozialisten läutet 1933 auch den endgültigen Niedergang des ehemaligen Fotoateliers *Elvira*, des früheren Zentrums der Münchner Emanzipationsbewegung, ein. Für die Nationalsozialisten ist der Jugendstil nichts anderes als »entartete Kunst«. 1933 wird eine SA-Sturm-Abteilung in dem Haus einquartiert. Theodor Lau, ein damals junger Student und Bildhauer, hat in seinen Aufzeichnungen *Das Atelier Elvira und der Röhmputsch* berichtet: »Im Innern des völlig leer geräumten Hauses herrschte eine gähnende Leere. Vom ehemaligen hochmondänen Foto-Atelier waren nur noch die eisernen Atelierfenster geblieben, durch deren trübe, schräge Scheiben das Licht auf den nackten Betonboden fiel. Hier exerzierten wir und wurden gedrillt. ... Wenn ich vor dem Atelier Elvira Posten stehen musste, hatte ich Zeit, die verschlungene Ornamentik der geschnitzten Eingangstür und der Fenster zu studieren. Die Ablehnung des Jugendstil war damals noch allgemein. Aber mit der Zeit bekam ich ein Auge für die Schönheit der Handwerksarbeit und der ornamentalen Formen.«[503]

Am 1. Juli 1937 erhält Nana Merbitz, die 1933 das Haus mit ihrem Mann gekauft hat, einen Eilbrief der Lokalbaukomission der »Hauptstadt der Bewegung« mit der Aufforderung, »die häßliche, im Straßenbild sehr störend wirkende Faßade des ehemaligen Photo-Ateliers ... bis spätestens 10. Juli 1937 derart abzuändern, daß unter Beseitigung der bisherigen Verzierung ein glatter Wandputz hergestellt und mit neuem Anstrich versehen wird«.[504]

Der Bildhauer Josef Hartwig, der 1898 das Jugendstil-Ornament auf der Fassade angebracht hat, schreibt dazu: »Als Hitler, die von-der-Tann-Straße zur Pracht-Avenue in Richtung auf das Haus der Deutschen Kunst ... gestalten wollte, mußte der von ihm verhaßte Jugendstildrache herausgehauen, die Löcher ausgefüllt, mit der Faßade eingeebnet und diese neu gestrichen werden. Da jedoch der neue Putz eine andere Saugfähigkeit hatte als der alte, so schimmerte der Drache noch viele Jahre in geisterhafter Silhouette sozusagen als unsterbliches Werk an der Faßade.«[505]

Am 25. April 1944 zerstört ein Fliegerangriff das Atelier völlig. Nach Kriegsende kauft der Freistaat Bayern das Anwesen

und tritt es 1951 an die USA ab. Um Platz für das Konsulatsge-
bäude zu schaffen, werden die letzten Reste des Ateliers jetzt
endgültig beseitigt.[506] Die einstige Keimzelle der Frauenbewegung in München ist definitiv zerstört, ist ausgelöscht worden
und damit zugleich auch die Erinnerung an sie.[507]

Auch das Leben der in ganz Deutschland bekannten
Schriftstellerinnen Carry Brachvogel und Elsa Bernstein
mündet 1933 in eine Tragödie. Wie viele andere Schriftstellerinnen jüdischer Herkunft erhalten beide Berufs- und Pub-
likationsverbot. Die längst erblindete sechsundsiebzigjährige
Elsa Bernstein wird am 25. Juni 1942 ins KZ nach Theresienstadt deportiert. Sie überlebt das KZ, weil sie auf Intervention
von Winifred Wagner im November 1942 ins Prominenten-
haus einziehen darf. Die Überlebensquote beträgt hier damals
85 Prozent.

Die achtundsiebzigjährige Carry Brachvogel wird am 20. Juli
1942 mit ihrem Bruder Siegmund Hellmann – ein bekannter
Historiker – ins KZ Theresienstadt verschleppt, wo beide im
November 1942 zu Tode kommen.

Ihre Freundin Marie Haushofer begeht 1940 in München
in der Isar Selbstmord. Während des Zweiten Weltkrieges ist
nicht nur die Auftragslage katastrophal, sie hat auch gesundheitliche Probleme, hat Angst, nicht mehr arbeiten zu können
und ihrem Freund und ihren Geschwistern zur Last zu fallen.
Außerdem wird die Familie Haushofer mittlerweile auch von
den Nationalsozialisten überwacht. Denn Marie Haushofers
Bruder, der Geopolitiker Karl Haushofer, der zu Anfang selbst
in die Kreise der Nationalsozialisten verstrickt ist, ist nicht nur
mit Martha Haushofer verheiratet, die jüdischer Herkunft ist
und durch einen Schutzbrief von Rudolf Heß gerettet wird,

mittlerweile hat sich auch herumgesprochen, dass sein Sohn, Albrecht Haushofer, Schriftsteller und Politologe, im Widerstand tätig ist. Karl und Martha Haushofer werden 1945 Selbstmord begehen, nachdem ihr Sohn Albrecht in Moabit von den Nationalsozialisten erschossen worden ist.

Die Ideale der bürgerlichen Frauenbewegung werden auch nach 1945 in Deutschland wenig zählen. Das Frauenbild, das seit 1933 propagiert wird, wirkt bis ins Nachkriegsdeutschland hinein, ja tatsächlich wirkt es noch bis in die heutige Zeit nach. Die treusorgende Mutter und Hausfrau – das ist die Realität der 1950er und 1960er Jahre und ist noch heute das Ideal von politischen Parteien. Noch bis in die 1970er Jahre schreibt das Bürgerliche Gesetzbuch vor, dass die Ehefrau, will sie arbeiten, dazu die Erlaubnis von ihrem Ehemann einholen muss. Erst 1977 wird dieses Gesetz geändert. Bis 1958 darf der Ehemann auch den Anstellungsvertrag seiner Frau fristlos kündigen, und bis 1958 hat er sogar das alleinige Bestimmungsrecht über seine Frau und Kinder inne. Und selbst wenn er seiner Ehefrau erlaubt zu arbeiten, so darf er doch auch ihren Lohn verwalten. Ohne Zustimmung des Mannes dürfen Frauen bis 1962 auch kein eigenes Bankkonto eröffnen, ja erst nach 1969 wird eine verheiratete Frau überhaupt als geschäftsfähig angesehen. Das von den Nationalsozialisten propagierte Frauenideal schwelt immer noch unter der Oberfläche, und man kann sich manchmal des Eindrucks nicht erwehren, dass es zum Auflodern nur eines zündenden Funkens bedarf.

Tatsächlich können die Frauen erst seit ein, zwei Generationen wieder dort anknüpfen, wo die moderne bürgerliche Frauenbewegung vor den Nationalsozialisten gekämpft hat:

Gleichberechtigung, Selbstbestimmung, Bildung und Beruf, finanzielle Unabhängigkeit, Zusammenschluss der Frauen. Und nur sehr allmählich wird damit auch die Erinnerung an die Frauenrechtlerinnen und Schriftstellerinnen der ersten Stunde wieder wach, wird die Rezeption ihrer Werke wieder möglich, die durch die Herrschaft der Nationalsozialisten so radikal ausgelöscht wurde.[508] Warum dämmern bis heute in Archiven und Bibliotheken die Nachlässe ehemals berühmter Schriftstellerinnen vor sich hin? Warum gibt es bis heute in Deutschland keine Gesamtausgabe der überlieferten Schriften von Anita Augspurg? 1912 hat Anita Augspurg eine *Nationalhymne der Frauen* geschrieben. Sie endet wie folgt:[509]

Nur ein Land, das seine Frauen
Frei und gleich und würdig stellt,
Nur ein solches Land strebt aufwärts,
Steht voran in aller Welt!

Anmerkungen

1 Gabriele Reuter: *Vom Kinde zum Menschen. Die Geschichte meiner Jugend.* Berlin: S. Fischer 1921, S. 429–431.

2 Vgl. Schreiben an die Kgl. Polizeidirektion vom 18. Dezember 1890. Dossiers, Polizeiberichte und Zeitungsausschnitte zur *Gesellschaft für modernes Leben* befinden sich in der Akte Pol. Dir. München 520 und in der Akte RA FASZ. 3795, Nr. 5785311 im Staatsarchiv München (STAM).

3 *Moderne Wochenblätter. Wochenzeitschrift der Gesellschaft für modernes Leben*, 1, 25. März 1891, S. 10.

4 René Prévot: *Kleiner Schwarm für Schwabylon.* Hg. von Elisabeth Tworek. München 2008, S. 13: »hatte mich doch der Herold der damaligen ›Moderne‹ ermuntert, nach München zu kommen, Michael Georg Conrad, der Mann der ›Deutschen Weckrufe‹ und Dichter des Romans ›Was die Isar rauscht‹« (S. 11).

5 Michael Georg Conrad: *Moderne Bestrebungen.* In: *Die Gesellschaft. Monatsschrift für Literatur und Kunst*, 1892, S. 681–692. hier S. 691. Vgl. zu den Verbindungen zwischen der Gesellschaft für modernes Leben und der modernen Frauenbewegung: Brigitte Bruns: *Weibliche Avantgarde um 1900.* In: Rudolf Herz/Brigitte Bruns (Hrsg.): *Hofatelier Elvira 1887–1928. Ästheten Emanzen, Aristokraten.* Ausstellungskatalog Fotomuseum im Münchner Stadtmuseum 1985, S. 191–217, hier S. 191 f. und: Waldemar Fromm: *Modern sein – ein Schlüsselbegriff der bürgerlichen Frauenbewegung und der Schriftstellerinnen der bürgerlichen Frauenbewegung in München.* In: *Evas Töchter. Münchner Schriftstellerinnen und die moderne Frauenbewegung 1894–1933*, S. 20–31, hier S. 21 ff.

6 Gabriele Reuter: *Vom Kinde zum Menschen*, S. 432.

7 Ebd., S. 423.

8 Ebd., S. 427.

9 Gertrud Bäumer: *Lebensweg durch eine Zeitenwende*. 4. Aufl. Tübingen: Wunderlich 1933, S. 180 und 183. Wichtige Publikationen zur Frauenbewegung in München stammen von Brigitte Bruns (s. Anm. 5) und Renate Lindemann (Hg.): *100 Jahre Verein für Fraueninteressen*. München 1994.

10 *Erlebtes – Erschautes. Deutsche Frauen kämpfen für Freiheit, Recht und Frieden* 1850–1940. Lida Gustava Heymann in Zusammenarbeit mit Dr. jur. Anita Augspurg. Hg. v. Margrit Twellmann, Meisenheim am Glan 1972. Alle Zitate über Anita Augspurg stammen aus *Erlebtes – Erschautes*. Vgl. zu Anita Augspurg auch: Christiane Henke: *Anita Augspurg*. Reinbek bei Hamburg 2000, und Susanne Kinnebrock: *Anita Augspurg (1857–1943). Feministin und Pazifistin zwischen Journalismus und Politik*. Herbolzheim 2005.

11 Alle Zitate stammen, wenn nicht anders vermerkt, aus Heymann/Augspurg: *Erlebtes – Erschautes*.

12 Ebd., S. 10.

13 Heymann/Augspurg: *Erlebtes – Erschautes*, S. 13 f.

14 Ebd., S. 14.

15 Vgl. zu Sophia Goudstikker auch: Rudolf Herz: *Das Fotoatelier Elvira (1887–1928). Seine Fotografinnen, seine Kundschaft, seine Bilde*r. In: Rudolf Herz/Brigitte Bruns (Hg.): *Hof-Atelier Elvira. 1887–1928. Ästheten, Emanzen, Aristokraten*. München 1986, S. 63–65.

16 Laut Polizeimeldebogen im Stadtarchiv München wurde Sophia Goudstikker nach ihren eigenen Angaben in Rotterdam geboren, nicht in Amsterdam, wie allerorts immer behauptet wird.

17 Gewerbeakte von Salomon Elias Goudstikker im Stadtarchiv Dresden.

18 *Süddeutsche Frauenzeitung*, München, 6. 4. 1924, S. 1.

19 Siehe zur damaligen Attraktivität des Berufes: Heike Foth:

Fotografie als Frauenberuf (1840–1913). In: Herz/Bruns (Hg.): *Hof-Atelier Elvira*, S. 153–170.

20 Heymann/Augspurg: *Erlebtes – Erschautes*, S. 24.

21 Winfried Nerdinger (Hg.): *Romantik und Restauration, Architektur in Bayern zur Zeit Ludwigs I. 1825–1848*. München 1987; Michael Teichmann: *»Es soll der Künstler mit dem König geh'n«. Ludwig I. von Bayern als Kunstmäzen*. In: *Stiftung Preußische Schlösser und Gärten Berlin-Brandenburg. Jahrbuch*, 1 (1995/1996), S. 227–236.

22 Carry Brachvogel: *Münchner Dreiklang*. In: *Im Weiß-Blauen Land. Bayerische Bilder. (1924)*. edition monacensia. Hg. v. Ingvild Richardsen. München 2013, S. 96 ff.

23 Siehe zur Maxvorstadt, Schwabing und der ganzen Thematik den Band: Klaus Bäumler/Waldemar Fromm: *Topographie und Erinnerung. Erkundungen der Maxvorstadt*. München 2017, sowie Richard Bauer: *Maxvorstadt. Zeitreise ins alte München*. Hg. vom Stadtarchiv München. München 2013.

24 Max Halbe: *Jahrhundertwende. Geschichte meines Lebens. 1893–1914*. Danzig: Kafermann 1935, S. 144.

25 Ebd., S. 33 f.

26 Anita Augspurg, zit. n. Pataky. *Lexikon deutscher Frauen der Feder*, S. 25.

27 Siehe zu diesem Jahr: Ludwig Hollweck: *München. Von der Besiedlung der Münchner Gegend bis 1967 in Stichworten erzählt*. München 1968.

28 Sie wohnen zunächst zur Untermiete (Polizeimeldebogen Goudstikker): seit dem 16. 11. 1886 in der Findlingstraße 20/II bei »Schwarz«, seit dem 2. 1. 1887 in der Augustenstraße 70/1 l bei »Hering«. Laut Polizeimeldebogen im Stadtarchiv München wohnen beide dann seit Anfang Mai in der Von-der-Tann-Straße 15, im ersten Stock (Polizeimeldebogen Augspurg: seit dem 1. 5. 87; Polizeimeldebogen Goudstikker: seit dem 2. 5. 1887). Direkt darunter, im Parterre befindet sich das Atelier *Elvira*. (Laut Polizeimeldebogen von Goudstik-

ker: Anmeldung des Ateliers am 19.7.1887: »Gewerbebezeichnung Fotografisches Atelier 2926 mit Augspurg Anita, No 158422«.)

29 Max Halbe: *Jahrhundertwende. Geschichte meines Lebens*, S. 145.

30 Heymann/Augspurg: *Erlebtes – Erschautes*, S. 15.

31 Zur Lage und zu dieser Straße siehe Rudolf Herz: *Von-der-Tannstraße 15. Zur Geschichte eines Hauses und seiner Straße*. In: Herz/Bruns (Hg.): *Hof-Atelier Elvira*, S. 43 – 62; Ingvild Richardsen: *Literarischer Spaziergang. Evas Töchter. Münchner Schriftstellerinnen und die moderne Frauenbewegung. 1894 – 1933. Stadtspaziergang durch die Maxvorstadt*. Literaturportal Bayern. München 2018.

32 Siehe zu allen Belangen, die das Fotoatelier Elvira betreffen, auch: Rudolf Herz: *Das Fotoatelier Elvira (1887 – 1928)*, S. 63 – 65.

33 Heymann/Augspurg: *Erlebtes – Erschautes*, S. 14.

34 Ebd., S. 14. Siehe zum Publikum des Ateliers auch Rudolf Herz: *Das Fotoatelier Elvira (1887 – 1928)*, S. 65 – 75.

35 Heymann/Augspurg: *Erlebtes – Erschautes*, S. 15.

36 Ebd., S. 82 – 84.

37 Helene Raff: *Blätter vom Lebensbaum*. München: Knorr & Hirth 1938, S. 213 f.

38 Heymann/Augspurg: *Erlebtes – Erschautes*, S. 85.

39 Zum Frauenverein Reform siehe Daniela Weiland: *Geschichte der Frauenemanzipation in Deutschland und Österreich. Biographien. Programme. Organisationen*. Düsseldorf 1983, S. 68 – 71, und Christiane Henke: *Anita Augspurg*, S. 30 f.

40 *Münchner Stadt-Zeitung*, 5. Oktober 1889, Damen-Journal, S. 6: *Deutscher Frauenverein ›Reform‹*.

41 Zu Hedwig Dohm siehe Artikel »Hedwig Dohm«. In: Daniela Weiland: ebd., S. 73 – 77, und Hedwig Dohm: *Erinnerungen und weitere Schriften von und über Hedwig Dohm*. Hg. von Berta Rahm. Zürich 1980.

42 Zum Frauenverein Reform siehe Daniela Weiland: *Geschichte*

der Frauenemanzipation, S. 68–71, und Christiane Henke: *Anita Augspurg,* S. 30 f.

43 Georg Jacob Wolf: *Die Münchnerin. Kultur und Sittenbilder aus dem alten und neuen München.* München: Franz Hanfstaengl 1924, S. 182 f.

44 Zu Gerhart Hauptmann, seiner Biographie und seiner Bedeutung aus der Perspektive der Zeit siehe: *Moderne Litteratur Katalog 1900.* Verlagskatalog. 1886–1900. S. Fischer, Verlag Berlin. Ausgegeben November 1899. Dresden 1899, S. 26–29, und Max Halbe: *Jahrhundertwende. Geschichte meines Lebens,* S. 84., 56 ff., 208.

45 Zu Maria Janitschek: Söhnke Callsen: *Maria Janitschek – eine vergessene Autorin der Jahrhundertwende? Versuch eines werkbiographischen Portraits.* In: *Literatur und bürgerliche Frauenbewegung im Kaiserreich und in der Weimarer Republik. Forschungsberichte und Studien.* Hamburg 2010, S. 73–89; Ingvild Richardsen: »*Maria Janitschek*«. In: *Literaturportal Bayern*/Autorenlexikon [online] (2017).

46 Maria Janitschek: *Irdische und unirdische Träume. Gedichte.* Berlin: Spemann 1889.

47 Arthur Rimbaud: *Das poetische Werk.* Aus dem Französischen übersetzt und begleitet von Hans Therre und Rainer G. Schmidt. Mit einer Lebens-Geographie Rimbauds. München 1980, S. 58. »modern« übersetzen die Herausgeber mit »auf der Höhe der Zeit sein«, gemeint ist Gegenwärtigkeit oder vollständige Zeitgenossenschaft, vgl. S. 25: »Was war ICH […]? Ich finde mich nur im Präsens.«

48 Peter Gay: *Bürger und Boheme. Kunstkriege des 19. Jahrhunderts.* München 1999, S. 272 f., Vgl. dazu auch Waldemar Fromm: *Modern-Sein – Ein Schlüsselbegriff der modernen Frauenbewegung,* S. 20 f.

49 Bertha von Suttner: *Moderne Geister. Betrachtungen über ein Buch.* In: *Die Gesellschaft. Monatsschrift für Literatur und Kunst,* H. 10, 1887, S. 759–770, hier S. 759.

50 Rainer Hartl: *Aufbruch zur Moderne. Naturalistisches Theater*

in München. Teil 1, München 1976, S. 36–44. Vgl. auch Waldemar Fromm: *Modern sein*, S. 21 ff.

51 Hermann Wilhelm: *Die Münchner Bohème: Von der Jahrhundertwende bis zum Ersten Weltkrieg.* München 1993, S. 13.

52 *Moderne Blätter. Wochenzeitschrift der Gesellschaft für modernes Leben*, 1, 25. März 1891, S. 10.

53 *Moderne Litteratur Katalog 1900.* Verlagskatalog, S. 71 f.

54 Vgl. ausführlicher zu den Verbindungen zwischen der Gesellschaft für modernes Leben und der Frauenbewegung: Brigitte Bruns: *Weibliche Avantgarde um 1900.* In: Herz/ Bruns (Hg.): *Hof-Atelier Elvira*, S. 191–217, hier S. 191 f., und Waldemar Fromm: *Modern sein*, S. 22 ff.

55 Georg Jacob Wolf: *Die Münchnerin*, S. 218 f.

56 Max Halbe: *Jahrhundertwende. Erinnerungen an eine Epoche.* München 1976, S. 165.

57 Ebd., S. 163 f.

58 Familienbogen Eduard Merk. Stadtarchiv München: PMB 200. Zu Emma Merk: Ingvild Richardsen: *Emma Haushofer-Merk und Max Haushofer.* In: Ingvild Richardsen (Hg.): *Evas Töchter. Münchner Schriftstellerinnen und die moderne Frauenbewegung 1894 – 1933.* München 2018, S. 66–79.

59 Emma Merk: Chronik und Schilderung der Familienherkunft. Privatarchiv Brigitte Kobayashi. Der Kaufvertrag zu Eduards Merks Haus in der Schönfeldstraße befindet sich im Original im Privatarchiv Reinhard Kraemer.

60 Wilhelm Zils (Hg.): *Geistiges und künstlerisches München in Selbstbiographien.* München: Max Kellerer 1913, S. 149. Über die Möglichkeiten des Schulunterrichts im alten München seit dem 19. Jahrhundert und über das Erziehungsinstitut von Fräulein Therese Ascher siehe Georg Jacob Wolf: *Die Münchnerin*, S. 207 f., und Anna Buczkowska: *Therese Ascher und ihr Lebenswerk.* In: *Pharus*, 10 (1910), S. 360 f.

61 *Georg von Vollmar Papers*, Nr. 1421. Merk, Emma 1873–1882. Brief von Emma Merk an Georg von Vollmar vom 23. 2. 1874.

62 Brief von Emma Merk an Georg von Vollmar vom 5. 4. 1874.

63 Brief von Emma Merk an Georg von Vollmar vom 18. 2. 1877.

64 Brief von Emma Merk an Georg von Vollmar vom 23. 2. 1874.

65 Brief von Emma Merk an Georg von Vollmar vom 31. 12. 1873.

66 Emma Haushofer-Merk: *Wie ich zur Literatur kam.* In: *Münchner Neueste Nachrichten,* Nr. 160, 22. 6. 1924, S. 27 (Stadtarchiv München/Vereine 2168).

67 Ludwig Thoma/Georg Queri (Hg.): *Bayernbuch. Hundert bayrische Autoren eines Jahrtausends.* München: Albert Langen 1912, S. 499.

68 Siehe zu Max Haushofer: Heinz Haushofer: *Traditionen.* Als Manuskript vervielfältigt. München 1979, S. 118, 166; Max Haushofer: *Lebensgeschichte.* Manuskript, S. 18 f. (Privatarchiv Haushofer). Zeitgenössische Darstellungen über Leben und Werk bieten z. B.: Ernst Garleb: *Ein deutscher Dichter an der Wende des Jahrhunderts.* Leipzig: Liebeskind 1897; Richard Graf von Du Moulin-Eckart: *Max Haushofer.* In: *Jahresbericht 1907 der Kgl. Technischen Hochschule.* München 1908, S. 3–30; Oskar Hey: *Max Haushofer.* Stuttgart: Cotta 1907; Carry Brachvogel: *Max Haushofer.* In: *Das literarische Echo,* 9 (1906), H. 1, S. 6–13 mit einem Porträt von Max Haushofer.

69 Max Haushofer: *Der ewige Jude. Ein dramatisches Gedicht in drei Teilen.* Leipzig: Liebeskind 1886; *Geschichten zwischen Diesseits und Jenseits.* Leipzig: Liebeskind 1888; *Die Verbannten. Ein erzählendes Gedicht.* Leipzig: Liebeskind 1890; Max Haushofer: *Lebensgeschichte.* Manuskript, S. 109 (Privatarchiv Haushofer).

70 Vgl. Emma Merk: *Warum Fräulein.* In: Ingvild Richardsen (Hg.): *Evas Töchter,* S. 80 f. Nachlass Emma Merk. (Monacensia im Hildebrandhaus).

71 Polizeimeldebogen Emma Merk. Stadtarchiv München PMB M200. Ihm zufolge zieht Emma Merk am 3. 8. 1890 in den dritten Stock in der Von-der-Tann-Straße 15.

72 Helene Raff: *Blätter vom Lebensbaum,* S. 217.

73 Gabriele Reuter: *Vom Kinde zum Menschen,* S. 11–193; vgl.

auch die Akte zu Gabriele Reuter im Archiv des Vereins für Fraueninteressen München e. V.

74 Gabriele Reuter: *Vom Kinde zum Menschen,* S. 392.

75 Ebd., S. 421.

76 Ebd., S. 434.

77 Ebd., S. 432 f.

78 Zu Helene Böhlau: *Al Raschid Bey, Helene.* In: Wilhelm Zils (Hg.): *Geistiges und künstlerisches München in Selbstbiographien,* S. 6 f.; Josef Becker: *Helene Böhlau. Leben und Werk.* Zürich 1988 (Diss.); Ingvild Richardsen: *Helene Böhlau.* In: Ingvild Richardsen (Hg.): *Evas Töchter,* S. 120 – 124.

79 STAM: Pol. Dir. 520. *Münchner Fremdenblatt* vom 30. Januar 1891, Nr. 49; *Münchner Post* vom 24. März 1891.

80 *Moderne Litteratur Katalog 1900. Verlagskatalog,* S. 41.

81 Heymann/Augspurg: *Erlebtes – Erschautes,* S. 81.

82 Helene Raff: *Blätter vom Lebensbaum,* S. 163 – 177, hier S. 167.

83 *Moderne Litteratur Katalog 1900. Verlagskatalog,* S. 44.

84 Zu Ibsen siehe Helene Raff: *Blätter vom Lebensbaum,* S. 163 – 177; Michael Stephan: *Henrik Ibsen in München.* In: *Literatur in Bayern,* 100 (2010), S. 19 ff.; Gunna Wendt: *Ibsen in München.* In: *Literaturportal Bayern.* https://www.literatur portal-bayern.de/themen?task=lpbtheme.default&id=472

85 Helene Raff: *Blätter vom Lebensbaum,* S. 171.

86 Ebd., S. 168.

87 Siehe dazu: Andreas Sommer: *Albert von Schrenck-Notzing und Albert Moll: Eine historische Fallstudie zur Kontrolle epistemischer Devianz im Deutschland des frühen 20. Jahrhunderts.* In: *Zeitschrift für Anomalistik,* Bd. 10 (2010), S. 256 – 286. Auch Hedwig Pringsheim und später auch Thomas Mann verkehrten mit ihm.

88 Stadtarchiv München: Sophie Rützow: *Ibsen und München,* 4. 5. 1956. Typoskript.

89 Die Uraufführung von Hedda Gabler am Residenztheater in München rezensiert von Wolfgang Brachvogel in *Freie Bühne*

für modernes Leben, II. Jg. (Berlin 1891), S. 117–118: »*Hedda Gabler*« *in München.*

90 Heymann/Augspurg: *Erlebtes – Erschautes*, S. 15.

91 Vgl. STAM: Pol. Dir. München 592 (Deutscher Frauenverein Reform), Pol. Ber. v. 19. 3. 1891.

92 Vgl. STAM: Plakatsammlung, Nr. 1588.

93 Polizeibericht vom 2. April 1891. In: STAM, Pol. Dir. 592.

94 Vgl. STAM: Pol Dir. München 592, Pol. Ber. v. 21. 4. 1891.

95 Die Satzungen befinden sich in: STAM, Pol. Dir. 592 und RA Fasz. 3795, Nr. 57853. Vgl. Brigitte Bruns: *Weibliche Avantgarde*, S. 193 f.

96 Anita Augspurg an Hedwig Kettler. München, 14. Oktober 1891 (Nachlass Schirmacher).

97 Vgl. STAM: Pol Dir. München 592, *Frauenberuf. Zeitschrift für die Interessen der gebildeten Frauenwelt.* Weimar, 1. 1. 1887.

98 Siehe zu Anita Augspurg im Jahr 1891 auch: Christiane Henke: *Anita Augspurg*, S. 30 f. u. 50; Anita Augspurg: *Die allgemeinen Regungen der Frauenbewegung.* In: *Die Zeit*, Nr. 446, 18. April 1903, S. 32.

99 Vgl. zu Elsa und Max Bernstein ihre Selbstbiographien. In: Werner Zils (Hg.): *Geistiges und künstlerisches München in Selbstbiographien*, S. 24. ff., sowie Elsa Bernstein: *Das Leben als Drama. Erinnerungen an Theresienstadt.* Hg. v. Rita Bake und Birgit Kiupel. Hamburg 2005, und Kristina Kargl: *Elsa Bernstein – Karriere unter männlichem Pseudonym.* In: Ingvild Richardsen (Hg.): *Evas Töchter*, S. 146–159.

100 Siehe Ernst Rosmer: *Wir Drei.* München: E. Albert & Co. 1891.

101 Ebd., S. 44.

102 Gabriele Reuter: *Vom Kinde zum Menschen*, S. 439.

103 Ebd., S. 441, 442, 444, 447.

104 Brief von Gabriele Reuter an Emma Merk vom 19. November 1891. In: Nachlass Emma Merk (Monacensia im Hildebrandhaus).

105 Sophia Goudstikker zieht laut Polizeimeldebogen im Stadtarchiv München am 7. 10. 1892 bei der Vermieterin Pauline

Albert ein, in Anita Augspurgs Meldebogen ist als Einzugs-
datum der 4.10 1892 vermerkt.

106 1850 eröffnete Josef Albert, der Physik und Chemie studiert
hatte, zuerst ein Fotoatelier in Augsburg. Er entwickelte den
Lichtdruck, das erste fotomechanische Druckverfahren,
durch den Einsatz von Glasplatten weiter. 1857 wurde er zum
»Hofphotographen« des bayerischen Königshauses ernannt.
1858 zog er nach München und erwarb das Bürgerrecht.
Er porträtierte die königliche Familie, insbesondere König
Ludwig II., dokumentierte dessen Bauvorhaben und unter-
nahm Fotoreisen zu seinen Schlössern. Er beschäftigte sich
auch mit der Reproduktion von Graphiken und Gemälden.
In einer fotografischen Ausstellung in Hamburg stellte er
1868 seine Fotografien unter dem Namen *Alberttypie* aus.
Er betrieb einen Kunstverlag, eine fotografische Druckan-
stalt. 1876 folgte als Weiterentwicklung der Farblichtdruck.
1879 heiratete Albert in zweiter Ehe die Münchnerin Pauline
Schlosser, die Tochter eines Magistratsoffizianten. Nach dem
Tod ihres Mannes durfte Pauline Albert den Titel eines Hoffotografen weiter führen. Mitinhaber der Firma wurde 1895
der königliche Hof-Kunsthändler Adalbert Roeper.

107 Stadtarchiv München, vgl. die Bauakten zum Haus in der
Kaulbachstraße 51/51a. Kaulbachstraße 51 war das Anwesen
der Marie Aumiller, Baumeistergattin. Kaulbachstraße 51a
gehörte Pauline Albert. Der Bauplan der beiden Hauspläne
war im März 1888 genehmigt worden.

108 *Karlsruher Zeitung* / Beilage Baden / Provisorische Zeitung.
Karlsruhe: Braun, 16. 3. 1892, Nr. 72, S. 2.

109 Vgl. STAM: Pol. Dir. München 592, Abdruck in: *Frauenbe-
ruf, Zeitschrift für die Interessen der Frauenfrage.* Weimar,
Sept. 1892, VI. Jg., Nr. 17, S. 132. Vgl. auch Brigitte Bruns:
Weibliche Avantgarde, S. 194 f.

110 Vgl. STAM: Pol. Dir. München 592, *Münchner Post* vom
18. 9. 1892 und Münchner Fremdenblatt Nr. 33 v. 20. 9. 1892.

111 Zu Alfred Schaeuffelen: *Hedwig Pringsheim. Tagebücher.*

Bd. 1. *1885–1891*. Hg. v. Cristina Herbst. Göttingen 2013, S. 33 f.; Helene Raff: *Blätter vom Lebensbaum*, S. 136 f.

112 »Dann Crodu, der ein Telegramm brachte, das ihn ersucht, Frau Brachvogel mitzuteilen, daß ihr Mann eben im Tegernsee ertrunken.« Tagebucheintrag von Hedwig Pringsheim vom 6. 7. 1892. In: *Hedwig Pringsheim. Tagebücher*. Bd. 2: *1892–1897*. Hg. v. Cristina Herbst. Göttingen 2013, S. 115. Crodu: Albrecht Schaeuffelen.

113 In: *Seegeist. Tegernseer Anzeiger*, Nr. 81, 1892.

114 Todesanzeige Wolfgang Brachvogel in: *Münchner Neueste Nachrichten*, Nr. 307, 9. 7. 1892.

115 Vgl. Polizeimeldebogen Karoline Hellmann (Stadtarchiv München, PMB B341); Polizeimeldebogen Siegmund Hellmann (Stadtarchiv München, PMB H204). Zu Carry Brachvogel siehe die Publikationen von Ingvild Richardsen, sowie Judith Ritter: *Die Münchner Schriftstellerin Carry Brachvogel. Literatin. Salondame. Frauenrechtlerin*. Berlin/Boston 2016.

116 Biographie: Heinrich Hellmann (1818–1890). Auszug aus einem Brief von Carry Brachvogel an Eva Hellmann vom 22. 2. 1937 (in Privatbesitz).

117 Vgl. Polizeimeldebogen Heinrich Hellmann (Stadtarchiv München, PMB H204).

118 Vgl. Sophie Pataky (Hg.): *Lexikon deutscher Frauen der Feder. Eine Zusammenstellung der seit dem Jahre 1840 erschienenen Werke weiblicher Autoren, nebst Biographien und einem Verzeichnis der Pseudonyme*. I. Bd. Berlin: Verlagsbuchhandlung von Carl Pataky 1898, S. 91 f.

119 Vgl. Anm. 116.

120 Vgl. Karte Carry Brachvogel (Archiv für publizistische Arbeit/Internationales Biographisches Archiv, ME – BR 31. Mai 1934/6021); Arbeiterdokumentation für Wien/Dokumentation/Brachvogel, Carry (Wienbibliothek/Tagblattarchiv).

121 Zu Therese Aschers Erziehungsinstitut siehe Georg Jacob Wolf: *Die Münchnerin*, S. 207 f., und Anna Buczkowska: *Therese Ascher und ihr Lebenswerk*, S. 360 f.

122 Carry Brachvogel: »*Ehre sei Gott in der Höhe und Frieden auf Erden*«!: *eine Weihnachtsgeschichte aus Künstlerkreisen.* In: *Die Kunst für alle. Malerei, Plastik, Graphik, Architektur,* H. 6, 15. Dez. 1887, S. 85 – 89.

123 Carry Brachvogel: *Wie ich zur Literatur kam.* In: *Münchner Neueste Nachrichten,* Nr. 160, Beilage: *Frauenzeitung,* 1923.

124 Vgl. Sophie Pataky (Hg.): *Lexikon deutscher Frauen der Feder.* I. Bd, S. 91 f.

125 Vgl. Polizeimeldebogen Wolfgang Brachvogel (Stadtarchiv München, PMB B341).

126 Vgl. Polizeimeldebogen Karoline Brachvogel (Stadtarchiv München, PMB B341); Polizeimeldebogen Wolfgang Brachvogel (Stadtarchiv München, PMB B341).

127 Vgl. Polizeimeldebogen Heinrich Hellmann (Stadtarchiv München, PMB H204).

128 Vgl. Polizeimeldebogen Karoline Brachvogel (Stadtarchiv München, PMB B341).

129 Vgl. Sophie Pataky (Hg.): *Lexikon deutscher Frauen der Feder.* I. Bd., S. 91 f.

130 Vgl. Carry Brachvogel: *Weißes Gold.* Eine seltsame, aber wahre Geschichte von Carry Brachvogel. Stuttgart/Berlin/Leipzig: Union Deutsche Verlagsgesellschaft 1923, S. 137 f.

131 Zu Emanuel Spitzer: Er wurde in Ungarn geboren, nach seiner Schulausbildung in Wien lebte er ab Mitte der 1860er Jahre in Paris. Hier belieferte er die Zeitschrift *L'art pour tous* mit vielen Illustrationen. Ab 1869 studierte er an der Münchner Akademie der Bildenden Künste. Von 1875 bis 1880 war er Mitarbeiter der Münchner Zeitschrift *Fliegende Blätter.* Begehrt waren seine Genrebilder, die in Zeitschriften (*Münchner Bilderbogen, Über Land und Meer*), Jugendbüchern und Alben reproduziert wurden; vgl. ÖBL 1815 – 1950, Bd. 13 (Lfg. 59, 2007), S. 38 f.

132 *Vorwort.* In: Emma Merk/Emanuel Spitzer: *Evas Töchter.* München: Hanfstaengl 1893.

133 August Endell: *Blumen. In: Gartenschönheit, eine Zeitschrift*

mit Bildern für Garten- und Blumenfreund, Liebhaber und Fachmann, 1 (1920), S. 60.

134 Zitiert nach Tillmann Buddensieg: *Zur Frühzeit von August Endell. Seine Münchner Briefe an Kurt Breysig.* In: *Festschrift für Eduard Trier zum 60. Geburtstag.* Hg. v. Justus Müller Hofstede und Werner Spies. Berlin 1981, S. 234. Zu August Endell siehe: Rudolf Herz: *August Endell in München. Bau des Ateliers Elvira und die Resonanz der Zeitgenossen.* In: Herz/Bruns (Hg.): *Hof-Atelier Elvira,* S. 25–42.

135 Zitiert nach Tillmann Buddensieg: *Zur Frühzeit von August Endell,* S. 235.

136 Karl Scheffler: *Die fetten und die mageren Jahre.* Leipzig, München: Paul List 1946, S. 24.

137 Emma Merk/Emanuel Spitzer: *Evas Töchter.* München 1893; Verlagskatalog des Franz Hanfstaengl Verlages aus dem Jahr 1893.

138 Der Schriftsteller Maximilian Harden beschied Elsa Bernstein durchaus einen »sicheren Theaterinstinkt«, lobte ihre »Keckheit« und ihre »muntere, oft sogar kernhaft derbe Sprache«, hielt aber das Stück selbst für ein »neurasthenisches Idyll«, dessen Aufführung er für »schlichtweg überflüssig« befand. Maximilian Harden unter der Rubrik ›Theater‹. In: *Die Zukunft,* 1893, S. 78–81. Zitiert nach Ulrike Zophoniasson-Baierl: *Elsa Bernstein alias Ernst Rosmer. Bern 1985,* S. 62.

139 Ernst Rosmer: *Dämmerung.* Schauspiel in 5 Akten. Berlin: S. Fischer 1894.

140 *Moderne Litteratur Katalog 1900. Verlagskatalog,* S. 57.

141 Ernst Rosmer: *Dämmerung,* S. 63.

142 Ebd., S. 74.

143 Ebd., S. 81 f.

144 Ebd., S. 139.

145 Ludwig Hollweck: *München,* S. 144.

146 Siehe zu Max Halbe und seinem Theaterstück *Jugend:* Max Halbe: *Jahrhundertwende. Geschichte meines Lebens,* S. 56–62, hier S. 61.

147 Ebd., S. 60 f.

148 Gabriele Reuter: *Vom Kinde zum Menschen*, S. 465 f.

149 Max Halbe: *Jahrhundertwende. Geschichte meines Lebens*, S. 39 f.

150 Anita Augspurg: *Die ethische Seite der Frauenfrage*. Minden und Leipzig: Köhler 1893; vgl. Christiane Hencke: *Anita Augspurg*, S. 33 f.

151 *Das Mädchen-Gymnasium in Karlsruhe, begründet vom Verein »Frauenbildungs-Reform«, eröffnet am 16. September 1893. Amtlicher Bericht über Entstehung, Eröffnung und Organisation der Schule*. Weimar o. J. [1894], S. 5–8, hier S. 7; vgl. Pol. Dir. München 592, Frauenberuf, 1893, S. 892. Siehe auch: *100 Jahre Mädchen-Gymnasium in Deutschland. Hg.* von der Stadt Karlsruhe. Karlsruhe 1993, S. 6–24: https://edit. karlsruhe.de/b1/stadtgeschichte/frauengeschichte/maedchen gymnasium/HF_sections/content/1329387835042/ZZkpIo94 pmFFPk/100_jahre_maedchengymnasium_in_deutschland. pdf.

152 Vgl. auch: *100 Jahre Mädchen-Gymnasium in Deutschland*, S. 19.

153 Zitiert nach *Das Mädchen-Gymnasium in Karlsruhe*, S. 30.

154 Ebd., S. 34.

155 Vgl. auch *100 Jahre Mädchen-Gymnasium in Deutschland*, S. 7.

156 Anita Augspurg an Käthe Schirmacher, München, 23. September 1892 (Nachlass Schirmacher). Vgl. Christiane Hencke: *Anita Augspurg*, S. 32.

157 Käthe Schirmacher an Clara Schirmacher, München, 23. September 1893.

158 Überliefert und amtlich erhalten hat sich das Gesuch von Sophia Goudstikker und Anita Augspurg, in einer polizeilichen Abschrift (STAM: Pol. Dir. Mü 592). Allgemeine Angaben zur Vergabe von Hoftiteln an Fotografen in: Heinz Gebhardt: *Königlich Bayerische Photographie*. München 1977, S. 259–264.

159 Heymann/Augspurg: *Erlebtes – Erschautes,* S. 15.

160 Anita Augspurg an Käthe Schirmacher, München, 23. September 1893 (Nachlass Schirmacher); vgl. auch Christiane Henke: *Anita Augspurg,* S. 35 f.

161 Siehe zum damaligen Universitätsstudium in der Schweiz: Regina Wecker: *Die Schweiz, das europäische Land des Frauenstudiums.* In: Ilse Nagelschmidt (Hg.): *100 Jahre Frauenstudium an der Alma Mater Lipsiensis.* Leipzig 2007, 235–252, und: Universität Basel: *Anfänge des Frauenstudiums: 1860er bis 1920er:* https://unigeschichte.unibas.ch/akteure/frauenstudium/anfaengedes-frauenstudiums/anfaengedes-frauenstudiums.html.

162 Heymann/Augspurg: *Erlebtes – Erschautes,* S. 16: »Tatsächlich kann man die Geburtsstunde der radikalen, politisch ernst zu nehmenden deutschen Frauenbewegung von jener Zeit datieren.«

163 Ebd., S. 17.

164 Heymann/Augspurg: *Erlebtes – Erschautes,* S. 17.

165 Anita Augspurg an Hedwig Kettler, Zürich, 7. November 1893 (Nachlass Kettler).

166 Vgl. Christiane Henke: *Anita Augspurg,* S. 35 f.

167 Ernst von Wolzogen: *Wie ich mich ums Leben brachte. Erinnerungen und Erfahrungen.* Braunschweig und Hamburg: Westermann 1922, S. 140.

168 Ebd., S. 140.

169 Vgl. Brigitte Bruns: *Das dritte Geschlecht von Ernst von Wolzogen.* In: Herz/Bruns (Hg.): *Hof-Atelier Elvira,* S. 171–190, hier S. 177 ff.; zu Wolzogens Biographie siehe auch Ernst von Wolzogen: *Verse zu meinem Leben.* Berlin: F. Fontane 1907, und: *Ernst Freiherr von Wolzogen.* In: Franz Brümmer: *Lexikon der deutschen Dichter und Prosaisten vom Beginn des 19. Jahrhunderts bis zur Gegenwart.* Bd. 8. Leipzig 1913 (mit ausführlicher Bibliographie).

170 Ernst von Wolzogen: *Wie ich mich ums Leben brachte,* S. 147 f.

171 Katalog der Secession München 1893, Nr. 538 mit Abb.; siehe

zu Stucks Bild *Die Sünde*: Albert Ritthaler: *Franz von Stuck und seine Sünden.* Ein Vortrag von Albert Ritthaler am 8. Juni 2009 im Max Liebermann Haus, Berlin anlässlich der Ausstellung der Stiftung Brandenburger Tor. http://www.ritthaler-galerie.de/pdf/Franz_von_Stuck.pdf.

172 Zitiert nach Eva Heilmann (Hg.): *Franz von Stuck und die Münchener Secession.* Passau 1992, S. 22.

173 Hans Carossa: *Das Jahr der schönen Täuschungen.* Leipzig: Insel 1941, S. 45 u. 49.

174 Vgl. *Süddeutsche Photographenzeitung* April 1894, S. 30: »Die Inhaberinnen des Münchner photographischen Ateliers ›Elvira‹ Fräulein Anita Augspurg und Sophia Goudstikker wurden von S. Kgl. Hoheit dem Prinzen Ludwig von Bayern zu ›Hofphotographinnen‹ ernannt.«

175 Ernst Rosmer: *Dämmerung*; Ernst Rosmer: *Madonna.* Novellen. Berlin: S. Fischer 1894; Ernst Rosmer: *Königskinder.* Märchendrama. Berlin: S. Fischer 1894; Irma Troll-Borostyáni: *Das Recht der Frau. Eine sociale Studie.* Berlin: S. Fischer 1894.

176 Christian Morgenstern: *Wie moderne Frauen schreiben.* In: Christian Morgenstern: *Werke und Briefe.* Kommentierte Ausgabe. Hg. v. Helmut Gumtau. Bd. VI. *Kritische Schriften*, Nr. 119. Stuttgart 1987, S. 305 ff., hier S. 305, 307.

177 Irma Troll-Borostyáni: *Das Recht der Frau.*

178 *Irma von Troll-Borostyáni (1847–1912). Vorkämpferin der Frauenemanzipation.* Hg. von Christa Gürtler und Sabine Veits-Falk für das Salzburg Museum in Kooperation mit dem Stadtarchiv Salzburg. Salzburg 2012.

179 Christa Gürtler: *Irma von Troll-Borostyáni. Ungehalten: Vermächtnis einer Freidenkerin.* Salzburg 1994, S. 59.

180 Irma von Troll-Borostyáni: *Das Recht der Frau*, S. 27.

181 Ebd., S. 5.

182 Ebd., S. 88.

183 Vgl. zum S. Fischer Verlag und seinem Stand zur Frauenfrage auch: Peter de Mendelssohn: *S. Fischer und sein Verlag.* Frankfurt am Main 1970, S. 270 ff.

184 Siehe zum BDF: Gilla Dölle: *Der Bund deutscher Frauenvereine: eine Dachorganisation in ständigen Finanznöten*. In: *Die
(un)heimliche Macht des Geldes. Finanzierungsstrategien der
bürgerlichen Frauenbewegung in Deutschland zwischen 1865
und 1933*. Frankfurt am Main 1997, S. 106–121, und: Ute Gerhard: *Blütezeit und Richtungskämpfe*. In: Ute Gerhard: *Unerhört. Die Geschichte der deutschen Frauenbewegung*. Hamburg 1990, S. 169–213.

185 In einem Brief an Hedwig Kettler hat sie bereits 1893 geschrieben: »Wenn die social Führer so dumm sind, nicht
einzusehen, wie sehr wir ihnen an + für sich in die Hände arbeiten und Boden bereiten, können sie mir leid thun. Durch
irgendwelche offene Verbindung mit dem social. Lager würden wir ja nur uns + ihnen schaden, unsere stillschweigende
und verhüllte Propaganda sollte ihnen ja viel werthvoller sein
als direkte Freundschaftserklärungen (zu denen ich übrigens
an + für sich nicht zu haben bin) und die ist auch immerhin
Entgegenkommen und Unterstützung unserer Bestrebungen
durch ihre parlamentarischen und magistratlichen Parteige-
nossen werth.« (Anita Augspurg an Hedwig Kettler, Zürich,
7. November 1893; Nachlass Kettler); vgl. auch Christiane
Henke: *Anita Augspurg*, S. 43.

186 Anita Augspurg: Diskussionsbeitrag auf dem Internationalen
Frauenkongress, am 25. Sep. 1896. In: *Der Internationale Kongress für Frauenwerke und Frauenbestrebungen in Berlin. 19.–
26. September 1896*. Hg. von der Redaktions-Komission. Berlin
1897, S. 401 f.; vgl. Christiane Henke: *Anita Augspurg*, S. 44.

187 Heymann/Augspurg: *Erlebtes – Erschautes*, S. 89 f.

188 *Stenographische Berichte*, über die *Verhandlungen der Abgeordneten* Nr. 92. III. Bd., März 1894, S. 132 f. in STAM 592.
Vgl. Brigitte Bruns: *Weibliche Avantgarde*, S. 195.

189 In: *Die Frau*. Berlin. Juniausgabe 1894.

190 Georg Hirschfeld (Hg.): *Otto Brahm. Briefe und Erinnerungen*.
Berlin: Stilke 1925, S. 62: 18. 2. 1894: Brief vom Leiter des Deutschen Theaters Otto Brahm an den Autor Georg Hirschfeld.

191 Ernst von Wolzogen: *Wie ich mich ums Leben brachte*, S. 157 und 181 f.

192 Carry Brachvogel: *Wie ich zur Literatur kam.*

193 Vgl. Polizeimeldebogen Wolfgang Brachvogel (Stadtarchiv München, PMB B341). Die frühere Ludwigstraße 17b ist heute Ludwigstraße 33; vgl. Franz Schiermeier: *Stadtatlas München.* München 2003. Kartenbeilagen: Ludwigstr. 17 (1908/1909).

194 Vgl. Sophie Pataky (Hg.): Artikel *Brachvogel, Carry.* In: *Lexikon deutscher Frauen der Feder.* I. Bd., S. 91 f.; *Neuer Theater-Almanach. Theatergeschichtliches Jahr- und Adressenbuch.* Hg. v. d. Genossenschaft Deutscher Bühnen-Angehöriger 1895, S. 82 und 86. Dem *Lexikon deutscher Frauen der Feder* zufolge ist *Vergangenheit* auch noch in München aufgeführt worden.

195 Karoline Brachvogel: *Vergangenheit.* Berlin: A. Entsch Verlag 1894.

196 Vgl. Ernst von Wolzogen: *Wie ich mich ums Leben brachte*, S. 181 f.

197 Ebd., S. 181 – 184.

198 Rainer Maria Rilke: *Frau Carry Brachvogel.* In: *Advent.* Leipzig 1898, S. 27.

199 Rainer Maria Rilke: *Auch ein Münchner Brief.* In: *Sämtliche Werke.* Bd. 5. Frankfurt am Main 1965, S. 331.

200 Vgl. Eva Gräfin von Baudissin: *Emma Haushofer – Merk und Carry Brachvogel.* In: *Münchner Neueste Nachrichten*, Nr. 160, Beilage: *Frauen – Zeitung*, 1924.

201 Max Halbe: *Jahrhundertwende. Erinnerungen an eine Epoche*, S. 162.

202 *Die Frau.* Berlin. Juniausgabe 1894.

203 Martha Haushofer: *Ika Freudenberg.* In: *Centralblatt des Bundes Deutscher Frauenvereine*, XIII. Jg., Nr. 21, 1912, S. 163.

204 Verein für Fraueninteressen e. V. (Hg.): *Jahresbericht vom Januar 1901 über das zurückliegende Vereinsjahr*, 7. Jb., S. 5.

205 Zu Ika Freudenberg siehe: Gertrud Bäumer: *Ika Freudenberg.*

Ein Gedenkblatt. Separatabdruck aus der Monatsschrift *Die Frau*, 19. Jg., H. 5, Berlin 1912; Martha Haushofer: *Ika Freudenberg*, S. 163, und Ingvild Richardsen: Artikel *Ika Freudenberg*. In: Literaturportal Bayern: https://www.literatur portal-bayern.de/autorinnen-autoren?task=lpbauthor.default &pnd=118953400.

206 Anita Augspurg an Hedwig Kettler, Zürich, 20. Mai 1894 (Nachlass Kettler); vgl. auch Christiane Henke: *Anita Augspurg*, S. 41 f.

207 Zu Anita Augspurgs Tätigkeiten in Zürich Ende 1893 und im Jahr 1894 vgl. Christiane Henke: *Anita Augspurg*, S. 37 – 41.

208 *Neue Zürcher Zeitung*, Nr. 65 vom 6. März und 10. Juni 1895 (Titelseite Lokales).

209 *Zürcher Volksblatt*, Nr. 30 vom 9. März 1895.

210 Anita Augspurg an Hedwig Kettler, Zürich, 10. Juni 1894 (Nachlass Kettler).

211 Anita Augspurg an Hedwig Kettler, Skodsburg, 10. Sept. 1894 (Nachlass Kettler).

212 Heymann/Augsburg: *Erlebtes – Erschautes*, S. 17.

213 Brief von Anita Augspurg vom 20. 10. 1894 an den Gesamtvorstand des Vereins Frauenbildungs-Reform in Hannover (Nachlass Hedwig Kettler).

214 Vgl. Christiane Henke: *Anita Augspurg*, S. 42.

215 Die Wohnadressen dieser Frauenrechtlerinnen und Schriftstellerinnen kann man ihren Personen-Meldebögen im Stadtarchiv München entnehmen.

216 *Das Atelier des Photographen,* Jg. 1894, Nr. 11. Vgl. Rudolf Herz: *Das Fotoatelier Elvira (1887 – 1928),* S. 76.

217 Ebd., S. 93 ff.

218 Vgl. Siegfried Wiechmann (Hg.): *Hermann Obrist: Wegbereiter der Moderne.* Ausstellungskatalog zur Ausstellung in der Stuckvilla. Konzeption und wissenschaftliche Bearbeitung von Siegfried Wiechmann. München 1968.

219 Siehe dazu: Eva Afuhs und Andreas Strobl (Hg.): *Hermann Obrist. Skulptur/Raum/Abstraktion um 1900.* Kat. Ausst. Mu-

seum Bellerive, Museum für Gestaltung Zürich/Staatliche Graphische Sammlung München. Zürich 2009.

220 Zu Hermann Obrist siehe Dagmar Rinker: *Der Münchner Jugendstilkünstler Hermann Obrist (1862–1927)*. München 2001; Sabine Gebhardt Fink und Matthias Vogel (Hg.): *Hermann Obrist im Netzwerk der Künste und Medien um 1900*. Berlin 2013.

221 Afuhs/Strobl (Hg.): *Hermann Obrist. Skulptur/Raum/Abstraktion um 1900*, S. 11; Hermann Obrist: *Ein glückliches Leben*. Zitiert nach Afuhs/Strobl (Hg.): *Hermann Obrist. Skulptur/Raum/Abstraktion um 1900*, S. 109.

222 Ebd., S. 111.

223 Ebd., S. 111–113.

224 Ebd., S. 117.

225 Ebd,. S. 121. Vgl. auch Siegfried Wiechmann (Hg.): *Hermann Obrist: Wegbereiter der Moderne*, S. I; Hermann Obrist: *Ein glückliches Leben*. Zitiert nach Afuhs/Strobl (Hg.): *Hermann Obrist. Skulptur/Raum/Abstraktion um 1900*, S. 125.

226 Ebd., S. 127.

227 Ebd., S. 127; Karl Scheffler: *Moderne Baukunst*. In: *Kunst und Künstler*, Jg. 1 (1902/03), S. 469–480, hier S. 477 f.

228 Vgl. *Wege in die Moderne. Jugendstil in München*. Kat. Ausst. Staatliche Museen Kassel (1996), hg. v. Hans Ottomeyer. München, Berlin 1997, S. 42.

229 Hermann Obrist: *Ein glückliches Leben*. Zitiert nach Afuhs/Strobl (Hg.): *Hermann Obrist. Skulptur/Raum/Abstraktion um 1900*, S. 129.

230 Ebd.

231 Siehe die polizeilichen Meldebögen von Sophia Goudstikker, Berthe Ruchet und Hermann Obrist im Stadtarchiv München. Vgl. auch Dagmar Rinker: *Der Münchner Jugendstilkünstler Hermann Obrist (1862–1927)*.

232 Vgl. S. 42.

233 Vgl. Christian Morgenstern: *Wie moderne Frauen schreiben*, S. 303–309. Schriften aus dem Nachlass 1894–1913. Fragment

eines Ausschnitts aus einer Pressekonferenz, 1895. Morgenstern war durch künstlerische und literarische Studien 1893 zunehmend mit der »Moderne« vertraut geworden. Eingehend hatte er Ende 1895 auch in der *Vossischen Zeitung* Stellung genommen. Vgl. auch Waldemar Fromm: *Modern sein – ein Schlüsselbegriff der bürgerlichen und der Schriftstellerinnen der modernen Frauenbewegung in München.* In: Ingvild Richardsen (Hg.): *Evas Töchter*, S. 20 – 31, hier S. 27 f.

234 Christian Morgenstern: *Wie moderne Frauen schreiben*, S. 304. Als Mitarbeiter der *Neuen Deutschen Rundschau* hatte er allerdings auch engen Kontakt mit dem Fischer Verlag und Redakteur Bie, was möglicherweise auch seine Auswahl begründet.

235 Morgensterns weiterer Kommentar ist nur fragmentarisch erhalten.

236 Vgl. Ludwig Hollweck: *München*, S. 145 f.

237 Vgl. Max Halbe: *Jahrhundertwende. Geschichte meines Lebens*, S. 19 f.

238 Das seit 1892 bestehende Blättchen *Frauenwohl. Zeitschrift für Fraueninteressen* erschien am 1. Januar 1895 völlig umgestaltet. 1899 wird die *Frauenbewegung* durch die dann von Anita Augspurg redigierte Beilage: »Parlamentarische Angelegenheiten und Gesetzgebung« erweitert und intensiver auf politischen Boden geleitet. Die Zeitschrift der sozialdemokratischen Frauen ist die von Clara Zetkin herausgegebene *Gleichheit.*

239 Anita Augspurg: *Gebt acht, solange noch Zeit ist!* In: *Die Frauenbewegung*, Nr. 1, 1895, S. 4 – 5; Vgl. Christiane Henke: *Anita Augspur*g, S. 42 f.

240 Anita Augspurg an Hedwig Kettler, undatiert (Nov. 1895; Nachlass Kettler).

241 Siehe zum Verein *Frauenwohl*: Daniela Weiland: *Geschichte der Frauenemanzipation*, S. 61 – 65; Brigitte Bruns: *Weibliche Avantgarde*, S. 197 ff.

242 Vgl. Christiane Henke: *Anita Augspurg*, S. 45 f.

243 Vgl. ebd., S. 45.

244 Tatsächlich ist es das erste Mal in der deutschen Rechtsgeschichte, dass Frauen Ansprüche auf Berücksichtigung und
Gleichstellung im Bürgerlichen Gesetzbuch anmelden. Und
so lässt sich denn einhergehend damit auch die Geburtsstunde der radikalen, politisch ernst zu nehmenden deutschen Frauenbewegung in diese Zeit datieren.

245 Anita Augspurg an Hedwig Kettler, undatiert (Nov. 1895;
Nachlass Kettler). Ihren Vortrag überarbeitet sie in diesem
Jahr immer wieder. Seine endgültige Fassung wird schließlich
1896 in der Zeitschrift *Frauenbewegung* publiziert werden.

246 Anita Augspurg: *Die Frau und das Recht.* In: *Die Frauenbewegung,* Nr. 17, 1896, S. 157 f.

247 Ebd. S. 167.

248 Anita Augspurg: Rede vor der Volksversammlung am 16. Februar 1896 in Berlin, zitiert nach: *Die Post* vom 18. Februar
1896. I. Beilage.

249 Mit der Einberufung einer Vollversammlung wird der Ver-
ein *Frauenwohl* 1896 in Berlin dann versuchen, die begrenzte
Öffentlichkeit der Frauenvereine zu durchbrechen. »Die
Gesetze, die der Mann uns vorschreibt, werden immer zu
seinen Gunsten ausfallen müssen«, so Marie Stritt, neben
Anita Augspurg eine der Rednerinnen. Die Forderung des
Stimmrechts erscheint unausgesprochen, als Konsequenz;
Marie Stritt: Rede auf der Volksversammlung in Berlin am
16. Februar 1896, zitiert nach: *Die Post* vom 18. Februar 1896,
I. Beilage.

250 Das jedenfalls ist der Stand in der ersten überlieferten Mitgliederliste Anfang des Jahres 1896.

251 Siehe das *Mitgliederverzeichnis der Gesellschaft zur Förderung
der geistigen Interessen der Frau aus dem Jahr 1896* und den
Bericht über die zweite Generalversammlung. Beides findet
sich im International Institute of Social History in Amsterdam in den *Georg von Vollmar Papers.* 3226. Inv.nr. 3156.
Arch. 01586.

252 Siehe den *Bericht über die zweite Generalversammlung*, S. 1 f.

253 Ebd., S. 2 f.

254 Carry Brachvogel: *Wie ich zur Literatur kam*. In: *Frauenzeitung. Münchner Neueste Nachrichten*, Nr. 160, S. 27.

255 Vgl. Ernst von Wolzogen: *Wie ich mich ums Leben brachte*. Vgl. auch Brigitte Bruns: *Das dritte Geschlecht von Ernst von Wolzogen*, S. 178 f.

256 Siehe zu Carry Brachvogels Debütroman *Alltagsmenschen*: Ingvild Richardsen: *Nachwort zu Carry Brachvogels Alltagsmenschen*. In: Carry Brachvogel: *Alltagsmenschen*. Nach der Originalausgabe von 1895 (Berlin: Fischer Verlag) Roman. Hg. v. Ingvild Richardsen. München 2013, S. 155–175; Anne-Rose Meyer: *Brachvogel, Carry, Alltagsmenschen. Roman (1895)*. In: Gudrun Loster-Schneider und Gaby Pailer (Hg.): *Lexikon deutschsprachiger Epik und Dramatik von Autorinnen (1730–1900)*. Tübingen, Basel 2006, S. 59–60.

257 Carry Brachvogel: *Alltagsmenschen*, hg. v. Ingvild Richardsen, S. 9 f.

258 Ebd., S. 14.

259 Ebd., S. 13.

260 Ebd., S. 10.

261 Ebd., S. 76.

262 Ebd., S. 78 f.; ebd., S. 16.

263 »Einige Stimmen der Presse über Carry Brachvogels Roman Alltagsmenschen.« Als Anhang in: Carry Brachvogel: *Die Wiedererstandenen*. Berlin: S. Fischer 1900.

264 Die Zeitschrift war seit 1895 Publikationsorgan der *Deutschen Gesellschaft für Ethische Kultur*. Hier veröffentlichten auch der Soziologe Ferdinand Tönnies, die Frauenrechtlerin Helene Lange oder der Nationalökonom Heinrich Herkner.

265 *Moderne Litteratur Katalog 1900. Verlagskatalog*, S. 54 f.

266 Gabriele Reuter: *Vom Kinde zum Menschen*, S. 465.

267 Ebd., S. 468 f.

268 Ebd., S. 470 f.

269 Ebd., S. 471.

270 Ebd., S. 472 f.

271 Reiner Stach: *100 Jahre S. Fischer Verlag 1886–1986. Kleine Verlagsgeschichte.* 2. Aufl. Frankfurt am Main 1991, S. 29.

272 Gabriele Reuter: *Vom Kinde zum Menschen*, S. 472.

273 Helene Raff: *Blätter vom Lebensbaum*, S. 217 f.

274 Gabriele Reuter: *Vom Kinde zum Menschen*, S. 474.

275 *Aus guter Familie. Leidensgeschichte eines Mädchens von Gabriele Reuter.* Aus einer umfangreichen Besprechung in der *Breslauer Morgenzeitung*, 1895.

276 Helene Raff: *Blätter vom Lebensbaum*, S. 217 f.

277 Ernst von Wolzogen: *Wie ich mich ums Leben brachte*, S. 187.

278 Siehe das *Mitgliederverzeichnis der Gesellschaft zur Förderung der geistigen Interessen der Frau aus dem Jahr 1896* und den *Bericht über die zweite Generalversammlung* (S. 6).

279 Gabriele Reuter: *Vom Kinde zum Menschen*, S. 462.

280 Adine Gemberg: *Morphium.* Novellen. Mit einem Porträt der Autorin. Berlin: S. Fischer 1895.

281 *Moderne Litteratur Katalog 1900. Verlagskatalog*, S. 18.

282 Zu Adine Gemberg vgl. Sophie Pataky (Hg.): *Lexikon deutscher Frauen der Feder.* I. Bd., S. 249 f.

283 Ebd., S. 249.

284 Max Halbe: *Jahrhundertwende. Geschichte meines Lebens*, S. 33.

285 Siehe zum Jugendstil: Bernd Mollenhauer: *Jugendstil in München.* München 2014; Manuel Gasser: *München um 1900.* Bern 1977. Hans-Ulrich Simon: *Jugendstil. Studien zu seinem Verständnis von der Jahrhundertwende bis 1945 – eine Begriffsexplikation.* München 1976.

286 Hans von Gumppenberg: *Jugend-Stil.* In: *Jugend*, VI (1901), Nr. 35, S. 583; vgl. auch Hans-Ulrich Simon: *Jugendstil*, S. 26.

287 In der *Jugend* taucht der Begriff *Jugendstil* zum ersten Mal am 24. September 1900 auf. Der früheste schriftliche Beleg, der bisher gefunden wurde, stammt aus einem Münch-

ner Konkurrenzunternehmen zur *Jugend,* nämlich aus der *Insel.*

288 Georg Fuchs und Wilhelm Bode: *Hermann Obrist.* In: *PAN,* 1, 1895/1896 (Februar/März 1896), S. 318–325 (Georg Fuchs: *Hermann Obrist*), S. 326–328 (Wilhelm v. Bode: *Hermann Obrist*).

289 Anhand des polizeilichen Meldebogens von Berthe Ruchet im Münchner Stadtarchiv und *der Stadtadressbücher lassen sich die Daten zur Übersiedlung von Obrists Stickereiatelier von Florenz nach München präzisieren.* Polizeilicher Meldebogen Ruchet: »Zweck des Aufenthalts: Gründung eines Stickerei- ateliers«. Wohnungen: 16.9.1894 Von-der-Tann-Straße 13/2; 24.9.1894 Kaulbachstraße 51a/III bei S. Goudstikker; 2.10.1896 Theresienstraße 67/I bei Kühne; 25.6.1899 Hohenzollern- straße 5/4 bei Trumpp; ohne Daten Abreise in die Schweiz; 6.2.1900 Georgenstraße 7/0. Auch in den Stadtadressbüchern der Jahre 1895 und 1896 wird in Zusammenhang mit Berthe Ruchet das Kunststickerei-Atelier in der Kaulbachstraße 51a/ III angegeben. Vgl. Dagmar Rinker: *Der Münchner Jugendstil- künstler Hermann Obrist (1862–1927),* S. 33 f.;

290 Polizeilicher Meldebogen von Herman Obrist im Münch- ner Stadtarchiv: seit dem 17.9.1894 Theresienstraße 67/i bei Kühner; 18.11.1894 Zentnerstraße 3/III; 24.1.1895 Barerstraße 38/III bei Finckh (Pension); 6.4.1895 Kaul- bachstraße 29/III bei Schwarz; 3.10.1895 Finkenstraße 3b; 1.9.1896 Karl-Theodor-Straße.

291 Vgl. Dagmar Rinker: *Der Münchner Jugendstilkünstler Her- mann Obrist (1862–1927),* S. 265: Archiv des Vereins für Fraueninteressen. 3. Jahrbuch des Vereins für Fraueninter- essen, S. 5; *Münchner Neueste Nachrichten,* Nr. 92, 26.2.1897; *Zeitschrift des Bayerischen Kunstgewerbevereins,* April 1897, *Kunstgewerbliche Rundschau,* S. 39; *Kunst für Alle,* Jg. 12 (1897), II, 13, S. 204–205; dort eine Zusammenfassung des Vortrages, den er am 23.2.1896 im Münchner Kunstgewer- behaus gehalten hat.

292 Siehe den *Bericht über die zweite Generalversammlung* (S. 5.)
und das *Mitgliederverzeichnis* der *Gesellschaft zur Förderung
der geistigen Interessen der Frau aus dem Jahr 1896.*

293 Ebd. In: *Bericht über die zweite Generalversammlung (1896)*,
S. 5: »Der Vorstand setzt sich demnach dieses Jahr folgender-
maßen zusammen«: 1. Baronesse von Bart-Harmating (stell-
vertretende Vorsitzende. 2. Frau Professor Bauer. 3. Frau v.
Belli de Pino. 4. Frau Helene Döllinger. 5. Frl. Ika Freudenberg (Vorsitzende). 6. Frau Hofrat v. Hecker. 7. Frl. Martha
v. Kranz (2. Schriftführerin). 8. Frl. Emma Merk (1. Schriftführerin). 9. Frl. Eda Metger (Kassiererin). 10. Frl. Gabriele
Reuter. 11. Oberlehrerin Frl. Therese Schmid.

294 Ebd., S. 3.

295 Wie im Jahresbericht 1896 festgehalten wird, ist es der Universitätsprofessor Dr. Graetz, der den Aufsehen erweckenden
Vortrag über die Röntgenstrahlen im Münchner Kunstgewerbehaus hält.

296 Thomas Mann: *Gesammelte Werke.* Frankfurt am Main 1974,
Bd. XIII, S. 390.

297 Vgl. dazu auch Christiane Henke: *Anita Augspurg*, S. 47 ff.;
Anita Augspurg an Sophie Gräfin von Waldburg-Syrgen-
stein, München, 27. April 1896 (Fürstl. Waldburg-Zeil'sches
Gesamtarchiv, Schloss Zeil).

298 Die Juristische Fakultät a. d. Akademischen Senat der Universität München 29. April 1896. (Archiv der LMU: Sen
110. 1896–1900).

299 Anita Augspurg an Sophie Gräfin von Waldburg-Syrgenstein, München, 27. April 1896 (Fürstl. Waldburg-Zeil'sches
Gesamtarchiv, Schloss Zeil).

300 Vgl. Christiane Henke: *Anita Augspurg*, S. 49 ff.; siehe dazu
Hedwig Dohm: *Nachlese vom Frauentag.* In: Hedwig Dohm:
Erinnerungen und weitere Schriften, S. 127–134. Dohms Bericht erschien zuerst in *Die Zukunft.* Hg. v. Maximilian Harden. Berlin, 10. Oktober 1896.

301 Heymann/Augspurg: *Erlebtes – Erschautes*, S. 62.

302 Anita Augspurg: *Das Recht der Frau*. In: *Der Internationale Kongreß*, Berlin 1897, S. 327.

303 Siehe dazu Hedwig Dohm: *Nachlese vom Frauentag*, S. 130 f.

304 Ebd.

305 Ebd.

306 Ebd.

307 DLA Marbach, Nachlass Harry Graf Kessler. Vgl. Sabine Gebhardt Fink/Ingo Starz/Matthias Vogel: *Textchronik zu Herman Obrist*. In: Gebhardt Fink/Vogel (Hg.): *Hermann Obrist im Netzwerk der Künste und Medien um 1900*, S. 67–114, hier S. 76.

308 Endell sieht sich veranlasst, die Beziehung klarzustellen: »Obrists Schüler bin ich übrigens keineswegs. Das ist eine ziemlich kindische Behauptung … Es ist kein Zweifel, ohne Obrist hätte ich wahrscheinlich nie Kunstgewerbe gemacht. Ich habe nie vorher daran gedacht. Ich hatte plastische Ideen, aber nie ornamentale. Durch Obrist wurde das alles geweckt, aber ich habe sofort eine andere Richtung eingeschlagen, arbeite in einer anderen Weise, wie er, auch er hat mich nie korrigiert oder unterwiesen. Wir haben uns immer unsere Sachen gezeigt und sie besprochen, aber er sowohl seine, wie ich meine. Von Schülertum kann also keine Rede sein. Jetzt ist ein direkter Gegensatz zwischen uns vorhanden. Obrist entwirft, indem er von einfachen Linien ausgeht und gefühlsgleiche Naturmotive dazu sucht. Ich kann das nicht, weil ich alles in allem vielleicht 20–30 Naturstudien gezeichnet habe. Darum empfinde ich alles. Ich setze Linie an Linie, ohne mich um die Natur zu kümmern, der Eindruck, den ich erreichen will, als einzigen Leitstern. Daher die seltsamen Formen, die andere dann als Tiere bezeichnet haben. Für mich sind das Formgebilde, die ein starkes Gefühl erregen und weiter nichts. Reine Formenkunst ist mein Ziel. Fort mit jeder Assoziation. Daß diese Art weder abstrakt noch unpopulär ist, hat mir die Begeisterung verschiedener Leute bewiesen. Formenkunst als Paralelle der Musik.« (Undatierter

Brief zwischen dem 13. 9. und dem 15. 10. 1897) *August Endell an seinen Vetter Kurt Breysig*, siehe Tillmann Buddensieg: *Zur Frühzeit von August Endell*, S. 238–240. Georg Fuchs war seit 1891 in München als Literat sowie Kunst- und Theaterkritiker führend. Er redigierte die Zeitschrift *Allgemeine Kunstchronik* und galt als Freund der Schriftsteller Karl Wolfskehl und Stefan George. Als Programmatiker der Bühnenreform initiierte er zusammen mit Benno Becker, Max Littmann und Fritz Erler das Künstlertheater der Ausstellung »München 1908«.

309 August Endell: *Um die Schönheit. Eine Paraphrase über die Münchener Kunstausstellungen 1896.* München: Verlag von Emil Franke 1896.

310 Vgl. dazu Graham Dry: *Orchideen als Buchschmuck: Aus einer Sammlung deutscher Jugendstileinbände.* In: *Einband Forschung*, H. 43, Sept. 2018, S. 44–51, und Graham Dry: *Orchideen als Buchschmuck eine ›Orchideenfaches‹.* In: *Bibliotheksmagazin. Mitteilungen aus den Staatsbibliotheken in Berlin und München*, 13. Jg., 38. Ausgabe, Berlin u. München, Juni 2018, S. 5–10.

311 August Endell: *Um die Schönheit*, S. 11.

312 Ebd., S. 9.

313 August Endell: *Um die Schönheit*, S. 10; vgl. Graham Dry: *Orchideen als Buchschmuck: Aus einer Sammlung deutscher Jugendstileinbände*, S. 46.

314 August Endell: *Blumen*, S. 60. Vgl. auch dazu: Graham Dry: *Orchideen als Buchschmuck: Aus einer Sammlung deutscher Jugendstileinbände*, S. 46 ff., und Graham Dry: *Orchideen als Buchschmuck eine ›Orchideenfaches‹*, S. 5–10.

315 August Endell: *Um die Schönheit*, S. 7.

316 Max Halbe: *Jahrhundertwende. Geschichte meines Lebens*, S. 32.

317 Siehe zur künstlerischen Bedeutung von Emmy von Egidy den Aufsatz von Graham Dry: *Einzigartig im deutschen Kunstgewerbe um 1900.* In: Antonia Voit (Hg.): *Ab nach Mün-*

chen. *Künstlerinnen um 1900*. Begleitbuch zur Ausstellung in München vom 12.9.2014 bis 8.2.2015. München 2015, S. 256–261; Johanne von Egidy: *Meine Lebenserinnerungen*. Manuskript, S. 1–13. (Privatarchiv Familie von Egidy).

318 Auffällig ist, dass Emmy von Egidy sich auch in späteren Jahren immer wieder einige Tage mit dem Ehepaar Obrist in Bürgel aufhält, vgl. Graham Dry: *Einzigartig im deutschen Kunstgewerbe um 1900*, S. 259.

319 Siehe den Polizeimeldebogen von Emmy von Egidy im Stadtarchiv München. Dies bestätigen die Polizeimeldebögen von Sophia Goudstikker, Berthe Ruchet und Hermann Obrist im Stadtarchiv München.

320 Dies hat Johanne von Egidy in ihren Lebenserinnerungen berichtet (Johanne von Egidy: *Meine Lebenserinnerungen*. Manuskript, S. 2 f.).

321 Brief von Emmy von Egidy an ihre Eltern vom 20.2.1890. In: Bundesarchiv/Nachlass Moritz von Egidy (N2060, Nr. 029–034).

322 Dies hat Johanne von Egidy in ihren Lebenserinnerungen berichtet (Johanne von Egidy: *Meine Lebenserinnerungen*. Manuskript, S. 2 ff.).

323 Regine Deutsch: Emmy von Egidy. In: *Dokumente der Frauen*. Hg. v. Marie Lang, Bd. 7, Nr. 11, Wien/Leipzig 1902, S. 287–295, hier S. 287.

324 Franz Brümmer: *Lexikon der deutschen Dichter und Prosaisten vom Beginn des 19. Jahrhunderts bis zur Gegenwart*. Bd. 2, 6. Aufl. Leipzig 1913, S. 112.

325 Siehe die Unterlagen zu Emmy von Egidy im Archiv des Münchner Vereins für Naueninteressen e. V.

326 Siehe zur *Jugend*: Bernd Mollenhauer: *Jugendstil in München*, S. 53–55 und zum *Simplicissimus*, S. 56–61, sowie Manuel Gasser: *Die Münchner Graphik um die Jahrhundertwende*. In: Manuel Gasser: *München um 1900*, S. 71–101, und Max Halbe: *Jahrhundertwende. Geschichte meines Lebens*, S. 34 und 350–359.

327 Zu Albert Langen aus zeitgenössischer Perspektive siehe Max Halbe: *Jahrhundertwende. Geschichte meines Lebens*, S. 355–359.

328 Siehe erste Ausgabe des *Simplicissimus* vom 4. 4. 1896. Angabe der Adresse des Redaktionsbüros: »Verlag von Albert Langen, Paris, Leipzig, München. Redaktion und Expedition: München, Kaulbachstrasse 51 a.« Zuvor hatte der Hoffotograf Josef Albert hier seinen Kunstverlag. Vgl. S. 80.

329 Max Halbe: *Jahrhundertwende. Geschichte meines Lebens*, S. 355.

330 Ebd., S. 351.

331 Vgl. Manuel Gasser: *Die Münchner Graphik um die Jahrhundertwende*, S. 71–101.

332 Zum Verleger Georg Hirth aus zeitgenössischer Perspektive, siehe Max Halbe: *Jahrhundertwende. Geschichte meines Lebens*, S. 351–355.

333 Ebd., S. 60.

334 *Jugend. Münchner illustrierte Wochenschrift für Kunst und Leben*. G. Hirths Verlag in München & Leipzig, München 1896, Nr. 1 u. 2, S. 4.

335 Ebd., S. 1 f.

336 Ebd., S. 4 f.

337 Gertrud Bäumer: *Lebensweg durch eine Zeitenwende*, S. 180 und 183.

338 Zur Gründergeneration und ihrer Verknüpfung mit den Literaten und Künstlern der Moderne vgl. Christa Elferich: *Die Gründungsgeschichte des Vereins für Fraueninteressen und die »Münchner Moderne«*. In: Ingvild Richardsen (Hg.): *Evas Töchter*, S. 47–62. Von 1896 bis 1916 sind jährliche Verzeichnisse der Mitglieder des Vereins überliefert. Sie befinden sich in München im Archiv des bis heute bestehenden Vereins für Fraueninteressen e. V. Die Mitgliederlisten aus den Jahren 1894 und 1895 sind verschollen.

339 Zu den Mitgliedern des Vereins vgl. auch *Mitglieder*. In: Verein für Fraueninteressen e. V. (Hg.): *100 Jahre Verein für*

Fraueninteressen. München 1994, S. 9–14. Christa Elferich verweist darauf, dass Frauen jüdischen Glaubens oder jüdischer Herkunft die ersten 40 Jahre des Münchner Vereins und der Frauenbewegung entscheidend mitgestaltet haben. Vgl. Christa Elferich: *Jüdische Frauen im Verein für Fraueninteressen.* In: Ingvild Richardsen (Hg.): *Evas Töchter,* S. 63–65.

340 Vgl.: *Mitglieder.* In: Verein für Fraueninteressen (Hg.): *100 Jahre Verein für Fraueninteressen,* S. 9–14.

341 Später sollten noch Frau Prof. Furtwängler, die Frau des Archäologen und Mutter des Dirigenten Wilhelm Furtwängler, und die Frau des Historikers und Professors Prof. Ludwig Quidde hinzukommen.

342 Siehe Ingvild Richardsen: *Martha Haushofer.* In: Literaturportal Bayern; https://www.literaturportal-bayern.de/auto rinnen-autoren?task=lpbauthor.default&pnd=116539674.

343 Auch Ricarda Huch wird dem Verein noch beitreten, allerdings erst nach 1900.

344 Vgl. auch Christa Elferich: *Jüdische Frauen im Verein für Fraueninteressen,* S. 63–65.

345 Sophia Goudstikker: *Ika Freudenberg und die Frauenbewegung in München.* In: *Die Frau,* 9. Jg., H. 5, 1902, S. 291–293, hier S. 292.

346 Vgl. Verein für Fraueninteressen e. V. München. Mitgliederverzeichnis 1897 (im Archiv des Vereins).

347 Stickerei, Seide auf Seide: Teppich-Stickerei, Wolle auf Wolle; Wandbehang, Stickerei Silber auf Sammet; Wandbehang Seide auf Seide; Tischtuch in Leinen, in Seidenstickerei; Kleines Dekorationsstück, Seide auf Moiré; Kleiner Ofenschirm, Seidenstickerei auf Atlas; daneben aber auch mit Möbeln wie: eichene Truhe, mit schmiedeeisernen Beschlägen, ausgeführt von R. Kirsch und J. Zugschwerdt; vgl. Textchronik zu *Hermann Obrist.* In: Gebhardt Fink/Vogel (Hg.): *Hermann Obrist im Netzwerk der Künste und Medien um 1900,* S. 76 ff.

348 Rudolf Herz: *August Endell in München,* S. 29 ff.

349 Vgl. Dagmar Rinker: *Der Münchner Jugendstilkünstler Hermann Obrist (1862–1927)*, S. 46 f.

350 Anfang des Jahres 1897 spricht er zum Thema *Was sollen Künstler und Publikum thun zur Hebung des Kunstgewerbes* (Archiv des Vereins für Fraueninteressen e. V. München: *3. Jahrbuch des Vereins für Fraueninteressen*, S. 5). Am 23. Februar reflektiert er im Münchner Kunstgewerbehaus über *Stillstehen und Fortschreiten im Kunstgewerbe* (*Münchner Neueste Nachrichten*, Nr. 92, 26. 2. 1897; *Zeitschrift des Bayerischen Kunstgewerbevereins*, April 1897; *Kunstgewerbliche Rundschau*, S. 39; *Kunst für Alle*, Jg. 12 [1897], II, 13, S. 204–205; dort eine ausführliche Zusammenfassung des Vortrages). Der Inhalt ist überliefert: »Ziel der neuesten Bestrebungen im Kunstgewerbe sei das ›Erfinden neuer Formen, neuer konstruktiver Gebilde, neuer Verarbeitungsarten in neuen Farben und neuen Materialien‹. Dabei dürfe man sich nicht länger auf die Nachahmung vergangener Stile, die Entwicklung neuer technischer Fähigkeiten oder den Import ausländischer Moden stützen. England sei Deutschland auf dem Weg vorangegangen, da dort die Künstler einen ›Sinn für das Materialechte‹ und die ›Klarheit in den konstruktiven Gefügen‹ besässen.« (Vgl. auch Dagmar Rinker *Der Münchner Jugendstilkünstler Hermann Obrist, 1862–1927*, S. 265.) Im Herbst 1897 äußert er sich zum Thema *Hat das Publikum Interesse das Kunstgewerbe zu heben* (vgl. Dagmar Rinker, ebd., S. 265).

351 Nachlass Lou Andreas-Salomé, Göttingen; vgl. Rudolf Herz: *August Endell in München*, S. 34.

352 Rainer Maria Rilke: *Münchner Brief*, Beilage zur *Bohemia*, Nr. 258, Prag, 17. Sep. 1897. S. 1.

353 Rainer Hartl: *Aufbruch zur Moderne*, S. 324.

354 Ernst von Wolzogen: *Wie ich mich ums Leben brachte*, S. 154–156. Wolzogen zufolge ist sie durch die *Freie literarische Gesellschaft* aufgeführt worden. Im *Jahresbericht der Gesellschaft zur Förderung geistiger Interessen der Frau* steht

allerdings der *Akademisch-Dramatische Verein*, dessen Spielleiter Wolzogen ebenfalls war. (Vgl. *4. Jahrbuch des Vereins für Foueninteressen e. V.*, 1898, S. 13).

355 *4. Jahrbuch des Vereins für Foueninteressen e. V.*, 1898, S. 13.

356 Ernst von Wolzogen: *Wie ich mich ums Leben brachte*, S. 156.

357 Verein für Foueninteressen e. V. siehe Unterlagen zu Max Haushofer (3. Jb. 1897, S. 4).

358 Hier erfährt man auch, dass er anscheinend der allererste Mann gewesen ist, der im Frauenverein einen Vortrag gehalten hat, nämlich über *Die Ehefrage im Deutschen Reich*, also anscheinend noch vor Obrist.

359 Gertrud Bäumer: *Lebensweg durch eine Zeitenwende*.

360 Ernst Garleb: *Ein deutscher Dichter an der Wende des Jahrhunderts*, S. 49.

361 Verein für Foueninteressen, 4. Jb. 1898, S. 11, Anm. 5; Jb. 1899, S. 6. Als der Verein 1897 im Verein einen »Vorbereitungskurs für Fabrikinspektorinnen« durchführt, ist es Prof. Max Haushofer, der im Rahmen dessen unentgeltlich einen Kurs über *Grundzüge der Volkswirtschaft* abhält.

362 Belegt durch eine Bauakte vom April 1898 (Tectur-Plan Nr. 66): *Tectur-Plan zur Ladenauswechslung Von Der Tannstr. 15. Neuherstellung des Façadenputzes über den Laden für Fräulein Dr. Anita Augspurg & Sophia Goudstikker*. Auf dem Plan ist das Mietshaus Von-der-Tann-Straße 15 abgebildet. Er zeigt, dass sich das Fotoatelier zu diesem Zeitpunkt noch immer im Parterre des Mietshauses befindet. Aus ihm geht hervor, dass Anita Augspurg und Sophia Goudstikker die Neuherstellung des Fassadenputzes über den Laden beantragt haben. Siehe den umfangreichen Polizei-Meldebogen Sophia Goudstikker (DE-1992-PMB-G-560) im Stadtarchiv München, des Weiteren dann auch den von Anita Augspurg.

363 Bauakte der Lokalkommission Von-der-Tannstraße 15 (LBK 10 240), Stadtarchiv München.

364 August Endell: *Architektonische Erstlinge*. In: *Dekorative Kunst* 3. Jg., 1899/1900, H. 8 (Mai 1900), S. 297.

365 Der Brief findet sich in: Rudolf Herz: *August Endell in München*, S. 30.

366 Nachlass Lou Andreas-Salomé, Göttingen; vgl. Rudolf Herz: *August Endell in München*, S. 33.

367 Ebd., S. 34 f.

368 Der Brief, den er an seinen Cousin Breysig schreibt, findet sich in: Rudolf Herz: *August Endell in München*, S. 30.

369 Heymann/Augspurg: *Erlebtes – Erschautes*, S. 18 f.

370 Vgl. auch Christiane Henke: *Anita Augspurg*, S. 51 f.

371 Gutachten von Gustav Vogt vom 22. Juni 1897 (Promotionsakte Anita Augspurg: STAZ U: 105 h4).

372 Anita Augspurg an Minna Cauer, Burg Syrgenstein, 19. August 1897, abgedruckt in: *Feministische Studien* I/1894, S. 35–38, hier S. 36 f. Vgl. Christiane Henke: *Anita Augspurg*, S. 52.

373 Vgl. Polizeimeldebogen von Anita Augspurg im Stadtarchiv München.

374 Vgl. zu diesem Abschnitt auch Christiane Henke: *Anita Augspurg*, S. 52 ff.

375 Heymann/Augspurg: *Erlebtes – Erschautes*, S. 32.

376 Vgl. Minna Cauer: *Skizzen aus meinem Leben, 1900–1907*. Eintrag vom 14. Juli 1907: https://www.digitales-deutsches-frauenarchiv.de/themen/die-tagebuecher-minna-cauers-einblicke-die-gefuehls-und-gedankenwelt-einer-frauenrechtlerin; vgl. Christiane Henke: *Anita Augspurg*, S. 53.

377 Vgl. Christiane Henke: *Anita Augspurg*, S. 52.

378 Siehe zu Minna Cauer: Heymann/Augspurg: *Erlebtes – Erschautes*, S. 22 f. und 88. 1888 hatte Minna Cauer in Berlin den Verein *Frauenwohl* gegründet und die Gründung gleichnamiger Frauenvereine zum Beispiel in Danzig, Königsberg, Frankfurt a. d. Oder, Breslau, Bonn und Hamburg gefördert. Deren Ziel war es, Einfluss auf die weibliche Erziehung zu gewinnen, eine Reform des Mädchenschulwesens zu erreichen und die Erwerbstätigkeit der Frauen auszudehnen, ihnen neue Berufsarten auf wissenschaftlichen und gewerblichen Gebieten zu eröffnen.

379 Heymann/Augspurg: *Erlebtes – Erschautes*, S. 22 f. Siehe zum radikalen Flügel der bürgerlichen Frauenbewegung im Vergleich zum gemäßigten, konservativen auch ebd., S. 85 ff.; vgl. auch Daniela Weiland: *Geschichte der Frauenemanzipation*, S. 220–228; vgl. auch Christiane Henke: *Anita Augspurg*, S. 52 ff.

380 Vgl. Minna Cauer: *Skizzen aus meinem Leben, 1900–1907*. Zu Minna Cauers Tagebüchern siehe https://www.digitales-deutsches-frauenarchiv.de/themen/die-tagebuecher-minna-cauers-einblicke-die-gefuehls-und-gedankenwelt-einer-frauen rechtlerin.

381 Dies alles ist durch Josefine Brachvogel überliefert, die mit Carry Brachvogels Enkel, Wolfgang Brachvogel, verheiratet war und Carry Brachvogels Tochter Feodora persönlich gekannt hat.

382 Julius Moses: *Die Lösung der Judenfrage. Eine Rundfrage veranstaltet von Dr. Julius Moses*, Berlin-Leipzig: C. Wigand 1907, S. 111.

383 *Frauenzeitung*. In: *Münchner Neueste Nachrichten*, Nr. 160, S. 27.

384 Ernst von Wolzogen: *Wie ich mich ums Leben brachte*, S. 182 f.

385 Rainer Maria Rilke: *Frau Carry Brachvogel*. In: *Advent*. 1. Aufl. Leipzig: P. Friesenhahn 1898, S. 27.

386 Siehe zum Bild und zum gesamten Komplex: Ingvild Richardsen: *Die Fraueninsel. Auf den Spuren der vergessenen Künstlerinnen von Frauenchiemsee*. München 2017.

387 Vgl. zur Rechtsschutzstelle für Frauen: Verein für Fraueninteressen (Hg.): *100 Jahre Verein für Fraueninteressen*. Zusammengestellt von Renate Lindemann. München 1994, S. 37–39. Zu den festen Mitarbeiterinnen außer Emma Merk gehören: Anna Huber, Franziska von Braunmühl, Martha Haushofer, Friederike von Belli de Pino.

388 Gertrud Bäumer: *Lebensweg durch eine Zeitenwende*, S. 190 f.

389 Das Verzeichnis der im Vereinsjahr 1898 an den kleinen Mitgliederabenden gehaltenen Vorträge und Referate findet

sich im Archiv des Vereins für Fraueninteressen e. V. München.

390 Otto Salzer: *Wie ich ein moderner Kunstgewerbler wurde.* In: *Jugend*, 3. Jg., 23. April 1898, Nr. 17, S. 284–286.

391 Siehe im Stadtarchiv München die umfangreiche Akte zu der Von-der-Tannstr. 15: Lokalbaukomission, LBK 10 240. In ihr finden sich auch Endells vorgelegte Skizzen zur Fassade.

392 Ebd.

393 LBK 10 240, Stadtarchiv München. 14. 6. Abbrucharbeiten; 21. 6 Beginn der Fundierungsarbeiten; 6. 7. Fortsetzung des Kellermauerwerks; 15. 7. Fortsetzung des Mauerwerks im Erdgeschoss; 20. 7. Fortsetzung des Mauerwerks im 1. Stock; 28. 7. Aufschlagen des Eisengerippes; 1. 8. Dachdeckungs- und Putzarbeiten; 26. 9. – 8. 11. Vollendungsarbeiten. Beim Wohnhaus liegt die Durchführung bei Liebermann & Lehmann.

394 Brief vom 8. 12. 1898. Zitiert nach Tillmann Buddensieg: *Zur Frühzeit von August Endell*, S. 241.

395 Josef Hartwig: *Leben und Meinungen des Bildhauers Josef Hartwig.* Frankfurt am Main 1955, S. 12 ff.

396 Friedrich Ahlers-Hestermann: *Stilwende. Aufbruch der Jugend um 1900.* Berlin 1941, S. 32/33; Karl Scheffler: *Die fetten und die mageren Jahre*, S. 24 f.

397 Seine Unzufriedenheit mit dem ganzen Bau schildert er 1899/1900 in jeder Einzelheit: *Architektonische Erstlinge.* In: *Dekorative Kunst*, 3. Jg., H. 8, 1899/1900, S. 300.

398 Vgl. dazu auch Marcus Behmer: *Notizen aus der Erinnerung.* In: *Jugendstil. Baukunst und Werkform*, H. 9, 1952, S. 31 – 40, hier S. 33.

399 Fritz Schumacher: *Stufen des Lebens. Erinnerungen eines Baumeisters.* Stuttgart und Berlin: Deutsche Verlags-Anstalt 1935, S. 161.

400 Doppelseite aus einer Kneipzeitung zum Stiftungsfest des Akademischen Architekturvereins München. Akademischer Architektenverein München, Kneipzeitung zum Stiftungsfest

München (1898). Sie findet sich in der Handschriftensammlung der Bayerischen Staatsbibliothek in München (Sign: 2 L. sel.I 1236–16/17#16).

401 Auch den späteren Erinnerungen des ausführenden Stukkateurs und späteren Bildhauers Josef Hartwig zufolge war die Farbe für die Fassade, für die plane Hintergrundfläche grasgrün, die Ornamente in »helleren Farben« gehalten, welche Farben das waren, das allerdings sagt er nicht. Vgl. Josef Hartwig: *Leben und Meinungen des Bildhauers Josef Hartwig.* Frankfurt am Main 1955, S. 13.

402 Johanne von Egidy: *Meine Lebenserinnerungen.* Manuskript, S. 6.

403 Graham Dry: *Orchideen als Buchschmuck: Aus einer Sammlung deutscher Jugendstileinbände,* S. 48. Ein Aufsatz zum Thema ist in Vorbereitung.

404 So zum Beispiel auch beim ›Langen Eugen‹ in Bonn, oder den ›Gürken‹ (Hochhaus) in der Londoner City.

405 Vgl. zur Architektur und Gestaltung des Ateliers Rudolf Herz: *Hof-Atelier Elvira*, S. 81.

406 Alte Fotografien, die die Innengestaltung des Ateliers zeigen, befinden sich im Münchner Stadtmuseum und im Stadtarchiv München.

407 Vgl. dazu auch Rudolf Herz: *Hof-Atelier Elvira*, S. 8. Wie die Inneneinrichtung des Ateliers aussah und wie es damals im Fotoatelier Elvira zuging, wenn man es als Kunde betrat, wird in einem Roman von Frieda Bülow ausführlich geschildert. Dass das Innere des Ateliers einen starken Eindruck vor allem auch auf Männer gemacht haben muss, auch dies lässt sich der Novelle von Frieda Bülow entnehmen. Sophia Goudstikker und der Empfangsraum des Ateliers sind hier deutlich zu erkennen. Siehe Frieda Bülow: *Sie und Er.* Dresden/Leipzig: Reißner 1902, S. 111 f.

408 Vgl. dazu auch Rudolf Herz: *Hof-Atelier Elvira*, S. 81.

409 In der *Allgemeinen Photographen-Zeitung* vom November 1899, Nr. 35, S. 331 ff., hier S. 332.

410 Zuerst in der Von-der-Tann-Straße 15, zuletzt in der Kaulbachstraße 51a/III.

411 Siehe Polizeimeldebogen von Sophia Goudstikker und Ika
Freudenberg im Stadtarchiv München. In beider Meldebogen steht, dass sie am 5.7.1899 in das fertiggestellte Haus in
der Königinstraße 3a gezogen sind. Während Ika Freudenberg in einer Wohnung im Parterre wohnt, wohnt Sophia
Goudstikker im 2. Stock.

412 Heymann/Augspurg: *Erlebtes – Erschautes*, S. 14.

413 Vgl. auch Rudolf Herz: *Hof-Atelier Elvira*, S. 76.

414 Vgl. *Süddeutsche Photographenzeitung*, April 1894, S. 30.

415 *Photographische Chronik*, Halle a. S., Jg. 1895, Nr. 17, S. 130.

416 Das erwähnte Porträt von Sophia Goudstikker findet sich in
Photographische Chronik, Jg. 1894, Nr. 49, S. 874.

417 Gesetz- und Verordnungsblatt für das Königreich Bayern,
München 1898, Nr. 22, S. 261. Die Titelvergabe ist nicht vermerkt.

418 STAM: Pol. Dir. Mü 592. Des Weiteren besaß sie zu diesem
Zeitpunkt auch den Titel S. K. H. des Prinzen Alphons von
Bourbon und S.k.H. des Prinzen Albert von Belgien, ferner
die »Goldene Medaille für Kunst und Wissenschaft«. Siehe
Polizeimeldebogen von Sophia Goudstikker im Stadtarchiv
München.

419 Vgl. zum gesamten Abschnitt Rudolf Herz: *Hof-Atelier Elvira*, S. 77.

420 Vgl. Polizeimeldebogen von Sophia Goudstikker im Stadtarchiv München.

421 Einbürgerungsakte Nr. 1898/2270 im Stadtarchiv München
und Polizeimeldebogen Sophia Goudstikker.

422 Vgl. Rudolf Herz: *Hof-Atelier Elvira*, S. 113.

423 Siehe Polizeimeldebogen von Mathilde Goudstikker im Stadtarchiv München. Als ihr Beruf wird Fotografin angegeben.
Seit dem 15.3.1897 wohnt sie bei ihrer Schwester in der Kaulbachstraße 51a, ab dem 11.9.1899 in der Königinstraße 3a/0.
Im neuen Jahrhundert wird sie den Münchner König-

lichen Architekten Sigismund Göschel (1875–1962) heiraten.

424 Johanne von Egidy: *Meine Lebenserinnerungen*. Manuskript, S. 5 f.

425 Vgl. zu dem Roman auch Karl Federn: *Die Romane Emmy v. Egidys*. In: *Essays zur vergleichenden Literaturgeschichte. Eine Sammlung von Zeitschriftenaufsätzen des österreichischen Übersetzers und Schriftstellers Karl Federn (1868–1943)*. München u. Leipzig: Georg Müller Verlag 1904.

426 Diese Informationen verdanke ich Prof. Dr. Till von Egidy, der mir zahlreiche Zeugnisse und Quellen zu Emmy von Egidy vermittelt und zur Verfügung gestellt hat, darunter auch einen Brief des Sohnes von Wilhelm von Polenz an ihn selbst, der aus dem Jahr 1961 stammt und in dem auch das Liebesverhältnis zwischen seinem Vater und Emmy von Egidy zur Sprache kommt.

427 Seinen Artikel druckt der Verlag damals am Ende des Buches unter »Urteile der Presse« ab. Emmy von Egidy: *Marie-Elisa*. 3. Aufl. Dresden u. Leipzig: Pierson Verlag 1898, S. 313 f.

428 Siehe zur Gründung der Vereinigten Werkstätten für Kunst im Handwerk, Dagmar Rinker: *Der Münchner Jugendstilkünstler Hermann Obrist (1862–1927)*, S. 58–69.

429 Vgl. zu dem gesamten Abschnitt Graham Dry: *Einzigartig im deutschen Kunstgewerbe um 1900*, S. 258 f. mit Abbildung.

430 Ebd., S. 257 f. mit Abbildung des Wandbrunnens.

431 Ebd., S. 258.

432 Vgl. ebd., S. 260.

433 Gabriele Reuter: *Frau Bürgelin und ihre Söhne*. In der Reihe *Vom Fels zum Meer*. Bd. 35/Bd. 36. Stuttgart: Spemann 1898–1899. 1899 folgt eine Hardcover-Ausgabe bei S. Fischer in Berlin.

434 Vgl. dazu auch: Dagmar Rinker: *Gabriele Reuters Roman »Frau Bürgelin und ihre Söhne*. In: *Der Münchner Jugendstilkünstler Hermann Obrist (1862–1927)*, S. 159–163.

435 Kurt Martens: *Frau Bürgelin und ihre Söhne*. In: *Das literarische Echo*, 2. Jg. (Berlin 1899–1900), S. 794.

436 Gabriele Reuter: *Frau Bürgelin und ihre Söhne*. In der Reihe *Vom Fels zum Meer*. Bd. 36, S. 40.

437 Gabriele Reuter: *Vom Kinde zum Menschen*, S. 369.

438 Ebenso Obrist in einem Brief vom 17. Mai 1889 an Martin Reuter in Weimar: »Deiner Schwester Roman aus Argentinien habe ich gelesen und für sie durchgesehen. Ich kann mit Vergnügen sagen und dich darüber beruhigen, dass ich mich darüber vorzüglich unterhalten habe.«

439 Es war Ulrich Hauer, der die Vaterschaft in einem Aufsatz offenlegte: *Gabriele Reuter. Jugendjahre in Alt- und Neuhaldensleben*. In: *Jahresschrift der Museen des Landkreises Börde*, Bd. 49 (16). Haldensleben 2009, S. 37–74; Vgl. Clemens Rüttenauer: *Benno Rüttenauer Homepage:* https://bennoruettenauer.wordpress.com/2011/01/15/gabriele-reuter.

440 Zu dem Ort Leoni siehe Christoph Lehmann: *Josef Leoni. Ein Italiener am Starnberger See* (Reihe: *Vergessenes Bayern*). München 2018. Und: *Evas Töchter und ein Fundstück aus Leoni*. In: QUH; https://quh-berg.de/evas-toechter-und-ein-fundstueck-aus-leoni/23. August 2018.

441 Benno Rüttenauer: *Agathe*. In: *Die Nation. Wochenschrift für Politik, Volkswirtschaft und Litteratur*, Jg. 13 (1895/96), Nr. 52, S. 784–786.

442 Vgl. Clemens Rüttenauer: Benno Rüttenauer Homepage: https://bennoruettenauer.wordpress.com/2011/01/15/gabriele-reuter.

443 Ernst von Wolzogen: *Wie ich mich ums Leben brachte*, S. 187.

444 In den bis 1916 überlieferten Mitgliederlisten taucht Gabriele Reuter bis zum Jahr 1916 als Mitglied des Vereins für Fraueninteressen e. V. auf. Die Mitgliederlisten befinden sich im Archiv des Vereins für Fraueninteressen e. V. in München.

445 Helene Böhlau: *Halbtier*. Berlin: Verlag F. Fontane & Co. 1899. Helene Böhlaus Werke lassen sich zwei Themengruppen zuordnen. Zum einen befasst sich die in Weimar gebo-

rene Schriftstellerin mit dem emanzipatorischen Recht der Frau, zum anderen mit der Altweimarer Vergangenheit. Ihre frühen, vom Naturalismus beeinflussten feministischen Romane erregen großes Aufsehen, insbesondere *Halbtier*. In der Engagiertheit ihres Werks spiegelt sich die naturalistische Programmatik, der es um eine Verbesserung des sozialen Zustands der Gesellschaft geht. Über seine Zeit hinaus weist *Halbtier* auch auf den sich um 1910 formierenden Expressionismus voraus.

446 Ebd., S. 201.

447 Gisela Brinker-Gabler: *Perspektiven des Übergangs. Weibliches Bewusstsein und frühe Moderne.* In: Gisela Brinker-Gabler (Hg.): *Deutsche Literatur von Frauen.* Bd. 2. München 1988, S. 169–205.

448 *Helene Böhlau.* In: Wilhelm Zils (Hg.): *Geistiges und künstlerisches München in Selbstbiographien*, S. 6f.

449 Ernst von Wolzogen: *Das dritte Geschlecht.* Berlin: Eckstein Verlag 1899.

450 Angemerkt sei an dieser Stelle auch, dass Wolzogen sein Buch nicht Franziska zu Reventlow gewidmet hat, wie bis heute von der Forschung behauptet wird. Wolzogen hat sein Buch unter »Lily von Robicek« einer völlig anderen Frau gewidmet, die er in seinen Lebenserinnerungen beschrieben, aber deren wahre Identität er absichtlich geheim gehalten hat. Bis heute ist nicht entschlüsselt, wer diese Frau tatsächlich war. Reventlow jedenfalls nicht. Die Dame, die er unter Lily von Robicek beschreibt, hat in München mit einem Mediziner zusammengelebt, diesen später auch geheiratet und ist dann mit ihm nach Berlin gezogen; vgl. Ernst von Wolzogen: *Wie ich mich ums Leben brachte*, S. 184–186.

451 Ernst von Wolzogen: *Das dritte Geschlecht*, S. 170f.

452 Ebd., S. 92; vgl. S. 168 zur »Revolution der Tanten«.

453 Von vielen Männern wird in jener Zeit betont, dass Frauenrechtlerinnen über kein Geschlechtsleben verfügen. Es ist dies ein (Schein-) Argument, das man in den Publikationen

der Zeit häufig unter dem Stichwort »Mannweib« abgehandelt findet.

454 Vgl. Heinrich Pudor: *Das Rauschbedürfnis des Menschen 1899.* In: *Zürcher Diskußjonen,* No. 23–24 (1899), S. 9.

455 Johannes Schlaf: *Absinth.* In: *Simplicissimus,* 4. Jg., H. 33 (erschienen am 11. 11. 1899), S. 262 f.

456 Max Haushofer: *Planetenfeuer.* Stuttgart: Cotta 1899. Heute wird der Roman meist nur als Vertreter der frühen Science-Fiction gesehen, tatsächlich aber ist er eine Studie zu damals aktuellen politischen und gesellschaftlichen Fragen. Der BR brachte *Planetenfeuer* 2010 in der Bearbeitung von Martin Otter als Hörspiel. Vgl. auch Martin Otter: »*Und wenn ich auch zwischendurch sterben müsst: stets werdet ihr wieder lebendig geküsst!*« In: Ingvild Richardsen (Hg.): E*vas Töchter,* S. 193–210, hier S. 203.

457 Selbstanzeige zu *Planetenfeuer* von Max Haushofer. In: *Die Zukunft.* Hg. v. Maximilian Harden. VII. Jg., Berlin 1899.

458 Vgl. auch Martin Otter: »*Und wenn ihr auch zwischendurch sterben müsst: stets werdet ihr wieder lebendig geküsst!*«, S. 203.

459 Noch heute existiert er in München unter diesem Namen und führt seit 2007 als sein Symbol das lilafarbene Ornament, das August Endell 1898 in Zusammenarbeit mit Sophia Goudstikker und Anita Augspurg für das Fotoatelier Elvira und als Symbol für die Münchner Frauenbewegung entworfen hat.

460 Verein für Graueninteressen (Hg.): *100 Jahre Verein für Graueninteressen.* München 1894, S. 5.

461 Verein für Fraueninteressen e. V. (Hg.): *6. Jahresbericht 1899,* zugleich Bericht über die Generalversammlung vom 2. März 1900, S. 3 f.

462 Verein für Fraueninteressen (Hg.): *100 Jahre Verein für Graueninteressen,* S. 20. Zum ersten Allgemeinen bayerischen Frauentag, seiner Wirkung und den Erfolgen des Vereins für Graueninteressen siehe ebd., S. 20–25.

463 Das damals verschickte Einladungsschreiben mit dem Programm befindet sich im Archiv des Vereins für Fraueninteressen e. V. München und auch in der Bayerischen Staatsbibliothek.

464 Ebd.

465 Neben der *Münchner Stadtchronik* erstatten die *Münchner Neuesten Nachrichten,* Vorläufer der *Süddeutschen Zeitung,* täglich Bericht über die Vorträge und Diskussionen. Weitere Zeitungen wie der *Münchner Generalanzeiger* oder das Münchner Adelsorgan *Salonblatt* kommentieren den bayerischen Frauentag zustimmend, wenn auch weniger ausführlich.

466 Siehe zum Münchner Künstlerinnenverein: Carry Brachvogel: *Künstlerinnen-Verein München 1882–1932.* In: *Münchner Neueste Nachrichten,* »Die Frau«, Nr. 275, 9. 10. 1932; Ingvild Richardsen: *Malweiber und wirkliche Künstlerinnen.* In: Literaturportal Bayern. München 2018; https://www.literatur portal-bayern.de/ortelexikon?task=lpbplace.default&id=932: *Damenakademie.* In: Literaturportal Bayern. München 2018. https://www.literaturportal-bayern.de/ortelexikon?task= lpbplace.default&id=935: Yvette Deseyve: *Der Künstlerinnen-Verein München e. V. und seine Damenakademie. Eine Studie zur Ausbildungssituation von Künstlerinnen im späten 19. und frühen 20. Jahrhundert* (= *Kunstwissenschaften.* Bd. 12). München 2005.

467 Die kurze inhaltliche Darstellung der auf dem ersten bayerischen Frauentag gehaltenen Vorträge folgt der Berichterstattung und der Darstellung in den *Münchner Neuesten Nachrichten* vom 20. bis 24. 10. Oktober, Nr. 484, 485, 486, 487, 488, 489, 490 und 491.

468 Das gesamte Programm des Bayerischen Frauentages von 1899 befindet sich im Archiv des Vereins für Fraueninteressen e. V. und in der Bayerischen Staatsbibliothek.

469 Der Vortrag ist überliefert und befindet sich seit 2018 im Literaturarchiv der Monacensia im Hildebrandhaus.

470 *Münchner Neueste Nachrichten*, 21. 10. 1899, Nr. 486, Vor-abendblatt, S. 3 ff.

471 *Münchner Neueste Nachrichten*, 22. 10. 1899, Nr. 488 und 23. 10. 1899, Nr. 489, S. 8 f.

472 *Münchener Zeitung*. General-Anzeiger der kgl. Haupt- und Residenzstadt München vom 24. 10. 1899, S. 3.

473 Der Text der Festspiels und alle Szenenfotografien sind erst-mals veröffentlicht in Ingvild Richardsen (Hg.): *Evas Töchter*, S. 158–187.

474 Das von Sophia Goudstikker Marie Haushofer geschenkte Album hat die Familie Haushofer vor einigen Jahren dem Stadtarchiv München als Schenkung überlassen.

475 Verhandlungen der Kammer der Abgeordneten des bayeri-schen Landtags. In: *Stenographische Berichte* 1899, Bd. IV, Nr. 121, S. 101.

476 Joseph Rheinberger: *Maitag*. Gedicht von Fanny Hoffnaass; ein lyrisches Intermezzo von 5 dreistimmigen Frauenchören mit Clavierbegleitung; op. 64. Bremen: Aug. Fr. Cranz 1873.

477 *Münchener Zeitung*. General-Anzeiger der kgl. Haupt- und Residenzstadt München vom 24. 10. 1899, S. 3.

478 *Münchner Neueste Nachrichten*, 52. Jg., 24. 10. 1899, Nr. 491. Auszug: Dienstag 24. Oktober 1899.

479 *Münchener Salonblatt. Süddeutsches Adelsorgan. Anzeiger der Landesabteilung Königreich Bayern der deutschen Adelsgenos-senschaft.* Hg. Dr. Wilhelm Ruland. Nr. 7, 28. Oktober.

480 Helen Watanabe-O'Kelly: *Transgressivität oder Konformi-tät? Die Figur der Kriegerin in Festspielen der deutschen und englischen Frauenbewegung um 1900.* In: Remmert, Heiner; u. a. (Hg.): *Theater als Fest, Fest als Theater. Bayreuth und die moderne Festspielidee.* Bayreuth/Leipzig 2010, S. 60–77 und S. 313.

481 Vgl. *Mitteilungen aus der bayerischen Frauenbewegung*, 1. Jg., H. 4, 15. 12. 1902, S. 4.

482 Helen Watanabe-O'Kelly: *Transgressivität oder Konformi-tät?*, S. 73. Watanabe-O'Kelly berichtet, dass das aus dem

Jahr 1909 stammende englische Festspiel *A Pageant of Great Women* von Cicely Hamilton, das gleichfalls neue Wege der Weiblichkeit propagiere, schon deutlich offensiver vorgehe. Gleich mehrere Szenen boten den Schauspielerinnen hier die Möglichkeit, in männliche Rollen zu schlüpfen, wobei dieses »Cross-Dressing« kein Zufall ist. Und so seien denn auch die Figuren der englischen militärischen Heldinnen Christian Davies und Hannah Snell in der Uraufführung des Stücks von den Lesben Cicely Hamilton und Christopher St. John in Hosen verkörpert worden. Die Bühne, seit jeher Freiraum für das Spiel mit Geschlechtervorstellungen, hätte diesen Frauen die Möglichkeit geboten, ihre Sexualität anzudeuten, viel offener als das in Deutschland damals möglich war.

483 Vgl. Verein für Fraueninteressen (Hg.): *100 Jahre Verein für Fraueninteressen*, S. 21.

484 Vgl. zu den Bayerischen Frauentagen ebd., S. 21 f.

485 *Ludwig Thoma: Amalie Mettenleinter. Ein Beitrag zur Frauenbewegung.* In: *Simplicissimus,* 4. Jg., H. 3, S. 18. Erschienen am 15. 4. 1899.

486 *Bekenntnis.* Von Peter Schlemihl (Pseudonym von Ludwig Thoma). In: *Simplicissimus,* 4. Jg., H. 33, S. 263. Erschienen am 11. 11. 1899.

487 Siehe dazu auch den Artikel von Wilhelm Wichtel über Münchner Dichterinnen aus dem Jahr 1907: »Franziska Gräfin zu Reventlow, als Übersetzerin seit langem bestens bekannt, verdankt ihre literarische Position fast einzig der im Jahre 1909 erschienenen Romandichtung ›Ellen Olestjerne‹. Es ist der Roman einer Frau, die sich unter schweren Kämpfen, aller schrecklichen Wunden nicht achtend, aus den Banden nicht nur der gesellschaftlichen, sondern auch der weniger anspruchsvollen bürgerlichen Moral losgerungen hat. Ellen Olestjerne macht den Versuch, allen Anforderungen der sogenannten sexuellen Sittlichkeit zu entgehen, weil sie in ihnen eine schmähliche Mißachtung des menschlichen Selbstbestimmungsrechtes erblickt. Sie wird zur Kämpferin,

nicht aus Prinzip, nicht aus sozialen Erwägungen, nicht aus schwesterlichen Mitgefühl mit ihren Lebensgenossinnen, sondern aus einfachem, selbstverständlichen Freiheitstrieb, der kein Opfer scheut, um zu der ersehnten Unabhängigkeit zu gelangen.« (*Münchner Dichterinnen*. Von Wilhelm Wichtel (8 Fotos von Philip Kester). In: *Über Land und Meer,* 49. Jg., 98. Bd., 1907, Nr. 33, S. 838).

488 Hier wurde eine völlig falsche Erinnerungskultur geschaffen, weil immer nur die gleichen Werke nicht nur gelesen, sondern auch an vorderster Stelle aus ihnen zitiert wurde. Ausgehend von Münchner Literaturwissenschaftlern und Historikern hat in den letzten Jahren die Auseinandersetzung und Aufarbeitung mit den zahlreichen falschen Mythen, die über Schwabing, die Boheme und Franziska zu Reventlow im Umlauf sind, stattgefunden, zuletzt in dem erst jüngst in der *FAZ* rezensierten Sammelband *Topographie und Erinnerung. Erkundungen der Maxvorstadt,* der 2017 von Klaus Bäumler und Waldemar Fromm 2017 in München herausgegeben wurde (25. 1. 2018, Nr. 21; *Locker im Raster* von Ruth Maria Bahners). Vgl. auch Ingvild Richardsen: *In sich gefangen*. Rezension zu Kerstin Deckers Biographie: Franziska zu Reventlow. Berlin 2018 in der *FAZ* vom 22. 8. 2018.

489 Else zu Reventlow hat mit ihrer Gesamtausgabe den Grundstein gelegt für den Nimbus um Franziska zu Reventlow. Bezeichnenderweise fehlt in der von ihr veranlassten Gesamtausgabe der Werke Franziska zu Reventlows der Text *Was Frauen ziemt* bzw. *Viragines und Hetären.*

490 Franziska zu Reventlow: *Viragines und Hetären*. In: *Zürcher Diskußjonen.* Hg. v. Oskar Panizza, 2. Jg., Nr. 22 (1899).

491 Im amtlichen Formular ist als Vater der Maler Stefan Kalinschey angegeben. Das hat aber für die Autorin nie eine Rolle gespielt.

492 Franziska zu Reventlow: *Sämtliche Werke, Briefe und Tagebücher.* Hg. v. Michael Schardt. Bd. 5: *Gedichte, Skizzen, Novellen, Sonstiges.* Hg. v. Baal Müller. Oldenburg 2004, S. 218.

493 Ebd., S. 217, 219; Reventlows Anmerkungen zur Frauenbewegung in den Beiträgen *Das Männerphantom der Frau* (1898) und *Viragines oder Hetären?* (1899) konzentrieren sich auf die »gebildete, gutsituierte Frau, […] nicht auf Frauen aus der Arbeiterschicht«.

494 Ernst von Wolzogen: *Wie ich mich ums Leben brachte*, S. 184.

495 Siehe dazu auch: Ingvild Richardsen: *Modernsein. 1894–1933.* In: Ingvild Richardsen (Hg.): *Evas Töchter*, S. 220–267, hier S. 259 ff.; und Ingvild Richardsen: *Evas Töchter. Wie der Nationalsozialismus die Frauenbewegung und ihre Netzwerke in München zerstörte.* In: *aviso. Zeitschrift für Wissenschaft und Kunst in Bayern*, H. 1/2019: *Frauen. Gleiche Chancen – Andere Mögllchkeiten*, S. 16–23.

496 Vgl. Verein fürRaueninteressen (Hg.): *100 Jahre Verein für Raueninteressen*, S. 63 f.

497 Rede Hitlers vor dem Frauenkongress in der Luitpoldhalle Nürnberg am 13. 5. 1935. Deutsches Rundfunkarchiv, Archivnr. 2965999/1.

498 Ebd., S. 76.

499 Vgl. Christiane Henke: *Anita Augspurg*, S. 94–96.

500 Heymann/Augspurg: *Erlebtes – Erschautes*, S. 6.

501 Heymann/Augspurg: *Erlebtes – Erschautes*, S. 326.

502 Vgl. auch ebd., *Vorwort*.

503 Theo Lau: *Das Atelier Elvira und der Röhmputsch.* München (unveröffentl. Manuskript 1985). Im Stadtarchiv München.

504 Rudolf Herz: *Von-der-Tannstraße 15. Zur Geschichte eines Hauses und seiner Straße*, S. 43–62; Rudolf Herz: *August Endell in München*, S. 285–286. Der Brief findet sich in der Bauakte 10 240 der Lokalbaukomission im Stadtarchiv München.

505 Josef Hartwig: *Leben und Meinungen des Bildhauers Josef Hartwig.* Gedruckt im Jahre 1955 in der Hausdruckerei der Bauerschen Gießerei, Frankfurt am Main, S. 14.

506 Vgl. Ingvild Richardsen: *1000 unheimliche Fangarme.* München 2018. In: Literaturportal Bayern. https://www.literaturportal-bayern.de/ortelexikon?task=lpbplace.default&id=912.

507 1985/86 fand in München erstmals eine viel beachtete Ausstellung über das Hofatelier *Elvira* und die beiden Gründe-
rinnen statt, die der Forschungsarbeit der Kunsthistoriker
Rudolf Herz und Brigitte Bruns zu verdanken war. Dazu der
Ausstellungskatalog von Rufolf Herz/Brigitte Bruns: *Hof-Atelier Elvira. 1887–1928. Ästheten, Emanzen, Aristokraten.*
München 1985.

508 Siehe dazu auch: Ingvild Richarden: *Vergessen. Warum?* In:
Ingvild Richardsen: *Die Fraueninsel*, S. 345–352, und Ingvild
Richardsen: *Evas Töchter. Wie der Nationalsozialismus die
Frauenbewegung und ihre Netzwerke in München zerstörte,*
S. 16–23.

509 Anita Augspurg: *Nationalhymne der Frauen.* In: *Monatshefte
des Deutschen Verbandes für Frauenstimmrecht*, Nr. 1/2, S. 2.

Literaturverzeichnis

Afuhs, Eva/Strobl, Andreas (Hg.): *Hermann Obrist. Skulptur/ Raum/Abstraktion um 1900*. Kat. Ausst. Museum Bellerive, Museum für Gestaltung Zürich/Staatliche Graphische Sammlung München. Zürich 2009.

Ahlers-Hestermann, Friedrich: *Stilwende. Aufbruch der Jugend um 1900*. Berlin: Gebr. Mann 1941, S. 32/33.

Akten der Herzoglichen Hoftheater-Intendanz in Altenburg betr. Geschichte des Herzogl. Hoftheaters 1869. 1889: 1884 (ebd. Sign.: Hoftheater Nr. 23, Blatt 201 f.).

Allgemeine Photographen-Zeitung, Nr. 35 (November 1899), S. 331 ff.

Augspurg, Anita:
- Brief von Anita Augspurg an Hedwig Kettler. München, 14. Oktober 1891 (Nachlass Hedwig Kettler, Stadtarchiv Hannover).
- Brief von Anita Augspurg an Hedwig Kettler, Zürich, 20. Oktober 1894 (Nachlass Hedwig Kettler, Stadtarchiv Hannover).
- Brief von Anita Augspurg an Sophie Gräfin von Waldburg-Syrgenstein, München, 27. April 1896, Fürstl. Waldburg-Zeil'sches Gesamtarchiv, Schloss Zeil.
- *Das Recht der Frau.* In: *Der Internationale Kongreß für Frauenwerke und Frauenbestrebungen in Berlin. 19.–26. September 1896.* Hg. v. der Redaktions-Kommission. Berlin 1897.
- *Die allgemeinen Regungen der Frauenbewegung.* In: *Die Zeit*, Nr. 446 vom 18. April 1903, S. 32.
- *Die ethische Seite der Frauenfrage.* Minden und Leipzig: Köhler 1893.

- *Die Frau und das Recht.* In: *Die Frauenbewegung,* Nr. 17, Berlin 1896, S. 157–158; Nr. 18, Berlin 1896, S. 167–168; Nr. 19, Berlin 1896, S. 184–185; Nr. 21, Berlin 1896, S. 200–203.
- *Die internationale Friedenskundgebung.* In: *Die Frauenbewegung,* Nr. 3, Berlin 1899, S. 25 f.
- *Die Photographie als Lebensberuf.* In: *Frauenberuf,* H. 10, Weimar 1889, S. 410–415.
- *Die politische Erziehung der Frau.* In: *Die Frauenbewegung,* Nr. 3, Berlin 1902, S. 18–19.
- *Frauen Deutschlands!* Zusammen mit Minna Cauer. In: *Die Frauenbewegung.* Nr. 7, Berlin 1898, S. 73.
- *Gebt acht, solange noch Zeit ist!* In: *Die Frauenbewegung,* Nr. 1, Berlin 1895, S. 4–5.
- *Nationalhymne der Frauen.* In: *Monatshefte des Deutschen Verbandes für Frauenstimmrecht.* Hg. v. Dr. Anita Augspurg. 1. Jg., München 1912, H. 1/2, S. 2.
- Rede vor der Volksversammlung am 16. Februar 1896 in Berlin, zit. n.: *Die Post* vom 18. Februar 1896. I. Beilage.
- *Über die Entstehung und Praxis der Volksvertretung in England.* Jur. Diss. Zürich 1897; abgedruckt in: *Annalen des Deutschen Reiches für Gesetzgebung, Verwaltung und Statistik,* 31. Jg., 1898, S. 499–543.

Augspurg, Anita/Heymann, Gustava: *Erlebtes – Erschautes. Deutsche Frauen kämpfen für Freiheit, Recht und Frieden. 1850–1940.* Lida Gustava Heymann in Zusammenarbeit mit Dr. jur. Anita Augspurg. Hg. v. Margrit Twellmann, Meisenheim am Glan 1972.

Bäumer, Gertrud:
- *Ika Freudenberg. Ein Gedenkblatt.* Separatabdruck aus der Monatsschrift *Die Frau,* 19. Jg., Berlin 1912, H. 5.
- *Lebensweg durch eine Zeitenwende.* 4. Aufl. Tübingen: Wunderlich 1933.

Bäumler, Klaus/Fromm, Waldemar: *Erkundungen der Maxvorstadt. Topographie und Erinnerung.* München 2017.

Bäumler, Klaus/Fromm, Waldemar/Oelke, Harry/Schuler, Hubert: *Die Maxvorstadt. Historische Betrachtungen zu einem Kulturviertel.* München 2015.

Bahners, Ruth, Maria: *Locker im Raster.* Rezension in der *FAZ* vom 25. Januar 2018, Nr. 21; zu: *Typographie und Erinnerung. Erkundungen der Maxvorstadt.* Hg. v. Klaus Bäumler und Waldemar Fromm. München 2017.

Baudissin, Eva von: *Emma Haushofer-Merk und Carry Brachvogel.* In: *Münchner Neueste Nachrichten,* Nr. 160, Beilage: *Frauen-Zeitung.* München 1924.

Bauer, Richard: *Maxvorstadt. Zeitreise ins alte München.* Stadtarchiv München (Hg.). München 2013.

Zu den Bayerischen Frauentagen: Verein für Fraueninteressen (Hg.): *100 Jahre Verein für Fraueninteressen.* München 1994, S. 20–22.

Becker, Josef: *Helene Böhlau. Leben und Werk.* Zürich 1988 (Diss.).

Behmer, Markus: *Notizen aus der Erinnerung.* In: *Jugendstil. Baukunst und Werkform,* 1952, H. 9, S. 31–40, hier S. 33.

Bernstein, Elsa (Pseudonym: Ernst Rosmer):
- *Dämmerung. Schauspiel in 5 Akten.* Berlin: S. Fischer 1894.
- *Das Leben als Drama. Erinnerungen an Theresienstadt.* Hg. v. Rita Bake und Birgit Kiupel. 2. Aufl. Hamburg 2005.
- *Königskinder. Märchendrama.* Berlin: S. Fischer 1894.
- *Madonna. Novellen.* Berlin: S. Fischer 1894.
- Selbstbiographie. In: Werner Zils (Hg.): *Geistiges und künstlerisches München in Selbstbiographien.* München: Max Kellerer 1913, S. 24 ff.
- *Wir Drei.* München: E. Albert & Co 1891.

Bernstein Max: Selbstbiographie. In: Werner Zils: *Geistiges und künstlerisches München in Selbstbiographien.* München: Max Kellerer 1913, S. 26.

Beuys, Barbara: *Neue Frauen – Revolution im Kaiserreich. 1900–1914.* München 2014.

Blei, Franz: *Erzählung eines Lebens.* Leipzig: Paul List 1930.

Böhlau, Helene:
- *Halbtier.* Berlin: F. Fontane & Co. 1899.
- Selbstbiographie. In: Zils, Werner (Hg.): *Geistiges und künstlerisches München in Selbstbiographien.* München: Max Kellerer 1913, S. 6 f.

Brachvogel, Carry:
- *Alltagsmenschen. Roman aus der Münchener Gesellschaft.* Berlin: S. Fischer 1895.
- Biographie Heinrich Hellmann (1818 – 1890). Auszug aus einem Brief von Carry Brachvogel an Eva Hellmann vom 22. 2. 1937 (in Privatbesitz).
- *Der Erntetag und Anderes.* Novellen. Berlin: S. Fischer 1897.
- *»Ehre sei Gott in der Höhe und Frieden auf Erden«! Eine Weihnachtsgeschichte aus Künstlerkreisen.* In: *Die Kunst für alle. Malerei, Plastik, Graphik, Architektur,* H. 6, 15. Dez. 1887, S. 85 – 89.
- *Künstlerinnen-Verein München 1882 – 1932.* In: *Münchner Neueste Nachrichten, Die Frau,* Nr. 275, 9. Okt. 1932.
- *Max Haushofer.* In: *Das literarische Echo,* 9 (1906), H. 1, S. 6 – 13 mit einem Porträt von Max Haushofer.
- *Münchner Dreiklang.* In: *Im Weiß-Blauen Land. Bayerische Bilder.* (1923). Hg. v. Ingvild Richardsen. edition monacensia. München 2013.
- Selbstbiographie. In: Zils, Werner (Hg.): *Geistiges und künstlerisches München in Selbstbiographien.* München: Max Kellerer 1913, S. 38.
- *Weißes Gold. Eine seltsame, aber wahre Geschichte von Carry Brachvogel.* Stuttgart/Berlin/Leipzig: Union Deutsche Verlagsgesellschaft 1923.
- *Wie ich zur Literatur kam.* In: *Münchner Neueste Nachrichten,* Nr. 160, *Beilage: Frauenzeitung,* 1923.

Brachvogel, Karoline: *Vergangenheit.* Berlin: A. Entsch 1894.

Brachvogel, Wolfgang: *Hedda Gabler in München.* In: *Freie Bühne für modernes Leben,* II. Jg. (1891), Berlin: S. Fischer 1891, S. 117 – 118.

Brinker-Gabler, Gisela: *Perspektiven des Übergangs. Weibliches Bewußtsein und frühe Moderne.* In: Brinker-Gabler, Gisela (Hg.): *Deutsche Literatur von Frauen.* Bd. 2. München 1988, S. 169–205.

Bruns, Brigitte:
- *Das dritte Geschlecht von Ernst von Wolzogen.* In: *Hof-Atelier Elvira. 1887–1928. Ästheten, Emanzen, Aristokraten.* Hg. v. Rudolf Herz und Brigitte Bruns. München 1986, S. 171–190.
- *Weibliche Avantgarde.* In: *Hof-Atelier Elvira. 1887–1928. Ästheten, Emanzen, Aristokraten.* Hg. v. Rudolf Herz und Brigitte Bruns. München 1986, S. 191–219.

Brümmer, Franz: *Lexikon der deutschen Dichter und Prosaisten vom Beginn des 19. Jahrhunderts bis zur Gegenwart.* Bd. 2, 6. Aufl. Leipzig: Reclam 1913.

Buczkowska, Anna: *Therese Ascher und ihr Lebenswerk.* In: *Pharus,* 10 (1910), S. 360 f.

Buddensieg, Tillmann: *Zur Frühzeit von August Endell. Seine Münchner Briefe an Kurt Breysig.* In: *Festschrift für Eduard Trier zum 60. Geburtstag.* Hg. v. Justus Müller Hofstede und Werner Spies. Berlin 1981, S. 223–250.

Bülow, Frieda: *Sie und Er.* Dresden u. Leipzig: Reißner 1902.

Callsen, Söhnke: *Maria Janitschek – eine vergessene Autorin der Jahrhundertwende? Versuch eines werkbiographischen Portraits.* In: *Literatur und bürgerliche Frauenbewegung im Kaiserreich und in der Weimarer Republik. Forschungsberichte und Studien.* Hamburg 2010. S. 73–89. http://publikationen.ub.uni-frank furt.de/frontdoor/index/index/docId/20455.

Carossa, Hans: *Das Jahr der schönen Täuschungen.* Leipzig: Insel 1941.

Cauer, Minna:
- *Die Frau im 19. Jahrhundert* (Reihe *Am Ende des Jahrhunderts*). Berlin: Cronbach 1898.
- *25 Jahre Verein Frauenwohl Groß-Berlin. Der Fortschrittlichen Frauenbewegung gewidmet.* Von Minna Cauer zum

25-jährigen Jubiläum des Vereins Frauenwohl Groß-Berlin. Gegründet 1888. Berlin: Loewenthal 1913.

– *Skizzen aus meinem Leben. 1900–1907.* https://www.digi tales-deutsches-frauenarchiv.de/themen/die-tagebuecher-minna-cauers-einblicke-die-gefuehls-und-gedankenwelt-einer-frauenrechtlerin.

Das Atelier des Photographen, Jg. 1894, Nr. 11.

Das Mädchen-Gymnasium in Karlsruhe, begründet vom Verein »Frauenbildungs-Reform«, eröffnet am 16. September 1893. Amtlicher Bericht über Entstehung, Eröffnung und Organisation der Schule. Weimar o. J. 1894, S. 5–8.

Decker, Kerstin: *Franziska zu Reventlow.* Eine Biografie. Berlin 2018.

Der internationale Kongress für Frauenwerke und Frauenbestrebungen in Berlin. 19. bis 26. September 1896: Eine Sammlung der auf dem Kongress gehaltenen Vorträge und Ansprachen. Hg. von der Redaktions-Kommission: Rosalie Schoenflies, Lina Morgenstern, Minna Cauer, Jeannette Schwerin, Marie Raschke. Berlin: Hermann Walther 1897.

Déry, Juliane:
– *Die sieben mageren Kühe.* Komödie. Berlin: S. Fischer 1896.
– *Es fiel ein Reif.* Drama. Berlin: S. Fischer 1895.

Deseyve, Yvette: *Der Künstlerinnen-Verein München e. V. und seine Damenakademie. Eine Studie zur Ausbildungssituation von Künstlerinnen im späten 19. und frühen 20. Jahrhundert* (Kunstwissenschaften Bd. 12). München 2005.

Destouches, Ernst von: *Münchner Stadtchronik.* Stadtarchiv München. Unveröffentlicht. Im Band 1899, vom 18ten bis 21. Oktober: Aufzeichnungen des Stadtchronisten Ernst von Destouches zum ersten bayerischen Frauentag, S. 1859–1875.

Deutsch, Regine: *Emmy von Egidy.* In: *Dokumente der Frauen.* Hg. v. Marie Lang. Bd. 7, Nr. 11, Wien/Leipzig 1902, S. 287–295.

Die Frau. Berlin. Zeitschrift. Juniausgabe 1894.

Die Frauenbewegung. Revue für die Interessen der Frauen. Hg. v.

Minna Cauer. Berlin, 1. Jg., 1. Januar 1895, Nr. 1. Probenummer. Erscheint fortan zweimal im Monat. Publikationsorgan des Vereins »Frauenwohl« Berlin, Hilfsverein für weibliche Angestellte Berlin, Frauen- und Mädchengruppen für sociale Hilfsarbeit Berlin, Rechtsschutzverein Dresden, Verein zur Reform der Litteratur für weibliche Angestellte.

Dölle, Gilla: *Der Bund deutscher Frauenvereine: eine Dachorganisation in ständigen Finanznöten.* In: *Die (un)heimliche Macht des Geldes. Finanzierungsstrategien der bürgerlichen Frauenbewegung in Deutschland zwischen 1865 und 1933.* Frankfurt am Main 1997, S. 106–121.

Dohm, Hedwig:
- *Erinnerungen und weitere Schriften von und über Hedwig Dohm* u. a. Gesammelt und mit einem Vorwort von Berta Rahm. Zürich 1980.
- *Sibilla Dalmar.* Roman. Berlin: S. Fischer 1896.

Dry, Graham:
- *Einzigartig im deutschen Kunstgewerbe um 1900.* In: Antonia Voit (Hg.): *Ab nach München. Künstlerinnen um 1900.* Begleitbuch zur Ausstellung in München vom 12.9.2014 bis 8.2.2015. München 2015, S. 256–261.
- *Orchideen als Buchschmuck: Aus einer Sammlung deutscher Jugendstileinbände.* In: *Einband Forschung.* (Hg. im Auftrag der Staatsbibliothek zu Berlin – Preußischer Kulturbesitz in Zusammenarbeit mit dem Arbeitskreis für die Erfassung, Erschließung und Erhaltung) H. 43, Sept. 2018, S. 44–51.
- *Orchideen als Buchschmuck eines ›Orchideenfachs‹.* In: *Bibliotheksmagazin. Mitteilungen aus den Staatsbibliotheken in Berlin und München,* 13. Jg., 38. Ausgabe, Berlin u. München, Juni 2018, S. 5–10.

Du Moulin-Eckart, Richard Graf von: *Max Haushofer.* In: *Jahresbericht 1907 der Kgl. Technischen Hochschule.* München 1908, S. 3–30.

Dziadek, Lilly: *Die Stadt der Dichterinnen. Aus dem Leben von sechs in München wohnenden Schriftstellerinnen.* In: *Allge-meine Zeitung*, Nr. 171 vom 13. Februar 1925, S. 5.

Egidy, Emmy von: *Marie-Elisa.* 3. Aufl. Dresden und Leipzig: Pierson 1898.

Egidy, Johanne von: *Meine Lebenserinnerungen* (S. 1–13). Ty-poskript. Privatarchiv der Familie von Egidy.

Elferich, Christa:

- *Die Gründungsgeschichte des Vereins für Fraueninteressen und die »Münchner Moderne«.* In: *Evas Töchter. Münch-ner Schriftstellerinnen und die moderne Frauenbewegung. 1894–1933.* Hg. v. Ingvild Richardsen. München 2018, S. 47–62.

- *Jüdische Frauen im Verein für Fraueninteressen.* In: *Evas Töchter. Münchner Schriftstellerinnen und die moderne Frauenbewegung. 1894–1933.* Hg. v. Ingvild Richardsen. München 2018, S. 63–65.

- *Marie Haushofers Festspiel »Culturbilder aus dem Frauen-leben«.* In: *Evas Töchter. Münchner Schriftstellerinnen und die moderne Frauenbewegung. 1894–1933.* Hg. v. Ingvild Richardsen. München 2018, S. 158–187.

Endell, August:

- *Architektonische Erstlinge.* In: *Dekorative Kunst,* 3. Jg. 1899/1900, H. 8 (Mai 1900), S. 297 ff.

- *Blumen.* In: *Gartenschönheit, eine Zeitschrift mit Bildern für Garten- und Blumenfreund, Liebhaber und Fachmann, 1* (1920), S. 60.

- *Um die Schönheit. Eine Paraphrase über die Münchener Kunstausstellungen* 1896. München: Emil Franke 1896.

Evas Töchter und ein Fundstück aus Leoni. In: QUH: https://quh-berg.de/evas-toechter-und-ein-fundstueck-aus-leoni/23. Au-gust 2018.

Federn, Karl:

- *Die Romane Emmy von Egidys.* In: *Essays zur vergleichen-den Literaturgeschichte. Eine Sammlung von Zeitschriften-aufsätzen des österreichischen Übersetzers und Schriftstellers*

Karl Federn (1868–1943). München/Leipzig: Georg Müller 1904.

– *Frauenseelen (Gabriele Reuter)*. In: *Essays zur vergleichenden Literaturgeschichte. Eine Sammlung von Zeitschriftenaufsätzen des österreichischen Übersetzers und Schriftstellers Karl Federn (1868–1943)*. München u. Leipzig: Georg Müller 1904, S. 147–158.

Fischer, S. (Verlag):

– *Katalog für Moderne Litteratur. 1897. Aus dem Verlage von S. Fischer*, Verlag. Berlin W. 35, Steglitzerstr. 49.

– *Moderne Litteratur Katalog 1900*. Verlagskatalog. 1886–1900. S. Fischer, Verlag Berlin. Ausgegeben November 1899. Dresden 1899.

Foth, Heike: *Fotografie als Frauenberuf (1840–1913)*. In: *Hof-Atelier Elvira. 1887–1928. Ästheten, Emanzen, Aristokraten*. Hg. v. Rudolf Herz und Brigitte Bruns. München 1886, S. 153–170.

Frauenberuf. 1.1887 – 6.1892 Weimar: Jg. 1: *Zeitschrift für die Interessen der gebildeten Frauenwelt*. (Hg. v. Johanna Hedwig Kettler). Ab Jg. 2: *Zeitschrift für Interessen der Frau*. Weimar: Frauenberuf Verlag.

Freie Bühne für modernes Leben, Wochenschrift. Hrsg. von Otto Brahm. Berlin: S. Fischer 1890.

Frevert, Ute: *Frauengeschichte. Zwischen bürgerlicher Verbesserung und neuer Weiblichkeit*. Frankfurt am Main 1986.

Friedrichs, Elisabeth: *Die deutschsprachigen Schriftstellerinnen des 18. und 19. Jahrhunderts. Ein Lexikon*. Stuttgart 1981.

Fromm, Waldemar: *Modern sein – ein Schlüsselbegriff der bürgerlichen und der Schriftstellerinnen der modernen Frauenbewegung in München*. In: *Evas Töchter. Münchner Schriftstellerinnen und die moderne Frauenbewegung. 1894–1933*. Hg. v. Ingvild Richardsen. München 2018, S. 20–31.

Fuchs, Georg/Bode, Wilhelm: *Hermann Obrist*. In: PAN 1, 1895/1896/Februar/März 1896, S. 318–325 (Georg Fuchs, Hermann Obrist), S. 326–328 (Wilhelm v. Bode, Hermann Obrist).

Garleb, Ernst: *Ein deutscher Dichter an der Wende des Jahrhunderts*. Leipzig: Liebeskind 1897.

Gasser, Manuel: *München um 1900*. Bern 1977.

Gay, Peter: *Bürger und Boheme. Kunstkriege des 19. Jahrhunderts*. München 1999.

Gebhardt Fink, Sabine/Vogel, Matthias (Hg.): *Hermann Obrist im Netzwerk der Künste und Medien um 1900*. Berlin 2013.

Gemberg, Adine:
 - *Aufzeichnungen einer Diakonissin*. Roman. Berlin: S. Fischer 1895.
 - *Morphium*. Novellen. Mit dem Portrait der Verfasserin. Berlin: S. Fischer 1895.

Gerhard, Ute: *Blütezeit und Richtungskämpfe*. In: Ute Gerhard: *Unerhört. Die Geschichte der deutschen Frauenbewegung*. Hamburg 1990, S. 169–213.

Gesetz- und Verordnungsblatt für das Königreich Bayern, München 1898, Nr. 22, S. 261.

Gewerbeakte von Salomon Elias Goudstikker. Stadtarchiv Dresden.

Goudstikker, Sophia: *Ika Freudenberg und die Frauenbewegung in München*. In: *Die Frau*, 9. Jg., Berlin 1902, H. 5, S. 291–293.

Gumppenberg, Hanns von: Jugend-Stil. In: *Jugend*, VI. (München 1901), Nr. 35, S. 583.

Gürtler, Christa:
 - *Irma von Troll-Borostyáni. Ungehalten: Vermächtnis einer Freidenkerin*. Salzburg 1994.
 - *Irma von Troll-Borostyáni (1847–1912). Vorkämpferin der Frauenemanzipation*. Hg. v. Christa Gürtler und Sabine Veits-Falk für das Salzburg Museum in Kooperation mit dem Stadtarchiv Salzburg. Salzburg 2012.

Halbe, Max:
 - *Jugend*. Liebesdrama. Berlin: S. Fischer 1893.
 - *Jahrhundertwende. Geschichte meines Lebens. 1893–1914*. Danzig: Kafemann 1935.

- *Jahrhundertwende. Erinnerungen an eine Epoche.* München 1976.

Hartl, Rainer: *Aufbruch zur Moderne. Naturalistisches Theater in München.* Teil 1, München 1976, S. 36–44.

Hartwig, Josef: *Leben und Meinungen des Bildhauers Josef Hartwig.* Gedruckt im Jahre 1955 in der Hausdruckerei der Bauerschen Gießerei, Frankfurt am Main 1955.

Häußler, Franz: *Fotografie in Augsburg. 1839–1900.* Augsburg 2014.

Hauer, Ulrich: *Gabriele Reuter. Jugendjahre in Alt- und Neuhaldensleben.* In: *Jahresschrift der Museen des Landkreises Börde*, Bd. 49 (16). Haldensleben 2009, S. 37–74.

Haupt, Klaus-Werner: *Gabriele Reuter. Eine zu Unrecht vergessene Schriftstellerin.* weimar-lese.de: http://www.weimar-lese.de/index.php?article_id=768.

Hauptmann, Gerhart: *Vor Sonnenaufgang.* Drama. Berlin: S. Fischer 1889.

Haushofer, Marie: *Zum bayerischen Frauentag 21. Oktober 1899. Festspiel. Zwölf Culturbilder aus dem Frauenleben.* München: Druck der akademischen Buchdruckerei von F. Straub 1899.

Haushofer, Martha: *Ika Freudenberg.* In: *Centralblatt des Bundes Deutscher Frauenvereine,.* XIII. Jg., 1912, Nr. 21, S. 163 ff.

Haushofer, Max:
- *Der ewige Jude.* Ein dramatisches Gedicht in drei Teilen. Leipzig: Liebeskind 1886.
- *Die Verbannten. Ein erzählendes Gedicht.* Leipzig: Liebeskind 1890.
- *Geschichten zwischen Diesseits und Jenseits.* Leipzig: Liebeskind 1888.
- *Lebensgeschichte. Manuskript* (Privatarchiv Haushofer).
- *Planetenfeue*r. Stuttgart: Cotta 1899.
- *Selbstanzeige* zu *Planetenfeuer.* In: *Die Zukunft,* VII. Jg., Berlin 1899.

Haushofer, Heinz: *Traditionen.* Als Manuskript vervielfältigt. München 1979, S. 118–166 (Privatarchiv Haushofer).

Haushofer-Merk, Emma:
- Selbstbiographie. In: Zils, Werner: *Geistiges und künstlerisches München*. München: Max Kellerer 1913, S. 149.
- *Wie ich zur Literatur kam*. In: *Münchner Neueste Nachrichten*, Nr. 160 vom 22. Juni 1924. S. 27. (Stadtarchiv München/Vereine 2168).

Heilmann, Eva (Hg.): *Franz von Stuck und die Münchener Secession*. Passau 1992.

Henke, Christiane: *Anita Augspurg*. Reinbek bei Hamburg 2000.

Herz, Rudolf:
- *August Endell in München. Bau des Ateliers Elvira und die Resonanz der Zeitgenossen*. In: *Hof-Atelier Elvira. 1887–1928. Ästheten, Emanzen, Aristokraten*. Hg. v. Rudolf Herz und Brigitte Bruns. München 1986, S. 25–42.
- *Das Fotoatelier Elvira (1887–1928). Seine Fotografinnen, seine Kundschaft, seine Bilder*. In: *Hof-Atelier Elvira. 1887–1928. Ästheten, Emanzen, Aristokraten*. Hg. v. Rudolf Herz und Brigitte Bruns. München 1986, S. 63–65.
- *Hof-Atelier Elvira. 1887–1928. Ästheten, Emanzen, Aristokraten*. Hg. v. Rudolf Herz und Brigitte Bruns. Ausstellungskatalog. Ausstellung des Fotomuseums im Münchner Stadtmuseum. 13. Dezember 1985 bis 2. März 1986. München 1986.
- *Von-der-Tannstraße 15. Zur Geschichte eines Hauses und seiner Straße*. In: *Hof-Atelier Elvira. 1887–1928. Ästheten, Emanzen, Aristokraten*. Hg. v. Rudolf Herz und Brigitte Bruns. München 1986, S. 43–62.

Hey, Oskar: *Max Haushofer*. Stuttgart: Cotta 1907.

Hirschfeld, Georg (Hg.): *Otto Brahm. Briefe und Erinnerungen*. Berlin: Stilke 1925.

Hitler, Adolf: *Rede Hitlers vor dem Frauenkongress in der Luitpoldhalle Nürnberg am 13. 5. 1935*. Deutsches Rundfunk Archiv (DRA), Frankfurt am Main. Archivnummer 2965999/1.

Hollweck, Ludwig: *München. Von der Besiedlung der Münchner Gegend bis 1967 in Stichworten erzählt*. München 1968.

100 Jahre Mädchen-Gymnasium in Deutschland. Hg. von der Stadt Karlsruhe. Karlsruhe 1993, S. 6–24: https://edit.karls ruhe.de/b1/stadtgeschichte/frauengeschichte/maedchengym nasium/HF_sections/content/1329387835042/ZZkpIo94pmFFPk/ 100_jahre_maedchengymnasium_in_deutschland.pdf.

Ibsen, Henrik:
- *Hedda Gabler.* Berlin: S. Fischer 1890.
- *Rosmersholm.* Deutsch von M. v. Borch. Berlin: S. Fischer 1887.

Janitschek, Maria:
- *In's Leben verirrt.* Roman. Berlin: S. Fischer 1897.
- *Irdische und unirdische Träume.* Gedichte. Berlin: Spemann 1889.
- *Raoul und Irene.* Novelle. Umschlag von Fidus. Berlin: S. Fischer 1897.
- *Vom Weibe.* Charakterzeichnungen. Berlin: S. Fischer 1897.

Jugend. Münchner Illustrierte Wochenzeitschrift für Kunst und Leben. München u. Leipzig: G. Hirth 1896, Nr. 1 u. Nr. 2.

Kargl, Kristina: *Elsa Bernstein – Karriere unter männlichem Pseudonym.* In: *Evas Töchter. Münchner Schriftstellerinnen und die moderne Frauenbewegung. 1894–1933.* Hg. v. Ingvild Richardsen. München 2018, S. 147–157.

Karlsruher Zeitung, Beilage Baden, Provisorische Zeitung. Karlsruhe: Braun, 16. 3. 1892, Nr. 72, S. 2.

Kettler, Hedwig:
- *Das erste deutsche Mädchengymnasium.* Weimar: Weimarer Verlagsanstalt [1893].
- *Was ist Frauenemanzipation?* Vortrag, gehalten in Berlin auf der 2. Generalversammlung des »Deutschen Frauenvereins Reform«. Weimar: Frauenberuf Verlag [1891].

Kinnebrock, Susanne:
- *Anita Augspurg (1857–1943). Feministin und Pazifistin zwischen Journalismus und Politik.* Herbolzheim 2005.
- *Pionierinnen der Öffentlichkeitsarbeit – das Beispiel Anita*

Augspurg. In: *Evas Töchter. Münchner Schriftstellerinnen und die moderne Frauenbewegung. 1894–1933.* München 2018, S. 32–46.

Kunst für Alle, Jg. 12 (1897), II. 13, S. 204–205.

Lau, Theo: *Das Atelier Elvira und der Röhmputsch.* München (unveröffentl. Manuskript 1985). Stadtarchiv München.

Lehmann, Christian: *Josef Leoni. Ein Italiener am Starnberger See.* (Reihe *Vergessenes Bayern*), München 2018.

Lüders, Else: *Minna Cauer. Leben und Werk. Dargestellt an Hand ihrer Tagebücher und nachgelassenen Schriften.* Stuttgart: Gotha 1925.

Mann, Thomas: *Gesammelte Werke.* Bd. III. Frankfurt am Main 1974.

Marie Stritt. Eine »kampffrohe Streiterin« in der Frauenbewegung (1855–1928). Hg. v. Elke Schüller, Archiv der Deutschen Frauenbewegung. Mit dem erstmaligen Abdruck der unvollendeten Lebenserinnerungen von Marie Stritt, eingel. und redigiert von Kerstin Wolff. Königstein/Taunus 2005.

Mellmann, Katja (Hg.): *Gabriele Reuter: Leidensgeschichte eines Mädchens.* Studienausgabe mit Dokumenten. Bd. 1 Text, Bd. 2 Dokumente. Marburg 2006.

Mendelssohn, Peter de: *S. Fischer und sein Verlag.* Frankfurt am Main 1970.

Merk, Emma:
- Briefe von Emma Merk an Georg von Vollmar. In: *Vollmar Papers.* Nr. 1421 Merk, Emma. 1873–1882. 11 Briefe, und Nr. 2636–1898. 2 Briefe. (Inven.nr. 1421; Arch= 01586.) Im International Institute of Social Institute in Amsterdam/ The Netherlands.
- *Ein Liebestraum.* Deutsche Romanbibliothek. In: *Über Land und Meer,* 19. Jg., Bd. 2, Stuttgart/Leipzig 1886, Nr. 49, S. 1153–1162; Nr. 50, S. 1177–1182; Nr. 51, S. 1201–1205; Nr. 52, S. 1225.
- *Warum Fräulein.* In: *Evas Töchter. Münchner Schriftstellerinnen und die moderne Frauenbewegung. 1894–1933.* Hg. v.

Ingvild Richardsen. München 2018, S. 80 f. Nachlass Emma
Merk in der Monacensia im Hildebrandhaus.

Merk, Emma/Spitzer, Emanuel: *Evas Töchter*. München: Hanfstaengl 1893.

Meyer, Anne-Rose: *Brachvogel, Carry, Alltagsmenschen. Roman
(1895)*. In: Gudrun Loster-Schneider/Gaby Pailer (Hg.): *Lexikon deutschsprachiger Epik und Dramatik von Autorinnen
(1730–1900)*. Tübingen/Basel 2006. S. 59–60.

Mitteilungen aus der bayerischen Frauenbewegung, 1. Jg.,
15. 12. 1902, H. 4, S. 4.

*Moderne Wochenblätter. Wochenzeitschrift der Gesellschaft für
modernes Leben*, 1, 25. März 1891.

Mollenhauer, Bernd: *Jugendstil in München*. München 2014.

Morgenstern, Christian: *Wie moderne Frauen schreiben*. In:
Christian Morgenstern: *Werke und Briefe*. Kommentierte Aus-
gabe. Hg. von Helmut Gumtau. Bd. VI. Kritische Schriften,
Nr. 119. Stuttgart 1987, S. 305 ff.

Moses, Julius: *Die Lösung der Judenfrage. Eine Rundfrage veranstaltet von Dr. Julius Moses*. Berlin-Leipzig: C. Wigand 1907,
S. 111.

Münchner Neueste Nachrichten vom 20. bis 24. Oktober,
Nr. 484–491.

– *Münchner Neueste Nachrichten*, 21. Oktober 1899, Nr. 486,
Vorabendblatt, S. 3 ff.

– *Münchner Neueste Nachrichten*, 22. Oktober 1899, Nr. 488.

– *Münchner Neueste Nachrichten*, 23. Oktober 1899, Nr. 489,
S. 8 f.

– *Münchner Zeitung. General-Anzeiger der kgl. Haupt- und
Residenzstadt München* vom 24. 10. 1899, S. 3.

Münchner Stadtchronik. Stadtarchiv München. Unveröffentlicht.
Im Band 1899, vom 18ten bis 21. Oktober: Aufzeichnungen des
Stadtchronisten Ernst von Destouches zum ersten bayerischen
Frauentag, S. 1859–1875.

Nerdinger, Winfried (Hrsg): *Romantik und Restauration, Architektur in Bayern zur Zeit Ludwigs I. 1825–1848*. München 1987.

Neuer Theater-Almanach. Theatergeschichtliches Jahr- und Adressenbuch. Hg. v. d. Genossenschaft Deutscher Bühnen-Angehöriger 1895, S. 82 u. 86.

Otter, Martin: »*Und wenn ihr auch zwischendurch sterben müsst: stets werdet ihr wieder lebendig geküsst!*«. In: *Evas Töchter. Münchner Schriftstellerinnen und die moderne Frauenbewegung. 1894–1933.* Hg. v. Ingvild Richardsen. München 2018, S. 193–210.

Ottomeyer, Hans (Hg.): *Wege in die Moderne. Jugendstil in München.* Kat. Ausst. Staatliche Museen Kassel (1996). Berlin 1997.

Pataky, Sophie (Hg.): *Lexikon deutscher Frauen der Feder. Eine Zusammenstellung der seit dem Jahre 1840 erschienenen Werke weiblicher Autoren, nebst Biographien und einem Verzeichnis der Pseudonyme.* I. Bd. Berlin: Verlagsbuchhandlung von Carl Pataky 1898.

Photographische Chronik, Halle a.d. S., Jg. 1895, Nr. 17, S. 130.

Polizeimeldebogen Anita Augspurg (Stadtarchiv München).

Polizeimeldebogen Helene Böhlau (Stadtarchiv München).

Polizeimeldebogen Karoline Brachvogel (Stadtarchiv München).

Polizeimeldebogen Wolfgang Brachvogel (Stadtarchiv München).

Polizeimeldebogen Emmy von Egidy (Stadtarchiv München).

Polizeimeldebogen August Endell (Stadtarchiv München).

Polizeimeldebogen Ika Freudenberg (Stadtarchiv München).

Polizeimeldebogen Sophia Goudstikker und Einbürgerungsakte Nr. 1898/2270 (Stadtarchiv München).

Polizeimeldebogen Mathilde Goudstikker (Stadtarchiv München).

Polizeimeldebogen Max Halbe (Stadtarchiv München).

Polizeimeldebogen Marie Haushofer (Stadtarchiv München).

Polizeimeldebogen Max Haushofer (Stadtarchiv München).

Polizeimeldebogen Heinrich Hellmann (Stadtarchiv München).

Polizeimeldebogen Eduard Merk (Stadtarchiv München).

Polizeimeldebogen Emma Merk (Stadtarchiv München).

Polizeimeldebogen Hermann Obrist (Stadtarchiv München).

Polizeimeldebogen Gabriele Reuter (Stadtarchiv München).

Polizeimeldebogen Franziska zu Reventlow (Stadtarchiv München).

Polizeimeldebogen Rainer Maria Rilke (Stadtarchiv München).

Polizeimeldebogen Ernst Freiherr von Wolzogen (Stadtarchiv München).

Prévot, René: *Kleiner Schwarm für Schwabylon.* Hg. v. Elisabeth Tworek. edition monacensia. München 2008.

Pringsheim, Hedwig:
- *Tagebücher.* Bd. 1: *1885–1891.* Hg. u. komm. v. Cristina Herbst. Göttingen 2013.
- *Tagebücher.* Bd. 2: *1892–1897.* Hg. u. komm. v. Cristina Herbst. Göttingen 2013.

Pudor, Heinrich: *Das Rauschbedürfnis des Menschen 1899.* In: *Zürcher Diskußjonen.* Hg. v. Oskar Panizza, Nr. 23–24, 1899, S. 9.

Raff, Helene: *Blätter vom Lebensbaum.* München: Knorr & Hirth 1938.

Reuter, Gabriele:
- *Aus guter Familie. Leidensgeschichte eines Mädchens.* Berlin: S. Fischer 1895. [Rezension dazu in der *Breslauer Morgenzeitung* von 1895]
- Brief von Gabriele Reuter an Emma Merk vom 19. November 1891. In: Nachlass Emma Merk in der Monacensia im Hildebrandhaus.
- *Der Lebenskünstler.* Novellen. Berlin: S. Fischer 1896.
- *Frau Bürgelin und ihre Söhne.* In: *Vom Fels zum Meer.* Stuttgart: Spemann 1898, Bd. 1 u. Bd. 2.
- *Frau Bürgelin und ihre Söhne.* Roman. Berlin: S. Fischer 1899.
- *Kolonistenvolk.* Roman. Berlin: S. Fischer 1896.
- *Vom Kinde zum Menschen. Zur Geschichte meiner Jugend.* Berlin: S. Fischer 1921.

Reventlow, Franziska zu:
- *Das Männerphantom der Frau.* (Erstmals erschienen in den *Zürcher Diskußjonen.* Hg. v. Oskar Panizza, 1. Jg., Nr. 6, 1898.) In: *Franziska zu Reventlow, Autobiographisches. No-*

vellen, Schriften, Selbstzeugnisse. Nachwort von Wolfdietrich Rasch. Ullstein-Werkausgabe 1986, S. 219 ff.

- *Franziska zu Reventlow: Sämtliche Werke, Briefe und Tagebücher.* Hg. v. Michael Schardt. Bd. 5: *Gedichte, Skizzen, Novellen, Sonstiges.* Hg. v. Baal Müller. Oldenburg 2004.
- *Viragines und Hetären.* In: *Zürcher Diskußjonen.* Hg. v. Oskar Panizza, 2. Jg., Nr. 22, 1899.

Rheinberger, Josef: *Maitag. Gedicht von Fanny Hoffnaass; ein lyrisches Intermezzo von 5 dreistimmigen Fraunchören mit Clavierbegleitung;* op. 64. Bremen: Aug. Fr. Cranz 1873.

Richardsen, Ingvild:

- *Carry Brachvogels ›Alltagsmenschen‹ (1895).* In: Carry Brachvogel: *Alltagsmenschen.* Text der Erstausgabe von 1895. Hrsg. und mit einem Nachwort versehen von Ingvild Richardsen. München 2013 (edition monacensia), S. 155–175.
- *Carry Brachvogels ›Der Kampf um den Mann (1910)‹.* In: Carry Brachvogel: *Der Kampf um den Mann.* Text der Erstausgabe von 1910. Hrsg. und mit einem Nachwort versehen von Ingvild Richardsen. München 2014 (edition monacensia), S. 215–249.
- *Carry Brachvogels ›Schwertzauber‹ (1917).* In: Carry Brachvogel: *Schwertzauber.* Text der Erstausgabe von 1917. Hrsg. und mit einem Nachwort versehen von Ingvild Richardsen. München 2014 (edition monacensia), S. 132–162.
- *Die Dichterin und Schriftstellerin des Alt-Münchner Lebens.* In: Emma Haushofer-Merk: *Alt-Münchner Erzählungen.* Texte der Erstausgaben. Hrsg. und mit einem Vor- und Nachwort versehen von Ingvild Richardsen. München 2015 (edition monacensia), S. 8–17.
- *Die Fraueninsel. Auf den Spuren der vergessenen Dichterinnen von Frauenchiemsee.* München 2017 (Reihe *Vergessenes Bayern.* Hrsg. von Ingvild Richardsen und Waldemar Fromm).
- *Die Schriftstellerin und Frauenrechtlerin Emma Haushofer-Merk – ›Carpe diem‹.* In: Emma Haushofer-Merk: *Alt-*

Münchner Erzählungen. Texte der Erstausgaben. Hrsg. und mit einem Vorwort und Nachwort versehen von Ingvild Richardsen. München 2015 (edition monacensia), S. 186–246.

– *Evas Töchter. Münchner Schriftstellerinnen und die moderne Frauenbewegung. 1894–1933.* Ausstellungskatalog zur gleichnamigen Ausstellung in der monacensia im Hildebrandhaus vom 14. März 2018 bis zum 15. September 2018. München 2018.

– *Evas Töchter. Münchner Schriftstellerinnen und die moderne Frauenbewegung. 1894–1933.* Eine Ausstellung in der Monacensia im Hildebrandhaus in München (14. März-16. September 2018). In: *Einsichten und Perspektiven. Bayerische Zeitschrift für Politik und Geschichte.* Hg. v. Bayerische Landeszentrale für politische Bildungsarbeit. München 2018, S. 4–25.

– *Evas Töchter. Wie der Nationalsozialismus die Frauenbewegung und ihre Netzwerke in München zerstörte.* In: *aviso. Zeitschrift für Wissenschaft und Kunst in Bayern,* 1/2019: *Frauen. Gleiche Chancen – Andere Möglichkeiten,* S. 16–23.

– *In sich gefangen.* Rezension zu Kerstin Deckers Biographie: *Franziska zu Reventlow.* Berlin 2018 in der *FAZ* vom 22.08.2018.

– *Literarischer Spaziergang auf der Fraueninsel. Die Fraueninsel als Literaturstätte und literarischer Erinnerungsort. Kloster Frauenchiemsee und die Künstlerkolonie.* In: Literaturportal Bayern. München 2018. https://www.literaturportal-bayern.de/literaturland?type=trip&id=160.

– *Literarischer Spaziergang. Evas Töchter. Münchner Schriftstellerinnen und die moderne Frauenbewegung. 1894–1933. Stadtspaziergang durch die Maxvorstadt.* In: Literaturportal Bayern. München 2018. https://www.literaturportal-bayern.de/literaturland?type=trip&id=162.

– *Modernsein. Die bürgerliche Frauenbewegung in München und Bayern und ihre Schriftstellerinnen. 1894–1933.* https://www.

literaturportal-bayern.de/themen?task=lpbtheme.default
&id=1187.

- *Warum ist Carry Brachvogel (1864–1942) heute vergessen? Carry Brachvogel – eine berühmte Münchner Schriftstellerin und Frauenrechtlerin zu Beginn des 20. Jahrhunderts und ein vergleichender Blick auf Franziska zu Reventlow (1871–1918).* In: *Kanon der Literaturgeschichte. Facetten einer Diskussion.* Hrsg. von Ina Karg und Barbara Jessen. Frankfurt am Main u. a. 2014, S. 299–331.
- *Wer war Carry Brachvogel?* In: Carry Brachvogel: *Im Weiß-Blauen Land. Bayerische Bilder.* Text der Erstausgabe von 1923. Hrsg. und mit einem Vor- und Nachwort versehen von Ingvild Richardsen. München 2013 (edition monacensia), S. 121–150.
- *Vorwort.* In: *Bavarias Töchter.* Kalender: *Frauenrechte in Bayern.* Hg. v. der Landeszentrale für politische Bildungsarbeit Bayern. München 2019.

Porträts im Literaturportal Bayern:

- *Helene Böhlau.* In: *Literaturportal Bayern/Autorenlexikon* [online]. Ohne Datum (2017). Verfügbar im Internet: ›https://www.literaturportal-bayern.de/autorinnen-autoren?task=lpbauthor.default&pnd=118878484‹
- *Emmy von Egidy.* In: *Literaturportal Bayern/Autorenlexikon* [online]. Ohne Datum (2018). Verfügbar im Internet: ›https://www.literaturportal-bayern.de/autorinnen-autoren?task=lpbauthor.default&pnd=116369914‹
- *Ika Freudenberg.* In: *Literaturportal Bayern/Autorenlexikon* [online]. Ohne Datum (2017). Verfügbar im Internet: https://www.literaturportal-bayern.de/autorinnen-autoren?task=lpbauthor.default&pnd=118953400
- *Marie Haushofer.* In: *Literaturportal Bayern/Autorenlexikon* [online]. Ohne Datum (2016). Verfügbar im Internet: ›https://www.literaturportal-bayern.de/autorenlexikon?task=lpbauthor.default&pnd=140378049‹
- *Martha Haushofer.* In: *Literaturportal Bayern/Autorenlexi-*

kon [online]. Ohne Datum (2016). Verfügbar im Internet: https://www.literaturportal-bayern.de/autorenlexikon?task =lpbauthor.default&pnd=116539674

- *Maria Janitschek.* In: *Literaturportal Bayern/Autorenlexikon* [online]. Ohne Datum (2017). Verfügbar im Internet: ›https://www.literaturportal-bayern.de/autorinnen-autoren? task=lpbauthor.default&pnd=117078719
- *Emma Merk.* In: *Literaturportal Bayern/Autorenlexikon* [online]. Ohne Datum   (2016). Verfügbar im Internet: https:// www.literaturportal-bayern.de/autorenlexikon?task=lpb author.default&pnd=116539801
- *Helene Raff.* In: *Literaturportal Bayern/Autorenlexikon* [online]. Ohne Datum (2017). Verfügbar im Internet: ›https:// www.literaturportal-bayern.de/autorinnen-autoren?task= lpbauthor.default&pnd=116323930
- *Gabriele Reuter.* In: *Literaturportal Bayern/Autorenlexikon* [online]. Ohne Datum (2017). Verfügbar im Internet: ›https://www.literaturportal-bayern.de/autorinnen-autoren? task=lpbauthor.default&pnd=118744712

Rilke, Rainer Maria:
- *Auch ein Münchner Brief.* In: *Sämtliche Werke.* Bd. 5. Frankfurt am Main 1965. S. 331.
- *Frau Carry Brachvogel.* In: *Advent.* Leipzig 1898, S. 27.

Rimbaud, Arthur: *Das poetische Werk.* Aus dem Französischen übersetzt und begleitet von Hans Therre und Rainer G. Schmidt. Mit einer Lebens-Geographie Rimbauds. München 1980, hier S. 25 und 58.

Rinker, Dagmar:
- *Der Münchner Jugendstilkünstler Hermann Obrist (1862– 1927).* München 2001.
- *Gabriele Reuters Roman »Frau Bürgelin und ihre Söhne«.* In: *Der Münchner Jugendstilkünstler Hermann Obrist (1862–1927).* München 2001, S. 159–163.

Ritter, Judith: *Die Münchner Schriftstellerin Carry Brachvogel. Literatin. Salondame. Frauenrechtlerin.* Berlin/Boston 2016.

Ritthaler, Albert: *Franz von Stuck und seine Sünden*. Ein Vortrag von Albert Ritthaler am 8. Juni 2009 im Max Liebermann Haus, Berlin, anlässlich der Ausstellung der Stiftung Brandenburger Tor. http://www.ritthaler-galerie.de/pdf/Franz_von_Stuck.pdf.

Rüttenauer, Benno: *Agathe*. In: *Die Nation. Wochenschrift für Politik, Volkswirtschaft und Litteratur,* Jg. 13 (1895/96), Nr. 52, S. 784–786.

Rüttenauer, Clemens: *Benno Rüttenauer Homepage.* https://benno ruettenauer.wordpress.com.

Rützow, Sophie: *Ibsen und München*, 4.5.1956. Typoskript. Stadtarchiv München.

Salzer, Otto: *Wie ich ein moderner Kunstgewerbler wurde.* In: *Jugend,* 3. Jg., München 23.4.1898, Nr. 17., S. 284–286.

Salzmann, Karl H.: *»Pan«. Geschichte einer Zeitschrift.* In: *Archiv für Geschichte des Buchwesens,* 1, 1958, S. 212–225.

Sanders, Daniel: *Geschichte der deutschen Literatur.* Rev. u. bearb. u. von Goethes Tod bis zur Gegenwart fortgef. von Julius Dumcke. Berlin: Langenscheidt 1906, S. 161.

Schaffer, Nikolaus: *Architektur als Bild. Das Atelier Elvira – ein Unikum der Architekturgeschichte.* In: *Hof-Atelier Elvira. 1887–1928. Ästheten, Emanzen, Aristokraten.* Hg. v. Rudolf Herz und Brigitte Bruns. München 1886, S. 5–24.

Scheffler, Karl:
 – *August Endell.* In: *Kunst und Künstler – illustrierte Monatsschrift für bildende Kunst und Kunstgewerbe.* Berlin: Paul Cassirer 1907, H. 5., S. 314 ff.
 – *Die fetten und die mageren Jahre.* Leipzig, München: Paul List 1946, S. 24.
 – *Moderne Baukunst.* In: *Kunst und Künstler,* Jg. 1 (1902/03), S. 469–480.

Schiermeier, Franz: *Stadtatlas München.* München 2003.

Schlaf, Johannes: *Absinth.* In: *Simplicissimus,* 4. Jg., H. 33 (erschienen am 11.11.1899), S. 262 f.

Schmitz, Oscar A. H.: *Dämon Welt.* München: Georg Müller 1926.

Schumacher, Fritz: *Stufen des Lebens. Erinnerungen eines Baumeisters.* Stuttgart und Berlin: Deutsche Verlags-Anstalt 1935.

Schwerte, Hans: *Böhlau, Helene.* In: *Neue Deutsche Biographie* 2 (1955), S. 376 f. http://www.deutsche-biographie.de/pnd118878484.html, (14. 12. 2017).

Seegeist: Tegernseer Anzeiger, Nr. 81, 1892.

Seemann, Annette: *Gabriele Reuter. Leben und Werk einer geborenen Schriftstellerin.* Weimar 2016.

Seidel, Ina: *Lebensbericht 1885 – 1923.* Stuttgart 1970.

Sembach, Klaus Jürgen (Bearb.): *August Endell. Der Architekt des Photoateliers Elvira 1871 – 1925.* München, Museum Villa Stuck, 1. Aufl. München 1977.

Simon, Hans-Ulrich: *Jugendstil. Studien zu seinem Verständnis von der Jahrhundertwende bis 1945 – eine Begriffsexplikation.* München 1976.

Simplicissimus. Illustrierte Wochenschrift, 1. Heft: am 4. April 1896. München: Albert Langen 1896.

Sergel, Albert:
- *Dichtung und Dichter der Zeit. Eine Schilderung der deutschen Literatur der letzten Jahrzehnte.* 3. unveränd. Abdruck. Leipzig: Voigtländer 1880.
- *Saat und Ernte, die deutsche Lyrik unserer Tage. In Selbstzeugnissen der Dichter und Dichterinnen. Mit kurzen Eigenbiographien und Angabe ihrer Werke.* Berlin, Leipzig: Bong 1924.

Sommer, Andreas: *Albert von Schrenck-Notzing und Albert Moll: Eine historische Fallstudie zur Kontrolle epistemischer Devianz im Deutschland des frühen 20. Jahrhunderts.* In: *Zeitschrift für Anomalistik,* Bd. 10 (2010), S. 256 – 286.

Staatsarchiv München (STAM): *Pol. Dir. München 592 (Deutscher Frauenverein Reform).*

Staatsarchiv München (STAM): RA Fasz. 3795, Nr. 5785 und 57853; Pol. Dir. München 520 und 592; Plakatsammlung, Nr. 1588.

Stach, Reiner: *100 Jahre S. Fischer Verlag 1886 – 1986. Kleine Verlagsgeschichte.* 2. Aufl. Frankfurt am Main 1991.

Stephan, Michael: *Henrik Ibsen in München*. In: *Literatur in Bayern,* 100 (München 2010), S. 19 ff.

Stritt, Marie: Rede auf der Volksversammlung in Berlin am 16. Februar 1896, zit. n.: *Die Post* vom 18. Februar 1896, I. Beilage.

Süddeutsche Frauenzeitung. München 1924. Ausgabe vom 6. 4. 1924.

Süddeutsche Photographen-Zeitung. Monatsschrift für Photographie und verwandte Reproductionsarten, 1. Jg., April 1894-März 1895.

Suttner, Bertha von: *Moderne Geister. Betrachtungen über ein Buch.* In: *Die Gesellschaft. Monatsschrift für Literatur und Kunst,* H. 10, München 1887, S. 759–770.

Teichmann, Michael: »*Es soll der Künstler mit dem König geh'n«. Ludwig I. von Bayern als Kunstmäzen.* In: *Stiftung Preußische Schlösser und Gärten Berlin-Brandenburg.* Jahrbuch 1 (1995/1996), S. 227–236.

Theater-Journal des Herzoglichen Hoftheaters Altenburg 1884. Eintrag vom 9. März 1884, Nr. 95: *Die Waise von Lowood* (Thüringisches Staatsarchiv Altenburg, Sign.: Hoftheater Nr. 36, Blatt 14.f.).

The Arts and Crafts at the New Gallery. In: *Saturday Review of Politics, Literature, Science and Art,* Vol. 82, 3. Oktober 1896, S. 364.

Thoma, Ludwig/Queri, Georg (Hg.): *Bayernbuch. Hundert bayrische Autoren eines Jahrtausends.* München: Albert Langen 1912.

Thoma, Ludwig:
  - *Amalie Mettenleinter. Ein Beitrag zur Frauenbewegung.* In: *Simplicissimus.* 4. Jg., H. 3, S. 18. Erschienen am 15. 4. 1899.
  - *Bekenntnis.* Von Peter Schlemihl (Pseudonym von Ludwig Thoma). In: *Simplicissimus,* 4. Jg., H. 33, S. 263. Erschienen am 11. 11. 1899.

Tingery, David: *Seductive and destructive: Argentina in Gabriele Reuter's Kolonistenvolk (1889).* In: *Sophie discovers America: German-Speaking Women Write in the New World.* Hg. v.

Rob McFarland/Michelle Stott James. Cambridge: Boydell & Brewer Ltd., 2014, S. 102–110.

Todesanzeige Wolfgang Brachvogel in: *Münchner Neueste Nachrichten*, Nr. 307 vom 9. Juli 1892.

Troll-Borostyáni, Irma: *Das Recht der Frau*. Eine sociale Studie. Berlin: S. Fischer 1894.

Verein für Fraueninteressen München e. V. (Hg.):
- *100 Jahre Verein für Fraueninteressen*. Zusammengestellt von Renate Lindemann. München 1994.
- Berichte über die Generalversammlungen von 1896 bis 1898 im Archiv des Vereins für Fraueninteressen e. V. München.
- Jahresberichte des Vereins von 1897 bis 1916 im Archiv des Vereins für Fraueninteressen e. V. München.

Voit, Antonia (Hg.): *Ab nach München. Künstlerinnen um 1900*. Begleitbuch zur Ausstellung in München vom 12. 9. 2014 bis 8. 2. 2015. München: Süddeutsche Zeitung 2015.

Vollmar, Georg von:
- *Georg von Vollmar Papers*. In: International Institute of Social History in Amsterdam/The Netherlands. https://search. socialhistory.org/Record/ARCH01586
- Dokumente zum Verein für Fraueninteressen: *Bericht über die zweite Generalversammlung*. 1896; *Mitglieder-Verzeichniß* der *Gesellschaft zur Förderung geistiger Interessen der Frau*. In: *Georg von Vollmar Papers*. Inventarnummer 3156 und 3226 (Arch01586).
- Verhandlungen der Kammer der Abgeordneten des bayerischen Landtags … *Landtagsversammlung 1893/1899* [1] = *Stenographische Berichte*, Bd. 4. München 1899. (BSB: 4 Bavar. 1876–1893/99, 1, 4)

Watanabe-O'Kelly, Helen: *Transgressivität oder Konformität? Die Figur der Kriegerin in Festspielen der deutschen und englischen Frauenbewegung um 1900*. In: Remmert, Heiner u. a. (Hg.): *Theater als Fest, Fest als Theater. Bayreuth und die moderne Festspielidee*. Bayreuth/Leipzig 2010, S. 60–77 und S. 313.

Weiland, Daniela: *Geschichte der Frauenemanzipation in Deutsch-

land und Österreich. Biographien. Programme. Organisationen.
Düsseldorf 1983.

Wendt, Gunna:
- *Münchner Boheme im Kaffeehaus.* München. https://www.
  literaturportal-bayern.de/literaturland?type=trip&id=140.
- *Ibsen in München.* Literaturportal Bayern. https://www.
  literaturportal-bayern.de/themen?task=lpbtheme.default
  &id=472.

Wichtel, Werner: *Münchner Dichterinnen.* In: *Über Land und
Meer. Deutsche Illustrierte Zeitung*, 98. Bd., 49. Jg., 1907, Nr. 33,
S. 838.

Wiechmann, Siegfried (Hg.): *Hermann Obrist: Wegbereiter der
Moderne.* Ausstellungskatalog zur Ausstellung in der Stuckvilla. Konzeption und wissenschaftliche Bearbeitung v. Siegfried Wiechmann. München 1968.

Wilhelm, Hermann: *Die Münchner Bohème: Von der Jahrhundertwende bis zum Ersten Weltkrieg.* München 1993.

Wolf, Georg Jacob: *Die Münchnerin. Kultur und Sittenbilder aus
dem alten und neuen München.* München: Franz Hanfstaengl
1924.

Wolff, Kerstin:
- *Vereinskultur bürgerlicher Frauen im 19. Jahrhundert in
  Westeuropa und in den USA.* Königstein/Taunus 2002.
- *Unsere Stimme zählt: Die Geschichte des deutschen Frauen-
  wahlrechts.* Überlingen 2018.

Wolfskehl, Karl: *Ibsen-Jugend. Schüler-Erinnerungen.* In: *Münchner Neueste Nachrichten*, 20. März 1928.

Wolzogen, Ernst von:
- *Das dritte Geschlecht.* Mit Buchschmuck von Walter Cas-
  pari. Berlin: Eckstein 1899.
- *Er photographiert.* Mit 12 Illustrationen von C. W. Allers.
  Berlin: S. Fischer 1890.
- *Verse zu meinem Leben.* Berlin: F. Fontane 1907.
- *Wie ich mich ums Leben brachte. Erinnerungen und Erfah-
  rungen.* Braunschweig und Hamburg: G. Westermann 1922.

Wolzogen, Ernst Freiherr von. In: Franz Brümmer: *Lexikon der deutschen Dichter und Prosaisten vom Beginn des 19. Jahrhunderts bis zur Gegenwart.* Bd. 8. Leipzig: Reclam 1913 (mit ausführlicher Bibliographie), S. 36 ff.

Zeitschrift des Bayerischen Kunstgewerbevereins, April 1897.

Zils, Wilhelm (Hg.): *Geistiges und künstlerisches München in Selbstbiographien.* München: Max Kellerer 1913.

Zola, Émile: *Therese Raquin.* Drama in vier Akten. Deutsch von J. Savits. Einzige vom Verfasser autorisierte Ausgabe. Berlin: S. Fischer 1887.

Zophoniasson-Baierl, Ulrike: *Elsa Bernstein alias Ernst Rosmer.* Bern u. a. 1985.

Bildnachweis

Abb. 15   Privatarchiv Ruth Wegner/Helene Falk
Abb. 16   Privatarchiv Haushofer und Monacensia im Hilde-
           brandhaus

Die Autorin und der S. Fischer Verlag, Frankfurt a. M., danken allen Rechteinhabern für die Abdruckgenehmigung. Da in einigen Fällen die Inhaber der Rechte nicht festzustellen oder nicht erreichbar waren, verpflichtet sich der Verlag, rechtmäßige Ansprüche nach üblichen Honorarsätzen nachträglich zu vergüten.

Danksagung

Am Entstehen dieses Buches haben vier Personen einen besonders großen Anteil. Mein erster Dank gilt Dr. Jörg Bong, der viele Jahre Verleger des S. Fischer Verlags war. Er war es, der mich aufgefordert und ermuntert hat, dieses Buch zu schreiben, ein Buch über die Inhalte der 2018 in der *Monacensia* von mir kuratierten Ausstellung *Evas Töchter. Münchner Schriftstellerinnen und die moderne Frauenbewegung 1894–1933*. Ein Buch, das die dort präsentierten, entschieden modernen, fortschrittlichen und emanzipierten Frauenrechtlerinnen, Schriftstellerinnen und Künstlerinnen langfristig dem Vergessen entreißen und zu einem Teil der deutschen Erinnerungskultur machen soll.

Dankbar und verbunden bin ich auch meinem Lektor Roland Spahr für die angenehme und produktive Zusammenarbeit, für seine konstruktiven Vorschläge und das gemeinsame Nachdenken. Sein Engagement hat entscheidend dazu beigetragen, dass das Buch die vorliegende Gestalt angenommen hat.

Des weiteren bin ich Brigitte Heberle dankbar für mentale Unterstützung und vor allem für ihre Unermüdlichkeit in der Transkription alter Texte, Schriften und Briefe, für die Recherchen und Telefonate, die sie für mich durchgeführt hat.

Ein großer Dank gilt auch Hans Nijenhuis, dem Chefredakteur der niederländischen Tageszeitung *AD*. Sein Beistand, seine Ratschläge und To-do-Listen von Den Haag aus haben sehr dazu beigetragen, dass ich den Schreibmarathon durchgehalten habe.

Dr. Elisabeth Tworek, der jahrelangen Leiterin der Monacensia im Hildebrandhaus, danke ich für die Förderung und Unterstützung des gesamten Projektes. Auch bei allen Mitarbeitern möchte ich mich bedanken, bei Sylvia Schütz, Frank Schmitter, Lisa-Katharina Förster, Wolfgang Schredl und Lara Piwowarska. Prof. Dr. Klaus Wolf, Lehrprofessur für Literatur in Bayern an der Universität Augsburg, danke ich für den Freiraum, der es mir ermöglicht hat, dieses Buch zu schreiben. Prof. Dr. Waldemar Fromm, Leiter der Arbeitsstelle für Literatur in Bayern an der LMU München, danke ich für die zahlreichen Diskussionen, die wir seit Jahren über die Themen des Buches führen. Dr. Helmut Hess (Richard-Stury-Stiftung) danke ich für die Förderung des Projekts. Zu großem Dank verpflichtet bin ich auch dem Kunsthistoriker und Jugendstil-Experten Dr. Graham Dry für die zahlreichen Gespräche, die wir während Monaten über den Jugendstil, Hermann Obrist, August Endell und die Münchner Frauenbewegung geführt haben.

Danken möchte ich schließlich allen Institutionen für den großzügigen und unkomplizierten Zugang zu den historischen Dokumenten, Schriften und Fotografien: Dem Stadtarchiv München und seinen Mitarbeitern Dr. Michael Stephan, Dr. Andreas Heusler, Anton Löffelmeier und Elisabeth Angermair; dem Münchner Stadtmuseum und Dr. Elisabeth Stürmer; der Bayerischen Staatsbibliothek, insbesondere Dr. Peter Czoik (Literaturportal Bayern) und Michael Dengler (Scan-Zentrum); dem International Institute of Social History (IISG) und dem Verein für Fraueninteressen e. V. in München.

Besonders dankbar bin ich den Familien und Nachlassverwaltern, die mir Zugang zu umfangreichem Material ermöglichten und zahlreiche Fragen zu den Hauptpersonen dieses Buches beantwortet haben: der Familie Haushofer, insbesondere Renate Haushofer, Josefine Brachvogel und Marianne Ming-Hellmann, Prof. Dr. Till von Egidy, Helene Falk und Ruth Wegner (Nachkommen von Helene Böhlau) und Brigitte Kobayashi (Nachkommin von Emma Merk).

Des weiteren danke ich Monika Franz und Uta Löhrer von der Bayerischen Landeszentrale für politische Bildungsarbeit. Für Anregungen und Unterstützung danke ich dem Grafiker Christoph Sauter (KW Neun), dem Literaturwissenschaftler Manfred Musch, dem Filmproduzenten Martin Otter, dem Autor und Journalisten Sky Nonhoff, Prof. Dr. Martin Hielscher (C. H. Beck Verlag), Wolfgang Preuss (BR/Leiter der Redaktion »Wir in Bayern«), dem Film-Autor Dr. Michael Appel (BR) und der Kunsthistorikerin Brigitte Bruns. Ganz speziell möchte ich mich auch bei der Autorin Claudia Klischat bedanken. Sie weiß wofür. Meinen Eltern und meinen beiden Söhnen, Tim und Jan, danke ich für ihren Rückhalt und ihr Verständnis.

Ingvild Richardsen
München, 3. Mai 2019

Virginia Woolf
Ein eigenes Zimmer
Essay

In ›Ein eigenes Zimmer‹ (1929) greift Virginia Woolf auf ihre eigene, erzählerisch-essayistische Weise Fragen zum Thema Frauen und Literatur auf: Warum wird Literatur über Frauen fast ausschließlich von Männern geschrieben? Hätte Shakespeare eine Schwester gehabt, ebenso begabt wie er, wie wäre es ihr ergangen? Wie könnte weibliches Schreiben in der Gegenwart aussehen? Und welche Voraussetzungen braucht es, um künstlerisch tätig sein zu können?

Mit einem Vorwort von Margarete Stokowski.

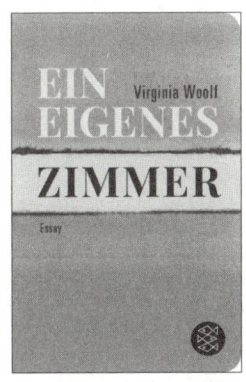

Aus dem Englischen
von Heidi Zerning
240 Seiten, gebunden

Weitere Informationen finden Sie auf
www.fischerverlage.de

AZ 596-52235/1

Mary Beard
Frauen & Macht
Ein Manifest

»Ein schmales Buch mit der Sprengkraft einer handtaschen-
tauglichen Kleinwaffe.« *Susanne Mayer, Die Zeit*

Mary Beard, weltweit bekannte Historikerin und Intellektuelle, erzählt humorvoll und scharfsinnig, wie mächtige
Frauen im Laufe der Geschichte behandelt und gesehen wurden, von Medusa und Athene bis zu Theresa May und An-
gela Merkel. Klug analysiert sie, wie Frauen daran gehindert
wurden (und werden), Macht zu erlangen. Und sie zeigt:
Frauen müssen sich nicht in männliche Muster pressen lassen, um mächtige Positionen zu erreichen. Denken wir
Macht doch mal anders – und nutzen sie.

Aus dem Englischen von
Ursula Blank-Sangmeister
112 Seiten, gebunden

Weitere Informationen finden Sie auf
www.fischerverlage.de

AZ 10-397399/1